가슴으로
쓴다

이 책 읽을 힘조차 없을 그대에게

연애소설에서 정치연설문까지

가슴으로 쓴다

김지용 지음

지금, 글쓰기의 강에 뛰어들어라
만년 국회의장 연설문 비서관, 30년 글쓰기 인생의 품격을 전한다.

| 30여 년의 정치 무대 경력 | 다양한 장르의 글쓰기 사례 | 소설 작법 등 종합 글쓰기 책 | 글쓰기 공부를 위한 해설집 |

'386세대의 자서전',
장편 소설 『그들 81학번』, 『독신』의 작가 김지용, 그 글쓰기 세상

추천의 글

조건상
(성균관대 국어국문학과 명예교수 · 소설가)

김지용 작가를 알게 된 지도 오랜 세월이 흘렀다. 1980년대 초 엄혹한 사회 분위기 속에서 대학가가 민주화의 열풍에 휩싸여 있던 때였다.
 내가 봉직하고 있던 대학의 신문사 주간교수라는 직책과 학생기자의 대표인 편집장이라는 신분으로 그때 우리는 만났다.
 그리고 최근에 그 신문 창간 70주년 기념모임에서 학생기자 신분이었던 김지용 작가와 그의 동료들은 그 당시를 '불타는 가슴을 하얗게 불태웠던 시기'로 회고하고 있었는데, 나는 그에 대한 대응으로 '초조한 가슴을 까맣게 애태웠던 시기'라고 응수하며 아련한 옛 정서에 콧날이 시큰했던 일이 있었다.
 그런데 이처럼 열정을 소리 높여 외치고 분출시키고자 했던 학생기자들과 이를 침잠시키려는 주간교수 간의 소리 없는 아우성이 별 탈 없이 험준한 시대의 파고를 타고 넘을 수 있었던 것은, 이제 와서 생각하니 편집장이었던 김지용 작가의 원만한 성격도 일조하지 않았나 여겨진다.
 그 후 우리는 각자의 생활에 밀려 한동안 만남이 뜸했었다. 그러다가 그는 장편 소설 『그들 81학번』을 위시하여 그 연작 소설인 『독신』, 그리고 역사서 『(김지용과 함께 읽는) 한·중·일 500년사』와 칼럼집 『아름다운 청년, 김재민』 등을 속속 발간하며 작가로서의 새로운 면모로 내 눈앞에 화려하게 나타났다.

그런데 이들 책들이 전업작가로서의 글이 아니라 바쁜 공직 생활, 이를테면 정당과 국회에서 정무·정책·공보 비서관 등 주요 직책을 역임하면서 틈틈이 써온 생활 속 글쓰기 작업의 소산이라는 점에서 소중했다. 그리고 그동안 소용돌이 치는 정치무대에서, 또 개인적인 병고의 아픔 속에서 그가 겪었던 심리적 아픔과 번뇌를 극복하며 가슴으로 써낸 글들이어서 더욱 애틋하고 값지게 느껴질 수밖에 없었다.

그랬던 그가 지금 새로운 책을 선보이겠다고 다시 나타났다. 그런데 이번에 펴내는 책은 실로 다양한 형태의 글쓰기 종합서여서 주목하지 않을 수 없게 된다.

어떤 글은 자전적 소설 같은 감성적 글쓰기의 한 형태를 보여주는가 하면, 어떤 글은 소설 쓰기의 기술적 측면을 다루는 소설작법 형태를 이루고 있고, 또 어떤 글은 자신이 쓴 소설이나 수필을 예시해 놓고 첨삭을 가함으로써 퇴고의 형식을 취하는 독특한 형태의 글쓰기를 보여주고 있다.

그런데 이 같은 형식은 퍽 낯설게 느껴지기도 하나 이미 발표한 자신의 글에 첨삭을 가해 보다 나은 만족도에 이르고자 하는 치열한 작가정신에서 나온 발상이라고 이해될 수 있다.

이러한 예는 이미 소설가 김동리 선생께서 보여준 바가 있다.

김동리 선생은 독자들에게 이미 잘 알려지고 교과서에 실리기까지 했던 자신의 소설을 세월이 한참 흐른 뒤에 여러 차례 첨삭을 가해서 새로운 소설로 재탄생시킨 바가 있는데, 이에 대하여 의문을 제기하자, 작품을 후세에 남기기 위해 첨삭을 가하는 것은 작가의 무한 책임이며 성실한 의무라고 말했던 일화가 있다.

 글은 곧 그 사람이라고 한다.

 역사학도로서, 대학신문의 편집장으로서, 또 민심의 향배에 민감한 정치권의 일각에서, 남다른 긴장의 안테나를 곧추세우며 살아왔던 김 작가지만, 때로는 그의 염원처럼 뉴질랜드의 장엄한 설산 앞에서 주르륵 눈물을 흘리기도 하고, 남들보다 먼저 봄가을의 향기를 맡고 싶기도 하며, 또 깊은 우울의 강을 건너오며 받은 고통을 위무하기 위해 다가갈 수밖에 없는 그런 뜨거운 인성을 지닌 '가슴의 글쓰기'에 익숙한 작가이기도 하다.

 따라서 김 작가의 이번 저술은 '가슴의 글쓰기'와 '실용적인 글쓰기'의 경합 속에서 진정한 글쓰기의 정체성을 찾기 위해 떠나는 새로운 여정의 출발로 이해해야 할 것이다.

 김지용 작가의 문운이 더욱 빛나기를 바라면서 새 저서의 발간에 몇 마디 보탠다.

들어가며

"김 비서관은 너무 가슴이 뜨거워서 말이야."

　글쓰기는 나를 바꾸고 세상도 바꾼다. 아무리 생성형 AI라고 해도 끝내 어려운 일이란 사람 가슴속 깊은 곳으로 들어가는 일이 아닐까. AI가 글을 쓰고 시도 짓는다지만 여전히 우주의 중심은 인간이다. 인간을 위무하고 배려하는 숭고한 일까지 이제 막 일어난 그들이 감당할 수 있겠는가. 이 경이롭고 궁극의 작업인 창조성의 발현, 그 정수는 인간의 글쓰기가 아니겠는가 말이다.

　인간만이 할 수 있는 '가슴의 글쓰기'란, 뉴질랜드의 장엄한 설산 앞에서 내 실존의 유한성에 하염없이 흐르는 눈물 같은 글쓰기다. 왠지 길 가는 아이의 뒷모습이 쓸쓸해질 때, 또 남들보다 더 먼저 봄가을 향기를 맡고 싶을 때 쓰는 글이다. 가슴의 글쓰기는, 나처럼 깊은 우울의 강을 건너오며 이유 없이 고통받아 온, 수많은 우리를 위로하며 다가가는 글쓰기다.

내 글쓰기는 이 '가슴의 글쓰기'와 '실용 글쓰기'의 한판 경합장이었다. 내 글의 긴 정체성 찾기 여정을 이 한 권에 담았다.

오랜 세월을 글쓰기와 함께했는데, 대부분 지향했던 글은 가슴의 글쓰기, 감성적 글쓰기였다. 그리고 그 나머지가 정치무대 등에서의 실용 글쓰기였다. 중간중간에 몇 권의 장편 소설을 쓰기도 했으니, 결산해 보자면 가슴의 글쓰기가 실용 글쓰기를 누른 일대 승리라고 할 수도 있겠다. 나는 그렇게 생각하기로 한다.

2000년은 천년 말을 넘어 새 세기로 가는 해였다. 무엇보다 그해는, 김대중 대통령과 북한의 김정일 위원장이 역사적 정상 회담을 한, 뜻깊은 해이기도 했다.

"김 비서관, 나 잠깐 볼까요?"

여의도 국회의사당 너른 마당에 깊은 가을이 지쳐가고, 스웨덴 한림원의 그해 노벨 평화상 수상자 발표를 몇 시간 앞둔 때였다. 의사당 본관 2층, 국회의장 비서실 내 방 인터폰이 울렸다. 공보수석이 날 좀 보자는 것은 보통, 글 하나 쓰자는 일이기 마련이다. 나는 직책도 정무 비서관이 되었고, 이제 공보 쪽과는 거리를 두려던 참에 축전까지 써야 하나, 스멀스멀 짜증이 나기도 했다. 그러나 이내 이만섭 국회의장의 김 대통령께로 가는 노벨상 수상 축하문 하나를 만들어 수석께 건넸다. 넉 달 전이던 그해 6월 13일, 이 의장과 집무실 TV로 두 정상의 감격스러운 평양 순안공항 만남을 시청했던 기억도 떠올랐기 때문이었다.

"김 비서관은 너무 가슴이 뜨거워서 말이야."

그러나 그날 축하문은 내가 쓴 것이 아니라, 공보실의 다른 비서관이 쓴 내용으로 대체되었다. 지금 그때의 내 문구가 정확히 떠오르지는 않지만, 내 깜냥의 낭만적이고 감상적인 표현이 절절히 넘쳤던 모양이다.

국가적 쾌거에 짧은 내 글 하나 보탤 수 있었는데, 그리고 이런 문장은 좀 화려해도 될 텐데 하는 아쉬움이 있었다. 그러나 그보다, 그날의 내 글 몇 줄은 결국 내 글쓰기 인생을 웅변해 주는 상징 같은 것이었다. 해묵은 내 글의 정체성, 범람하는 실용 글쓰기의 강물을 거슬러 오르려 했던 내 '가슴의 글쓰기'가 다시 한번 시험받던 날이었다. 내 글쓰기 인생은 이렇게 늘 두 가지 글쓰기가 교차해 오르내렸던 글 놀이터의 회전목마 같은 것이었다.

이 책은 실용 글쓰기 책의 외양을 하고 있지만, 속내엔 감성적이고 문학적 글쓰기의 가슴을 품고 있다. 그래서 '가슴의 글쓰기 책'이다. 이런 모습의 책을 독자들이 읽고, '나도 저 정도의 고난은 겪었고, 또 저 정도의 글쯤은 나도 쓰겠어.' 하는 위로와 동기부여가 되었으면 한다.

책의 어느 부분부터 읽어도 상관은 없겠다. 1부는 짧은 한 편의 소설 같고, 2부는 소설작법, 그리고 3부는 마치 장르별 첨삭 풀이집 같은 형식이 되었다. 즉, 제1부는 '나의 글쓰기 인생'이라고 하는, 한 편의 비망록 성격을 띠고 있다. 만만찮은 인생과 호락호락하지 않은 글쓰기가 힘에 겨운 이들에게 위안이 되었으면 한다. 2부에서는 소설을 썼던 경험으로 몇 가지 조언을 담았다. 허구를 통한 참자아 찾기의 작은 기회라도 되었으면 좋겠다. 그리고 3부는, 내가 그동안 써왔던 다양한 글쓰기를 추려 장르별 첨삭식으로 최종 퇴고해 본 글들이다. 여러 시기의 글을 지금 내 손으로 고쳐본다는 게 다소 쑥스럽긴 하다. 하지만 내 지난 글쓰기 이력을 낱낱이 재연하고, 지금이라도 그 시행착오를 극복해 본다는 의미 하나는 있을지도 모르겠다.

어찌 보면 나는 어김없는 행운아이다. 감성적이고 문학적인 글쓰기와 세상의 온갖 실용 글쓰기를 함께 경험해 보았기 때문이다. 이 책은 복잡다단한 인생처럼, 세상 다양한 글쓰기를 해보았던 한 사람의 글쓰기 일지다. 다만 강조하고 싶은 것은, 여기 실린 글들이 절대 '모범적이라거나 잘된 글'은 아니라는 점이다. 글쓰기 공부를 위해 가져온 예문들이라고 생각하면 되겠다. 내 글들을 가져와 눈앞에 펼쳐 놓고 '글쓰기 교실'에서처럼 함께 생각하고, 함께 고쳐보자는 것이다. 그 가운데 젠체하거나 내 자랑이 읽힌다면 내 의도와는 다르며, 학술적이거나 이론 측면에서 접근한 연구물도 아니다.

거창하지만, 『돈키호테』의 세르반테스는, "글은 그 사람의 영혼까지 보여준다."고 했다. 유기체의 혼까지는 모르겠다. 그러나 광활한 벌판에서, 구름처럼 바람처럼 위선 없는 글 한 줄 써보려 했던 사람으로 스스로 기억되면 보람이겠다. 그리고 이 책을 읽는 독자들도, 글과 인생이라고 하는 뜨겁고 장대한 산을 기꺼운 마음으로 넘는 데에 작은 도움이라도 되면 참 좋겠다.

이번 책은 내 아이들에게 전해주고 싶다. 기막힌 지병으로 이어진 세월이었다. 아빠를, 매일 어두운 낯을 하고 병상에 누워만 있는 사람으로 알고 커왔을 것을 생각하면 모질게도 아프다.

"얘들아, 미안해."

아빠가 아이들에게 참으로 사과하는 책이 되었으면 한다. 나도 어쩔 수 없었던 내 병, 인생 앞에 늘 지기만 했던 아빠였다. 그렇지만 이런 고단했던 한 인생의 사례도 유심히 관찰하면서, 한 시대의 질곡이 너희 세대에선 부디 개량되고 승화되길 바란다. 그래서 다시 그 어떤 시련이 와도 '오늘을 영원처럼, 그리고 마지막처럼' 치열하게 살아주길 소망해 본다.

이만섭 의장님 영전에 삼가 작은 책 한 권 올린다. 존경하는 임채정 국회의장님, 그리고 이번 책을 살펴주시고, 인생 감화까지 베풀어 주신 조건상 교수님께도 깊이 감사드린다. 조언과 배려를 아끼지 않은 바른북스 김병호 대표님, 열정과 성심을 다해준 김재영 편집자님, 그리고 각별히 수고해 준 출판사 모든 식구들께도 고마운 뜻을 전한다.

인생의 소중한 1년을 헐어 6개월은 공부하고 반년 동안 썼다. 배우면서 쓰느라 책이 많이 늦어졌다. 부족한 점은 더 정진해 채울 일이다.

2025년 1월
김지용

목차

· 추천의 글 ·

· 들어가며 ·

1부 나와 글쓰기 세상

데뷔 책이 세 권 장편 소설 되다   18
- Blue Writing, 어머님의 눈물

국회 사표 내고 독서실 글감옥으로   23
- '맷 데이먼식 글쓰기'와 뇌 전기충격요법

영동고속도로 위에 흩뿌려진 원고 뭉치   32
- 원인불명의 열과 춤추는 글쓰기

서점에서 만난 세상에서 제일 예쁜 여자   41
- 1년간 원고 숙성, 내 책이 나오던 날

아폴로 11호 달 착륙과 '우주적 질병'   49
- '6.29 선언' 전야, 3당 총재 회담의 단골 서기

우울증과 싸우며 로망이던 연애소설 탈고   54
- 제인 오스틴은 사랑꾼? 눈 내리는 밤의 러브레터

2부 소설의 향기,
"언젠가는 내 책 한 권 쓸 거예요"

〈글쓰기〉 글쓰기는 인생을 다시 한번 사는 길   64
- '김훈 작가보다 더 잘 쓰는 법?'

     고독력 키우기, 글쓰기의 강에 지금 뛰어들어라
     푸념하듯 넋두리하듯, 고요히 내 영혼과 만나기
     잘 쓰고 싶다면 가슴으로 써라

〈소설 ①〉 "여보, 오늘은 또 무슨 거짓말을 하려구"   74
- 마법의 소설 쓰기 뮤즈는 없다

     소설의 첫출발, 잘 아는 것부터 또, 몰라서 알기 위해
     "글을 쓰고 싶어 미치겠어요" – 소설가 되기의 4단계
     이게 뭐 이야기가 되겠어? 자극·아이디어·재료·틀·결

〈소설 ②〉 글이 안 풀릴 땐 무의식과 함께 써라   90
- 만병통치의 'Free Writing, 자유연상 글쓰기' 훈련

     글은 내가 쓰는 게 아니다? 몰입의 글쓰기
     15분 'FW 글쓰기 훈련'으로 영감을 거저 받아 적어라
     글쓰기는 9할이 자신감, 실전 FW 훈련 과정

〈소설 ③〉 '나는 경험도 없고, 독서량도 적은데?'   107
- 국회 연설문과 어린이집 축사의 공통점

     '첫 문장만 쓰면 다 쓴 것', 설계도 그리기와 일필휘지
     소설 쓰려고 은행 강도 될 필요 없어, 인물·경험
     많이 읽어야 잘 쓴다? 책은 잘 골라서 두 번 읽어라

3부 글쓰기의 향연, 내 글 고치기

장편 소설 ① | '상투성은 범죄다'
〈소설 – 내 글 고치기〉『그들 81학번 ①~③』　　　　　　　　123

장편 소설 ② | 연애소설은 어렵다?
〈소설 – 내 글 고치기〉『독신』　　　　　　　　　　　　　　134

손바닥 소설 | 시와『설국』의 사이쯤
〈손바닥 소설 – 내 글 고치기〉 어떤 헌신　　　　　　　　　150

수필 | 삶을 의미화하는 정겨운 장르
〈수필 – 내 글 고치기 ①〉 모질게, 그리고 밉게　　　　　　　160
〈수필 – 내 글 고치기 ②〉 행복한 리무진　　　　　　　　　　168

칼럼 | 공포의 글쓰기, 나다운 글쓰기
〈칼럼 – 내 글 고치기 ①〉 '공산당이 싫어요'와 좌우의 잔치　182
〈칼럼 – 내 글 고치기 ②〉 '돌격 앞으로'의 고향　　　　　　　186

블로그 글 | 글쓰기 훈련의 베이스캠프
〈블로그 – 내 글 고치기 ①〉 그날의 가수　　　　　　　　　　197
〈블로그 – 내 글 고치기 ②〉 그대, 나 죽어도 모르겠네　　　　201
　– 조용필의 〈Q〉
〈블로그 – 내 글 고치기 ③〉 내 방을 공개합니다　　　　　　　205
〈블로그 – 전문 ①〉 굳이 줄을 서보라면, 저는 진보입니다만　211
〈블로그 – 전문 ②〉 이런 가족　　　　　　　　　　　　　　214
〈블로그 – 전문 ③〉 술을 끊으며　　　　　　　　　　　　　218
〈블로그 – 전문 ④〉 논산훈련소를 나서는 아들에게　　　　　221

페이스북 글 | 치열한 글쟁이들의 놀이터

〈페이스북 내 글 고치기〉 대통령은 국민에게 호통치지 말라　229
〈페이스북 – 전문 ①〉 두 아버지의 나라　234
〈페이스북 – 전문 ②〉 나라 욕만 하는 A 신문사 B 논설위원께　238
〈페이스북 – 전문 ③〉 내 꿈은 오로리 이장이지요　242
〈페이스북 – 전문 ④〉 앞마당에 찾아온 박정희 시대 1~3　244

연설문 | 존경하는 여야 의원 여러분

〈연설문 다듬기〉 "국회를 명예로운 민의의 전당으로"　263
– 이만섭 국회의장 제16대 국회 개원식 연설문

〈연설문 발췌〉 "문화와 과학이 창달된 나라, 아름다운 선진국으로"　267
– 임채정 국회의장 백범 김구 선생 57주기 추모사

자서전 | "내 인생 의미 있었다", 대필에 1억 제의받기도

〈자서전 다듬기〉
"각하, 후계자가 잘하면 다시 하실 필요도 없잖습니까?"　280
〈이만섭 자서전 발췌 ①〉
박정희 대통령 시해 김재규가 중학교 은사　286
〈이만섭 자서전 발췌 ②〉
의장 사표 써두고 예산안 날치기 통과 막아　290

· 맺으며 ·

· 참고 자료 ·

1부

나와
글쓰기 세상

데뷔 책이 세 권 장편 소설 되다
- Blue Writing, 어머님의 눈물

　우울이 지나가는 소리를 기다려 국회에 사표를 냈다. 이번에도 모질고 지독했다. 2, 3년에 한 번꼴로 재발하는 이 병, 친숙하기까지 했다. 그렇지만 만날 때마다 영과 육을 갉아먹는 내 젊은 날의 천형이었다. 아침에 눈을 뜨며 또 이 하루, 어떻게 살아내야 하나, 몽당연필 한 자루 들 힘조차 없었다. '주요우울증(MDD, Major Depressive Disorder)'이었다.
　내 젊음이 이렇게 포악질당하고 있어서는 안 되겠다. 오래 모셔온 의장께도 할 도리가 아니었다. "책을 쓰기 위해 그만두겠습니다. 죄송합니다." 스물넷 되던 해의 제12대 국회의원 선거 때부터 보좌해 왔다. 그 인연의 끈도 그만 내려놓기로 했다. 내가 그때 얼마나 생의 막다른 경계에까지 오가고 있었던지는 아무도 몰랐을 것이다.
　돌연한 내 사의에 이만섭 전 국회의장께선 뜻밖의 말을 주셨다. "헤밍웨이는 종군하면서도 글을 썼다던데, 일주일에 한 번씩은 나와서 돕게." 마침 의장께서 《매일경제신문》에 두 번째 회고록을 연재하던 중이었다. 수년 만에 다시 손보는 원고 작업에 내 역할이 계속 필요할 때였다. 사표는 수리되지 않았고 한 달에 서너 번만 출근해도 월급이 나오는, 희대의 '포시러운 직장인'이 되었다.

그런 일이 아니어도 글쓰기는 내 운명의 영역이었다. 인간은 자기표현의 본능이 있고 그 정점에 글쓰기가 있다. 제 생각을 글이라는 기호로 표현해 다른 이와 공감하고, 연대하고 싶은 본능. 그러나 그때 내게 글쓰기란, 그런 한가한 정의보다는, 우선 살고 보자는 생존 본능에 다름 아니었다. 원초적 절박함이 다시 나를 치열한 글의 세계로 밀어 넣었다.

초등학교 때 졸업생 답사를 준비하며 글쓰기를 시작했던 것 같다. 한창 대학 입시를 준비해야 할 때 교내 문예부에서 시와 단편 소설을 긁적였다. 대학교 신문사에 들어가 기사를 쓰고 편집장을 하면서도, 연말만 되면 설레며 신춘문예를 기웃거렸다.

군대도 정훈장교로 시작해 교안을 쓰고 강의했으며, 거의 3년 내내 사령관 부관 겸 훈시문 같은 글을 만지는 일을 수행했다. 독특한 내 '겸직 인생'이었다. 정계에 들어와서도 글쓰기 인생은 내게 30년 동안 겸직을 시켰다. 만년 정무 비서관 겸 연설문 담당. 나에게 글쓰기는, 능력의 여부를 떠나 그 어떤 숙명의 문제였다.

『대통령의 글쓰기』를 낸 강원국 작가는 "글쓰기는 아마 인간이 하는 일 중에 가장 어려운 일이지 않나 싶다."고 했다. 나는 '뭘 그렇게까지나.' 했었다. 그러나 생각해 보면 글 쓰는 일이란, 어쩌면 신묘한 고리 같은 데에 걸리는 일이어서, 결코 헐렁헐렁 다가갈 일이 아니다. 나는 그의 말이 지나치지 않다고 여긴다.

글쓰기는 고도의 정신 작용이다. 글쓰기 책의 전범 같은 『뼛속까지 내려가서 써라』의 나탈리 골드버그는, 글쓰기는 명상과 같은 선(禪) 행위라고 했다. "만약 당신이 글쓰기 안으로 깊이 몰입할 수 있다면 글쓰기는 당신을 필요한 모든 곳으로 데려다줄 겁니다." 자신의 명상 지도자의 입을 빌려, 이렇게 규정하는 데에 주저하지 않았다.

그러나 나는 이런 글쓰기의 오묘한 세계와 다뤄보기도 전에, 젊은 날 또 하나의 만만찮은 상대와 대적해야 했다. 솟은 산맥 같던 실체, 내 실존의 문제였다. '나는 누구인가?', 가공스럽지만 실은 아주 해맑은 얼굴을 한 주제가 아니던가. 오래 나를 짓누르던 정계는 오히려 쉬운 길이었다. 그때 내 실존의 어렴풋한 정체는 마음껏 내 글을 쓰고 싶다는 갈급함이었다. 내 지향과는 다른 정치무대에서의 생활이 거듭될수록, 나의 내면에는 도도한 트라우마가 쌓여가고 있었음을 그때는 몰랐다.

나름대로 발버둥은 쳤다. 글쓰기는 절박할 때 더 황홀히 사람을 홀린다. 더구나 글쓰기가 내 실존임에랴. 점차 정치의 영역을 넓히고 성취를 거듭하던 이 의장을 도우면서도, 저녁 시간엔 순화동의 《중앙일보》중앙문화센터' 소설 창작반을 오갔다. 당시 강사였던 소설가 이호철 선생으로부터는 소설작법은 물론, 월남민인 당신 특유의 인생을 위요한 진한 스토리텔링의 세계를 사사했다.

강의를 듣느라 저녁도 거른 채 당사에 되돌아오면 역시 한때는 민완 기자요, 글쟁이였던 내 또 다른 '글쓰기 스승'이 기다리고 있었다. 당시 이만섭 국민당 총재와 밤새 '글쓰기 공부'를 해야 했다. 저녁답 문화센터의 이론 공부에 이은 첨예한 세상 실전 글쓰기였다. 국회 '교섭단체 대표 연설문' 같은 각종 연설문과 행사문이 주된 원고였다. 서면 인터뷰나 언론 기고문 같은 원고들도 늘 제 차례를 다투며 쌓여 있었다.

원고들의 초안은 보통 정책실 같은 데서 준비할 때도 있다. 때론 전문가들로 구성된 연설문 독회 같은 데서 얽어져 올라와 있기도 했다.

정치인들의 메시지가 그렇게 호락호락 아무렇게나 생산되지는 않는다는 사실, 일반인들은 잘 모를 것이다.

정치는 말과 글의 각축장이다. 글에 까다로운 연설자, 이 총재 본인과 앳된 비서관의 메시지 방향 잡기와 최종 글 고치기는 엄격히 '데스킹'을 거쳤고, 둘만의 진지한 작업은 잦게 새벽녘까지 이어졌다.

그러나 나는 처음부터 불경한 비서였다. 나의 정체성은 영원한 문학청년이었지, 연설문 따위의 '잡글'이나 다루는 사람이 아니었다. 원고가 완성되고, 명연설가였던 총재의 국회 연설을 들으면서도, 나는 지난밤의 보람보다는 나만 아는 비감이 앞서곤 했었다. 현란한 연설문의 광채보다는, 투박하지만 순백색의 내 장르를 원했다. 문학이라는 온전한 전형.

그렇게 내가 첫 번째 사표를 냈을 때는, 국회에 들어오기도 전에 시작된 공황장애와 우울증이 세 번째 재발하던 즈음이었다. 남모르는 피학의 끝이던 내 병과 만만찮은 실존, 그리고 역시 벅차기만 했던 글쓰기의 열망에 포획된 나였다. 그 이중·삼중의 고통이 너무나도 숨 막혔다.

지금도 여의도를 오가는 한강 철교를 지나칠 때면 그 시절이 너무도 또렷하게 떠오른다. 넘실대는 한강의 물결이 출퇴근길의 내 극심했던 고통을 여태 실어 나르는 듯해 어금니를 깨문다. 결국 오랜 국회 생활을 떠나 본격적인 글쓰기의 길로 걸음을 돌렸다.

처음엔 유학을 가고 싶었다. 기막혀했지만 결국 집까지 팔아 돕겠다는 아내의 대범한 결심과는 달리, 15년째 중풍 든 지아비를 수발해 온 어머님 걱정이 앞섰다. 무책임한 아들 때문에, 아들 없이 병든 지아비와 직장 나가는 며느리, 그리고 손주들 뒷바라지까지 감당해야 하는 일이었다. 초로의 어머니를 더 이상 괴롭힐 수는 없었다.

"애비야, 아들의 길을 막는 애미가 되는구나."

포기했다. 결국은 모두 핑계였다. 나를 소설로 등 떠민 것은 분명, 지겹던 병증과 어머님의 눈물도 있었다. 하지만, 그보다는 그 어떤 형태의 글쓰기에도 침해당하지 않는, 오직 나만의 글쓰기라는 강력한 이름의 열병 때문이었다. 결국 그 열병이 내 소설을 쓰게 했다.

국회 사표 내고 독서실 글감옥으로
– '맷 데이먼식 글쓰기'와 뇌 전기충격요법

맷 데이먼이 주연한 〈라운더스(Rounders)〉라는 잘 알려지지 않은 할리우드 영화가 있다. 마이키 역을 한 맷 데이먼은 법대생이지만 도박꾼이기도 하다. 한때는 도박을 끊기도 했지만 같은 기호로 감옥까지 다녀온 친구가 꾀자, 결국 다시 도박판 테이블에 앉는다. 줄거리는 복잡할 것도 없다. 그러나 여기서 한 장면, 마이키는 어둑한 지하의 포커 테이블에 앉으며 열기까지 띤, 빛나는 눈으로 한마디 한다. "나는 여기만 앉으면 내가 살아 있음을 느껴."

인간이 '아, 지금 내가 살아 있구나.'를 감지하며, 감개까지 할 순간이란 어떤 때일까. 맷 데이먼은 그때 인간의 살아 깨어 있음과 그렇지 않을 때의 경계를 아주 영민하게 연기했다.

마이키의 대사를 굳이 얼치기로 갖다 붙인다면, 나에게는 글을 쓰고 있을 때가 오롯이 살아 있음을 느끼는 순간이다. 내가 지금, 글 쓰는 현재에 존재할 때 세상은 나를 중심으로 돌아간다. 그리고 그 안에서 내가 진정으로 살아 움직이게 된다. 글을 쓰고 싶은 사람들은 단 한 순간, 그렇게라도 살아 있음을 증거하고 싶어 한다. 나는 글쓰기를 그렇게 알고 있다. 글쓰기는 곧, 내가 가장 생생하게 살아보는 일이다.

국회에 사표를 내고 나니 해방감과 중압감이 한꺼번에 찾아들었다. 그러나 나는 소설을 쓰기 위해 직장까지 발로 걸어찬 사람이다, 이렇게 마음을 다잡았다. 이미 1년가량 《중앙일보》와 《동아일보》, 두 군데의 문화센터를 거쳐 왔지만, 다시 수험생이 된 것처럼 준비를 갖췄다. 이태준 선생의 고전인 『문장강화』, 박경리 선생의 『문학을 지망하는 젊은이들에게』, 전상국 교수의 『당신도 소설을 쓸 수 있다』, 그리고 「한국 정치 연표」. 소설 쓰기의 마중물로 이렇게 몇 권을 택했다. 그리고 워드 프로세스 기능만 겨우 할 값싼 노트북 한 대를 샀고, 집으로 돌아오는 길에 동네 독서실 6개월 치를 끊었다.

초등학교 근처라 때때로 아이들 축구하는 소리가 넘어오기도 했고, 방과 후가 되면 실제로 조무래기들이 독서실에 들이닥칠 때도 있었다. 초등학교 애들이 무슨 일로 독서실에까지 와서 공부할까? 그리고 서른을 훌쩍 넘은 나는 또 왜 이 컴컴한 공간에 웅크리고 앉아 있나. 그들과 나, 이 생경하기만 한 교유의 답을 찾아가는 나날이었다.

16절 갱지로 된 스프링 연습장 한 권과 모나미 볼펜 색깔별로 세 자루만 들고 집과 독서실을 오갔다. 막상 글이 풀리기 시작하자 참고서적과 틈틈이 그려놓았던 간단한 설계도, 목차는 무용지물이었다. 소설 쓰는 데 무슨 목차람. 그때도 나는 글쓰기란, 내 가장 깊숙한 곳의 나와 만나는 일이라고 생각했다. 내 자아란, 내가 마음 준비만 갖춘다면 언제나 불러낼 수 있는 존재가 아닌가.

얼마 되지도 않아 글이 춤추기 시작했다. 내가 따라 그 춤사위에 올라탔다. 아침밥을 먹는 둥 마는 둥 하고 독서실에 들면 하루 종일 연습장 한 권을 모두 빽빽하게 메웠다. 마치 꼭지를 틀어놓은 수돗물처럼 글이 솟구쳤고, 나는 감당 못 할 그 신비한 정신 작용에 어쩔 줄을 몰라 했다. 글은 써야 할 때와 써지는 때가 따로 있다고 했다. 나는 그때 그 둘이 한꺼번에 밀려오는 경험을 한 것이 되었다. 또 그럴수록 글쓰기가 나 자신을 만나는 일, 내 오랜 질문에 답을 주는 일임이 분명해졌다.

대학 시절의 에피소드를 쓸 때는 20여 년 전에 다녔던 학교 앞 카페 간판들이 줄줄이 동영상처럼 떠올랐다. 하숙촌 골목의 구석구석, 심지어 그때의 하숙집 주소까지 떠올랐다. 내가 하는 일이 아니었다.

등장인물들에게 사랑을 시킬 땐 그들의 밀어가 아주 정제된 교본을 보고 베끼듯 선명하게 그려졌다. 마치 잘된 시나리오 대본 뭉치 하나가 내 발아래 툭 하고 던져진 것 같았다. 그냥 옮겨 적기만 하면 되었다.

대학 MT 때 오갔던 경춘선 간이역 하얀 벽의 낙서 자국 하나까지 떠올랐다. 그날 영롱하게 반짝이던 강물, 그 위를 흐르던 추억들이 앞다퉈 제 차례를 만끽했다. 나중에 그게 무의식과 함께하는 '자유연상 글쓰기(Free Writing)' 같은 것이라는 걸 알게 되었지만 거의 막무가내였다. 글쓰기는 '보이는 손과 보이지 않는 무의식의 공저'라고 했다. 나는 그 놀라운 글쓰기의 정체도 모른 채 하루하루 나의 실체를 들쑤시고 다녔다.

제일 황홀했던 일은, 그렇게 꼬박 하루를 들여 옮겨 적었던 글들이 한밤중에 깨끗이 프린트되어 지상에 떠오르는 순간이었다. 내면 깊숙한 곳에 내동댕이쳐져 있던 에고와 진실이 길어 올려지는 순간이었다. 인생 한가운데서 나와 만나기, 그리고 작별하는 내 젊음을 송춘하는 일이었다. 글쓰기는 원래가 그렇게 관대하고 넓은 품이었다. 나는 우연히 그 기괴한 열정을 만나 그 품에 안겼을 뿐이었다.

사실 내가 소설을 쓰게 된 직접적인 계기는 다소 그로테스크하다. 쉽지 않던 국회 생활, 그리고 결코 잊지 않았다는 듯 수시로 찾아오는 우울병증, 삶의 무게가 이렇게 무거운 것이었나, 묻고 또 묻는 자학과 기만의 나날이었다.

외래를 여의도로 옮긴 지 얼마 되지 않아 세 번째 입원을 했다. 정신과에서 말하는 입원이란, 병이 위중해 정상적인 환경으로부터 격리하는 일을 말한다. 우울증이란, 우울증에 걸린 사람의 숫자만큼이나 다양한 병증이다. 그래도 굳이 공통점을 들자면 우선, 지독하게 고통스럽다는 것, 두 번째는 아무도 그 고통을 몰라준다는 점, 그래서 가장 아프고 고독한 병이 우울증이다.

다리가 부러진 사람은 누가 보더라도 한눈에 다리 부러진 사람이다. 그래서 깁스하고 누운 사람에게 "열심히 걷고 운동하면 금방 나아요." 하질 않는다. 암에 걸린 사람도 누구에게나 동정을 받지만, "나으려면 저기 운동장 한 바퀴 돌고 와요." 하는 소리는 듣지 않는다. 다리 부러지고 암에 걸린 사람더러 "마음이 약해서 그러니 약 따위는 필요 없어요."라고 눈 흘기지 않는다.

"사람이 내성적이라 그래.", "그러지 말고 동네라도 한 바퀴 돌고 와.", "도대체 어디가 아픈 건데?". 천하장사도 넘어가고, 장작 패던 돌쇠가 하루아침에 자리보전하고 누워버리는 병이다. 우울증은 절대 '마음의 감기' 따위의 한가한 병이 아니다. 물론 가볍게 지나가는 경우도 많지만, 극심할 땐 말기 췌장암보다 절망적이고, 여름날 대상포진보다 집요하다.

『살아남은 자의 아픔』을 쓴 이탈리아의 문호이자 아우슈비츠 수용소 생존자인 프리모 레비. 그도 결국 우울증의 수용소에서만은 탈출하지 못해 극단적 선택을 했다. 평균 생존 기간이 3개월이었다는 강제 수용소의 참담한 고통도 견뎌냈으면서 어떻게 우울의 강은 건너지 못했을까. 우울증에 걸린 사람은 보이지 않는 세상 허깨비와 맞서 싸우는, 가장 치열한 전사이자 수인(囚人)이다.

약효도 없고 재발만 계속되자 주치의가 "좀 공격적으로 가봅시다." 했다. 고전적이고 다소 원시적인 치료법이지만 일정한 효과가 있어 난치의 중증에는 간간이 처치되고 있다는 치료법이었다. '뇌 전기충격 요법'이 이제 제 순서인 양 나를 두드렸다.

20년 가까이 심신이 찢겨온 나는 오히려 반기듯 그 자리에서 승낙했다.
"…죽지는 않는데!"

그러나 불안했던 아내는 점집으로 내 사주를 들고 다니는 등 소란을 피운 끝에 최종 서약서에 사인했다. 어떤 돌발 사고나 후유증도 문제 삼지 않겠다는 각서였다.

때 이른 가을이었다. 줄지어 선 여의도 윤중로의 벚나무잎들이 지난 봄날의 영화를 잊지 못한다는 듯, 저마다 낙엽 준비로 물들기 시작했다. 살아 있는 사람의 뇌에 강한 플러스, 마이너스 전극을 교차시켜 신경회로 이상에 충격을 가하는 요법이라고 했다. 그때 나는 정말 죽든 살든 아무런 상관도 없다고 생각했다. 이미 내 고통의 작은 눈금 하나까지 가늠할 수 있던 때였다. 세상에 이보다 더 잘 고안된 형구(刑具)는 없다고 믿던 때이기도 했다.

영화에서처럼 가죽 벨트로 사지를 묶어 고정하는 방법이 좀 보기가 좋지 않겠다는 배려가 있었다. 그 대신 건장한 남자 보호사들과 병동의 여러 간호사들이 누워 있는 내 가까이 다가섰다. 사방에서 서로 내양 팔다리와 머리를 단단히 붙잡아 요동을 움켜쥘 준비를 마쳤다.

"하나, 둘…." 하는 담당 여레지던트의 목소리가 꿈결처럼 들려왔다. 그러나 "…. 셋." 하는 소리까지 마저 듣지는 못했다. 뽀르르 기포가 올라오는 비커 같은 데에 담겨 있던 빨간색과 검은색 피복을 입은 두 전극이 흉하게 털을 민 내 두개를 통과했단다.

그 몸집 작고 앳되던 여레지던트의 나지막한 구령이 전해지려는 순간, 나는 오히려 두 눈을 부릅떴다. 내 실존의 정체와 한 번만이라도 직접 대면하고 싶었다.

그리고 그때 내 눈가에 맺히던 한 방울 눈물 속에, 때마침 떨어지던 처치실 창밖의 이른 낙엽 하나가 서러운 심상으로 겹치던 기억이 난다. 생과 사, 불멸과 필멸은 역시 별것이 아닌 채였다. 내 젊은 날의 기괴한 비감이었다.

'좀 공격적인' 그날의 '전기시술'은 지금도 내 생에서 몇 안 되는 독특한 경험으로 남아 있다. 나의 원초적 무모함과 의외였던 인내력, 유기체 인간의 끝 간데없던 한계 상황, 그리고 '살아남은 자의 슬픔'과 같은 공허함의 확인에 이르기까지, 상징과 현실을 한데 묶은 잘 포장된 패키지였다고 할 수 있다.

나를 통한 그날의 시술이 오늘, 그 대학병원 정신건강의학과 임상 기록에는 어떤 성과물로 축적되어 있는지는 모르나, 부디 나의 사례가 가료의 순작용으로 기여했기를 진심으로 바라고 있다.

처음 전극이 작용을 일으켰을 때는 아무런 감흥도, 고통도 없었다. 플러스, 마이너스가 교차하던 순간 나의 의식은 이내 암전되고 말았기 때문이다. 시술 전에도 전혀 두렵지 않았다. 생과 사의 어이없고 신묘한 체계는 내가 이미 잘 알고 있다고 넉넉히 자부하고 있을 때였다. 그리고 그날의 요법이 내 뇌 속에서 어떤 의료적 작용으로 행사되었는지 역시 지금은 알 수 없는 영역이다.

다만 회복실에서 의식이 깨어날 때까지의 기이했던 악몽과 고통은 지금도 몸서리쳐지는 것이었다. 과장 없이 제대로 표현할 수 있다면 좋으련만, 거의 저세상과 이승의 관문을 악전고투로 뚫고 나가는 모진 여름 가위 같은 것이라고 해야 할까? 『신곡』의 「연옥」 편이 이런 설정일까? 기필코 깨어나야만 한다는 내 의식의 몸부림을 그 어떤 지독한 어둠의 세력들이 아귀처럼 들어붙어 나를 바닥 모를 심연으로 끌고 내려가는 느낌이었다. 양 전극이 내 머리를 통과할 때가 찰나와 같았다면, 의식이 볼모 잡혀 있던 그 혼돈의 시간은, 불로써 남은 죄를 여지없이 씻긴다는 단테의 연옥, 그 천 년과도 같았다.

"먹어요!", "먹어!", "먹어야 깨요!"

나 혼자 아무도 모를 그 기괴하고 고통스러운 투쟁을 이어가는 동안 귓가에 울렸던 고함 소리가 지금도 생생하다. 누워 있는 내 머리맡에서 연신 미음 숟가락을 아구아구 밀어 넣던 내 담당 간호사의 호의 역시, 나로서는 참 기괴한 앙상블을 만들었다. 의식과 무의식, 그 공동(空洞)에 밀고 들어가던 예리한 고통, 그날 반나절 동안의 내 존재론은 평생의 것을 다 소진한 것이었고, 또 그 질긴 끈이 내 필멸과 불멸을 잇는 동아줄 같았다.

오늘 다른 병원, 다른 대상자들에 대한 시술은 어떻게 이뤄지는지 나는 알지 못한다. 그리고 그날의 치료가 얼마나 내 병증을 완화시켰는지 역시 나는 지금도 알 수 없다. '유구한 치료법'이라 했으니 지금껏 수많은 대상자가 효과를 보고 치유되었을 것이다.

그러나 나는 지금 그 의학적 지경을 말하고 있는 중이 아니다. 다만, 내가 그날 승리의 면류관처럼 획득한 한 가지, 그날 고통의 새 이름 하나를 얻었다는 사실을 말하는 중이다. 또 세상 고통은 이미 내가 다 안다고 찧고 까불었던 내 자만 하나가 통렬히 스러진 일을 지금 말하고 있는 중이다.

"전 이런 시술 지금까지 두 번이나 해본걸요!"

사전에 나를 안심시키던 여레지던트의 자랑이 있었다. 그러나 그녀는 내가 생과 사의 유려한 유희를 통해 획득한 그날, 그 '값진' 고통의 새 이름 하나는 여태 알지 못한 채일 것이다.

지금 어느 병원에서 어느 환자를 만나 또 다른 시술을 하고 있을지도 모른다. 그리고 그런 그녀의 자부가 쌓여 우리네 고통이 한 발 더 죄 사함받는다고 믿어 의심치 않는다.

어서 깨어보라고, 그래서 살아보라고 응원해 주던 그날의 고마운 간호사, 나에게 또 하나의 생경한 고통의 이름을 알려준 그날의 엄중하고 진지했던 여레지던트…. 그들은 어차피 내 인생 무대의 살가운 연출가들이었고, 나는 기꺼이 그 공연의 주역으로 무대에 몸을 뉘었을 뿐이다. 어차피 삶은 부조리 가득한 희비극의 합동공연이고, 나는 그때 좀 요란한 배역 하나를 기꺼이 맡았을 뿐이라고 지금도 생각한다. 어김없는 내 젊은 날의 기괴한 단막극이었다.

우여곡절 끝에 이런 두 번의 똑같은 '공격적인 치료'를 받고 며칠이 지나 추석 시즌이 되었다. 입원환자들은 저마다 외박을 나가고, 전기치료를 받은 지 얼마 안 된 나만 병원에서 추석을 지켰다. 아내와 아이들의 면회도 끝나 다들 돌아가고, 텅 빈 입원실 병동을 혼자 왔다 갔다 걷고 있을 때였다. 아무렇게나 널브러진 채 있던, 때 지난 신문 면 하나가 눈에 들어왔다. 전면 통단의 인터뷰 기사였다.

박정희 전 대통령의 긴 재임 동안 명비서실장으로 회자하던 김정렴 씨 이야기였다. 1945년 8월 히로시마 원자폭탄 투하 때 그 역시 인근에서 피폭되었다고 한다. 그러나 구사일생으로 살아남아 명예로이 살아오고 있다는 인생 회고담이었다.

그 기사를 뚫어지게 읽고, 나는 쾅! 하고 마치 내가 핵폭풍을 맞은 듯 그 자리에 얼어붙었다. 강력한 삶의 욕망이 강타했다. 아, 삶이란 이렇게도 살아지는 거구나. 사람이 살면서 그냥 바람이나 태풍이 아니라, 핵폭탄의 핵풍도 맞는구나. 그렇게 해서라도 살아내야 하는 게 인간이구나. 그 순간 나도 김정렴 씨의 핵풍 같은, 생의 최전면에 한번 따라 서보고 싶었다.

그때 왜 하필 소설이었을까. 내 젊은 날 내가 산 것이 정말 젊음이었을까? 나의 고통이란 정말 못 견딜 멍에인가? 젊음이 지나가는 소리는 이렇게도 우렁찬데, 내 젊음의 의식을 제대로 치러냈다는 확신이 없었다. 그날들을 재현해 놓고, 다시 한번 그날의 치열함으로 되돌아가 보고 싶었다. 죽음의 공포가 아닌, 다른 그 무엇으로 모든 것을 한번 리셋시켜 보고 싶다는 충동이 엄습했다. 여태 아무것도 모르겠고, 아두도 알려주지 않는 실존의 깊은 곳으로 뛰어들자. 그 속의 내 자아와 진실을 길어내는 일을 소설로 풀어보자. 긴 일기 하나 써보자.

지금도 매년 행사를 하고 있는 것 같지만, 내가 그렇게 소설이라는 내 실재계와 만나고 있던 날, 때마침 병원 창밖에서는 '세계불꽃축제' 행사가 열리고 있었다. 나는 홀린 듯 창밖을 바라보며 내 젊은 날을 한번 현창(顯彰)해 보는 일, 그런 소설 하나 써야겠다는 핵풍의 굉음을 들었다. 구름 같은 인파 속에서 연이은 환호가 터져 나왔다. 내 속 깊은 곳의, 타다 만 불꽃과 자유가 아우성치는 소리, 그것은 정말 축제였다.

영동고속도로 위에 흩뿌려진 원고 뭉치
- 원인불명의 열과 춤추는 글쓰기

　원고는 하루하루 쌓여갔다. 독서실과 집을 오가는 시간도 아까웠다. 무엇보다 내가 용평으로 글쓰기 장소를 옮긴 것은 우선 밤 시간을 전적으로 확보하기 위해서였다. 독서실에서 밤을 새울 수는 없었고, 그렇다고 집에서는 애들이 마음에 걸렸다. 밤을 새우다 보면 낮엔 잠을 보충해야 했다. 그러나 낮에 침대에 누워 있는 일은 나에게는 깊은 트라우마 같은 것이었다.
　우울증이 성화를 부릴 땐 하루 종일 꼼짝없이 누워 있을 수밖에 없다. 그 많은 나날, 아빠는 누운 채 애들 등하고 인사를 받았다. 그때 애들은 누가 시킨 것도 아닌데 늘 아빠의 눈치를 보며 조심조심 지나다녔다. 이런 게 나에게는 깊은 상처이자 남다른 자격지심의 삽화였다.
　우울증세가 한창 기승을 부릴 땐 정상적인 세상 사람이 아닐 때가 많다. 알량한 도덕률도 무참히 무너진다. 한번은 작은놈이 밖에서 놀다가 다쳐 머리에서 피를 철철 흘리며 들어왔다. 그러나 그럴 때도 아빠라는 사람은 선뜻 침대에서 일어나질 못한다. 다리 부러진 아빠라도 억지로 일어서는 시늉은 할 수 있다. 그런데 제 자식이 눈앞에서 훌쩍훌쩍 울며 아파하는데 응급조치하기도 싫다. 침대에 마냥 누운 채 그저 누가 애 좀 데리고 나가 병원 안 가주나 귀찮아했다. 어떻게 이런 병이 다 있을까. 그렇게 잔인함도 만들어 낼 줄 아는 병이다.

15년째 재발 없이 지내고 있는 지금도, 그때를 생각하면 애들에게 미안하기 짝이 없다. 한창 자랄 때, '아빠라는 사람은 하루 종일 침대에 누워만 있는 사람'으로 알고 컸을 것 아닌가. 병증이 심할 땐, 따뜻하고 웃음 가득한 저녁 시간 한번 제대로 갖질 못했다. 식구들은 다정한 하루치의 행복과 웃음꽃 피는 저녁밥을 먹고 싶어 했을 것이다.

그러나 아버지는 늘 인상 쓰고 고개를 숙이고 있는 존재일 뿐이었다. '나는 이렇게도 고통스러운데 왜 아무도 날 알아주지 않느냐.' 고 하는 얼토당토않은 투정을 부릴 때였다. 가족에게 참으로 못 할 짓이었다.

물론 그럴 땐 나도 내 마음대로 하지 못하는 몸과 정신이었다. 내가 책을 쓰자고 마음먹은 여러 계기 중의 하나도 이런 사정이 포함된다. 내일이 없었다. 2, 3년 주기로 재발하는 '그 친구'가 찾아오기 전에, 어서 허락된 몇 년을 야무지게 활용해야 한다는 남다른 절박감이 그것이었다.

이렇게 본격적으로 소설이 진행되던 무렵, 마침 강원도 용평리조트 근처에, 처가에서 스키철에 이용하려고 마련해 둔 작은 방갈로 같은 게 하나 있었다. 그곳이 내 새로운 아지트가 되었다. 원체 한산한 동네에 방갈로는 더 깊이 숨어 있었다. 전쟁 때 소개된 마을이 이보다 더 고즈넉할까.

그렇게 용평에서 서울집과 여의도 국회를 일주일마다 한 번씩 오가는 일이 시작되었다. 매주 토요일 새벽 일찍 용평을 출발, 국회로 가서 의장님 회고록 작업을 돕고 집에서 하루를 묵었다. 그러고는 길이 한산한 월요일 새벽에 다시 용평으로 올라가는 식이었다.

송구스러운 일이었지만 그때 의장님의 회고록은 안중에도 없었다. 사실 글 쓰는 이들은 흔히 이기적으로 될 때가 많다. 고정된 그런 심성이 있다는 것은 아니다. 다만 글을 쓸 땐 만감을 한곳에만 몰입하다 보니 그 이외의 세상일로 정신을 분산시키지 못한다. 세상의 예술가들이 거의 괴팍해 보이는 것도 그 때문일 것이다.

서울-용평 간 2시간의 운전 시간은 온전히 내 주인공들과 만나는 시간이었다. 머릿속에는 수십 채의 집이 지어졌다가 부서지기를 반복했다. 세차게 스쳐 지나가는 차창 밖 풍경과 가로수 잎들은 모두가 하나같이 내 글감이었다.

원고가 쌓여갈수록 부양할 등장인물도 함께 늘어갔다. 글 속 인물들이 하루 종일 제 순서라고 아우성쳤고, 힘에 겨워 방갈로 옆을 흐르는 시내를 걸을 때도 늘 여주인공이 따라나섰다. 월요일, 집을 나설 때 아내가 싸 준 먹거리도 주말에 되돌아올 땐 거의 그대로인 채였다.

지나치리만큼 적막했던 용평에서의 글쓰기는 한껏 기괴한 양상을 띠기도 했다. 방갈로 천정께를 떠돌아다니는 무의식을 끄집어 내리는 일, 또 내 가슴 깊은 뼛속까지 파고 내려가 나와 만나는 일이 끊임없이 이어졌다.

아무리 집중력이 필요한 글쓰기라 해도 너무 적막한 분위기는 좋지 않다. 너무 침잠하고 과몰입과 만나기 때문이다. 괴팍하기 이를 데 없는 무의식은 사람을 최고조로 격동시키기도 하고 또 결정적일 때 힘을 빼는 일이 허다하다.

무의식은 무책임하다. 명상이나 호흡에도 지나치면 부작용이 생기듯, 몰입의 글쓰기에도 정체불명의 과몰입이 힘에 겨울 때가 많다. 이럴 땐 의식이 이성적인 작업으로 심신을 안정시켜야 한다. 어느 정도의 숙성 과정이 필요한데 당연히 나는 그때 그런 정신 작용의 메커니즘을 모를 때였다.

내가 손만 빌려주면 매일 생경하고 찬물로 세수한 듯 말간 내면의 내가 나와 합일했다. 그것은 참글쓰기의 지향인 연대와 위무의 의식이었는데, 다소 힘겹다고 해서 내가 마다할 여지는 없었다.

당연히 외로울 틈도 없었다. 특히 우울증일 때의 외로움이란, 존재하지 않는 사치에 불과하다. 외로움 어쩌고 할 여지도 없이, 어차피 '하루 종일 혼자만 있기 병'이다. 외로움을 느낀다는 것은 병이 많이 호전되었다는 뜻일 뿐이다.

이런 우울증만 아니라면, 글쓰기는 곧 나만의 세계를 이루어 수많은 사유와 함께 생의 두 번째 지경을 부르는 일이다. 어찌 매일매일이 향연이 아닐 수가 있었겠나. 글쓰기는 생각만큼 고독한 일이 아니며, 글 쓰는 이들은 은둔형 외톨이가 아니다. 글을 통해 역동적인 영육의 에너지를 만들어 내고, 그 힘으로 몸을 일으키는 사람들이기 때문이다.

용평 체류 5일 동안 낮과 밤, 몰아의 원고 쓰기를 하고 금요일 밤엔 나 혼자만의 원고 강독회도 열었다. 나만의 무대, 나만의 공연이었다. 간단히 저녁 식사를 마치고 앉으면 맥주 3캔이 소도구의 전부였다. 5일 동안 써놓았던 원고를 소리 내어 읽는 일이었다. 내가 등장인물이 되어 대사를 읽고, 내가 관객으로 품평하는, 나만의 팬터마임이었다.

어둡고, 그지없이 고요한 무대 위에서 등장인물들의 대사와 지문이 토씨 하나 빠짐없이 시연되었다. 그때 누가 창밖에서 빼꼼히 안을 들여다보았다면 그야말로 정신 나간 사람으로 보였을 것이다.

끝없이 이루어져야 하는 퇴고 중에 한두 번은 소리 내어 읽어보는 방법이 꽤 쓸모 있다. 대개 소리 내어 읽다 보면 어지간한 비문도 걸러지고 맞춤법까지 바로잡을 수 있다.

온 힘을 다한 글쓰기는 크나큰 보상도 제공한다. 창조력은 내가 조물주가 되어 만들어 낸 인물들과 한껏 일체가 될 때 샘솟는다. 온전한 나의 심상을 만들고, 내가 만든 나의 창조물이 진실을 찾고 있는 나를 반기는 일이다. 내 솔직함의 대가로 내 참자아를 일깨워 주는 놀이였다. 이 모든 게 나에게는 신천지에서 노니는 황홀한 보상이 아닌가.

몰입의 글쓰기는 엄청난 자유와 해방감도 충족시킨다. 무아지경에서 춤추듯 내 마음속을 헤집으며 내 격정을 길어 올리는 일이다. 이처럼 자유로운 행위도 다시 없다. 또 이런 글쓰기에는 고독과 자유가 함께 따라붙는데, 그 둘 다 힘겨운 일이 아니다. 외로움도 견디게 하고, 분방한 자유도 일정량 제어할 만치 성숙한 작업이기 때문이다.

내가 지어낸 허구지만 어김없는 진실이다. 내 돌아가신 아버지를 만나고, 내가 꿈꾸던 정의의 뽀얀 관념, 내가 안고 싶은 사랑의 설렘. 세상에 이런 일이 가능한 세계가 소설의 세계였다. 나도 기꺼이 그 포획물이 되어 새 세상이 주는 보상을 달게 받아먹었다.

그러나 역시 건강이 관건이었다. 1년 가까이 음식도 소홀히 하고 운동도 하지 않으며 밤낮을 바꿔 살았으니, 신체에도 무리가 갔다. 그러나 독립열사의 군자금 가방 같은 원고 뭉치 그 자체가 나의 '영양제'였고, 무라카미 하루키의 '마라톤'이었으며, 또 헤밍웨이의 '남성'이었다. 30년 걸려 30권의 대하소설을 써낸 조정래 작가도 30년 동안 운동이라고는 하루에 한 번 맨손체조가 고작이었다고 했다. 글 쓰는 사람들에게 운동은 필요하지만, 또 꼭 필요하지만도 않은 공공연한 치레가 아닐까. 그래서 나는 하루키가 글 쓰는 힘을 기르기 위해 매일 마라톤을 한다는 데도 시큰둥해한다.

글을 쓰면 그 분량만큼 다른 에너지가 따로 만들어진다. 꼭 운동해야 힘이 솟는 것은 아니다. 특별히 예술가에게 육체적인 힘이 어떤 의미인지 아직은 잘 모르겠다. 운동은 운동선수에게 맡기자.

TV에서 가요 서바이벌 프로그램을 보며 느낀 점이 있다. 거의 모든 참가 가수가 무대에 오르기 전에 스태프들과 서로 손을 모아 잡는다. 한껏 비장하게 "하나, 둘, 셋, 파이팅!", "이기자!" 같은 구호를 외쳤다. 글쓰기나 그림, 노래 같은 예술 행위는 근육을 키워야 하는 올림픽 종목이 아니다. 내 생각에 글은 마라톤으로 단련된 에너지로 쓰는 게 아니다. 가슴을 달구어 다려내야 하는 고도의 정신 작업이다. 대작, 다작의 작가가 오히려 오래 산다는 통계도 있다. 가슴이 나서야 한다.

그래서 나는 일주일은 글을 쓰고, 일주일은 술을 마시며, 또 그다음 일주일은 앓아눕는다는 이문열 작가를 한 칸 윗길로 친다. 영혼을 바치는 일 저 너머를 아우르는, 한 인간으로서의 치열성을 아는 사람일 것 같아서였다. 그 이문열 작가도 아들이면 몰라도 딸이 소설을 쓰겠다면 말리겠다고 했다니, 역시 소설 쓰기는 많은 것을 담보하는 일임이 분명하다.

아내의 성화로 일주일에 한 번, 당시 유행하던 '단전호흡'을 수강했다. 영육을 함께 단련시키고, 또 늘 지뢰밭 같은 '우울 염려증'을 가라앉히는 일이기도 했다. 5일 동안 글쓰기의 무의식과 협업하다가, 하루는 또 다른 선계인, 호흡과 명상의 세상을 만났다. 예민해서인지 가끔은 저 멀리 의식의 경계에까지 오가는 찰나의 경험을 하기도 했다. 깊은 호흡 한 번으로 오묘한 기의 순환을 만났다. 글쓰기와 호흡, 이 두 가지 몰아의 세계가 나를 낯선 세상 여러 곳으로 데리고 다니기도 했다.

그러나 과유불급이었다. 수강을 시작한 지 채 한 달도 지나지 않은 어느 날, 갑자기 왼쪽 눈이 보이지 않고 고열이 나기 시작했다. 짝눈으로 운전까지 위태로워지자 결국 병원을 찾았다. 그때 한국에서 유일하다던 삼성의료원의 '이상열(異常熱) 클리닉'이라는 데서, 담당의는 "원인불명의 이상열입니다."라고 '꽤 분명하게' 진단해 주었다.

내 친구 중에 국선도 사범이 있었는데, "주화입마라고 해. 호흡을 잘못 배워 심취하면 기의 순환이 얽혀 일어나는 현상이지. 약은 따로 없어." 했다. 나를 찾아온 새 손님이었다.

간헐적으로 한쪽 눈이 잘 보이지 않는 현상은 오래갔다. 글 쓰고 타이핑하기에 지장이 생기고, 무엇보다 밤마다 찾아오는 이상 고열은 점점 심각해졌다. 바지 뒤쪽 포켓에 초록색 포장의 아스피린 한두 줄은 꼭 꽂은 채 지내야 했다. 오가다가 약방 간판만 보이면 무조건 들어갔다. "잘 듣는 감기몸살약 주세요." 해서 약을 끌어모았다.

지금도 알 수 없는 '원인 미상의 고열'은 3개월께를 나와 동행했다. 과몰입을 거듭한 나의 의식, 늘 제멋대로인 무의식, 그리고 역시 원인불명인 열과의 삼자대면이었다.

글 속의 주인공들도 안간힘을 썼다. 나는 빌려주기만 하는 몸인데도 이렇게 힘든데, 1년간 자유의지까지 지닌 듯 꿋꿋이 살아 달려온 그들은 오죽했을까. 이야기가 절정을 향해 내달렸고 인물들은 쓰는 이의 열병을 비웃기라도 하듯 막판 스퍼트를 다했다.

'러너스 피크(Runner's Peak)'라는 게 있다. 마라토너처럼 극한의 육체 운용을 하는 선수들이 겪는다. 달리다가 일정한 고통의 정점에 서면,

마치 폭죽 같은 쾌감이 찾아오는 경험을 말한다. 그리고 이와 비슷하게 '세컨드 윈드(Second Wind)'라고 하고 '새 활력'이라고 하는 현상도 있다. 주로 득도한 대가들이나 예술가들의 결정적 에너지를 추적할 때 등장하는 개념이다. 사람이 오래 힘겨운 노력을 하다 보면 그 어느 끝점에 피로와 고통이 씻은 듯 사라지는 신비한 지점이 있다. 그때, 마치 불굴의 불사조처럼 괴력이 용솟음칠 때가 있다. 그리고 이때부터 지지부진하기만 했던 작업이 거짓말처럼 풀려가는 순간이 온다는 것이다. 의식과 무의식의 통합 과정, 또는 '창조성의 발현 현상'이라고도 불린다.

화가들이나 작가처럼, 몰입과 창조력이 생산의 원천인 예술가들에게 한 번씩 찾아오는 선물 같은 보상일 것이다. 나는 마라토너도 아니면서 1년 동안 이런 현상들을 잦게 겪었다. 두렵기도 했지만, 글의 생산성을 치솟게 해주는 고마운 수호천사 같았다.

점차 절정으로 치닫는 길에 그깟 열 따위는 대수가 아니었다. 내가 나를 만나는 일을 그만두기엔 너무도 멀리 왔다고 생각했다. 낮에는 열이 좀 떨어지다가도, 일찍 찾아오는 강원도의 산그림자가 방갈로 앞 유리창에 드리워지기 시작하면 39도, 40도의 열도 함께 찾아왔다. 밤에 몰입해야 하는 나에게는 그 땅거미가 마치 검은 두루마기를 입은 저승사자와도 같았다. 땀이 비 오듯 흘러내렸다. 겨울 성수기용으로 쟁여놓았던 두꺼운 이불 채를 두 겹, 세 겹 덮어도 속수무책이었다. 얼굴에서 흐르는 땀이 목과 가슴골을 따라 하염없이 흘러내렸다. 나는 머리와 양팔만 빼꼼히 이불 밖으로 내놓고 글을 써갔다.

무엇이 그때 그런 치열함을 만들었을까. 그래도 지금 생각해 보면 그렇게 해서라도 글을 쓸 때는 행복한 순간이었다. 글쓰기는 인간의 표현 본능이기도 하기에 본래 그렇게 어렵지는 않다. 그러나 단언컨대 글을 쓰지 않기가 너무도 더 어렵다. 그러므로 곧 글쓰기는 어렵다.

글쓰기는 롤러코스터를 타는 일이다. 글이 잘 풀릴 땐 세상없는 양의 도파민이 솟지만, 글이 안 써질 땐 피 말리는 만성 우울증과 유사해진다. 나는 그 두 가지의 이름을 잘 알고 있다. 그것은 열정과 한판 크게 싸우는 일이다.

근 한 달 내내, 긴 슬럼프를 말하는 '라이터스 블록(Writer's Block)'을 겪으며 마지막 결전을 치르던 때였다. 땀은 끝 간 데를 모르게 퍼붓고, 글은 단 한 자도 나아가질 않았다. 무의식도, 의식도 약속이나 한 듯 잠잠히 숨어들었다.

밤을 새우는 사투 끝에 기진해 무조건 차에 올랐다. 안 풀리는 부분의 원고 뭉치와 함께였다. 사위는 깜깜하고 고지대의 새벽 공기도 세상 그 누구에게도 곁을 주지 않으려는 듯 안간힘을 다하고 있었다. 대관령 나들목을 끼고 돌았다. 핸들이 심하게 흔들렸다. 차창을 열어, 있는 힘껏 원고 더미를 내던졌다. 타이핑만 기다리던 내 분신 같은 초고 묶음이 뜨거운 화인을 맞은 듯 화들짝 놀라며 날개 치듯 하늘로 솟아올랐다. 1년간 미뤄온 글쓰기의 씻김굿, 내 영혼이 영동고속도로 위에 흩뿌려지는 사자의례(死者儀禮)의 한판 씻김굿이었다.

서점에서 만난 세상에서 제일 예쁜 여자
- 1년간 원고 숙성, 내 책이 나오던 날

유난했던 1년이었다. 가지런히 타이핑된 최종 원고가 뽀얀 얼굴을 하고 내 눈과 마주쳤다. 탈고했다. 눈앞의 종이 뭉치가 마치 순백의 피부를 가진 신생아 같았다.

나는 세상에서 가장 장엄한 순간을 하나 꼽으라면 지금도 내 딸애의 일을 떠올린다. 사람이 갓 태어나서 처음 걷기까지 2천 번을 뒹굴고 넘어진다고 한다. 양팔로 몸을 끌며 기어다니던 딸애가 어느 날 갑자기 벌떡 일어섰다. 침실은 어두컴컴했는데 지금도 그 일만은 생생하다. 일어난 아이는 자신이 생각해도 이상하다는 듯 어리둥절 주위를 두리번거렸고, 그 뚱한 눈망울이 내 눈과 겹쳐졌다.

한 우주가 마침내 일어선 것 같았다. 사람 하나가 감히 세상 전체를 대상화해서 분석하고 해석하겠다고 덤비는 것이었다. 작은 인류 하나가 거대한 세상을 상대로 벌이는 정면 대결의 시작이었다. 나는 그날 세상에서 가장 웅혼한 인간 군상 하나를 만났던 것이다. 딸이 소중한 이유다. 다 쓴 원고 더미를 내려다보며 그날 딸애의 '인간'이 다시 떠올랐다.

그러나 1년 꼬박 걸린 소설 쓰기도 그것이 끝이 아니었다. 마지막 엔터 짓 한 번으로 마침내 닫힌 세상이 열릴 줄 알았다. 그러나 높게 쌓였던 원고는 다시 숙성이 필요하다고 제멋대로 겸손해했다. 태어나기를 거부하는 태아 같았다.

출판사는 어디라도 상관없다고 생각했다. 탈고하면 내 손을 떠날 줄 알았던 원고를 들고 한남동 골목길 인쇄소에서 가제본했다. 그리고 그때 막 출범한 '박영률 출판사'로 박영률 대학 선배를 찾아갔다. 박 선배는 나와는 초면이었지만, 독특한 출판사의 이름처럼 당시 여러 실험적 출판 운용으로 주목을 받던 중이었다.

작가의 할 일은 첫 문장을 쓸 때부터 마지막 마침표 한 점을 찍는 것으로 끝난다고 생각한다. 그런 몰입의 글쓰기가 우리 인생의 밑바닥을 지탱하는 놀라운 힘이 된다. 그래서 그 어떤 참혹한 인생에서도 한 줄기 빛을 가리킨다고 믿는다. 그것이 글쓰기의 생명이고 그 일이 끝나면 나머지는 오롯이 편집자와 출판사의 몫이다.

박 선배는 소주 한 잔을 앞에 두고 오랜 시간 출판과 편집의 세계를 펼쳐주었다. 그러고는 출판사 한 곳을 소개해 주었다. '새로운 사람들'이라는 출판사의 이재욱 사장을 만났다.

그리고 만난 지 일주일 후 삼청동 총리공관 맞은편에 있던 이 사장의 출판사를 찾아갔다. "분량이 많아서…." 처음엔 좀 망설였다. "그렇지만 치열했던 시절의 이야기라 단숨에 읽었네요…. 한두 가지만 손을 대면 어떨까요?" 이 사장의 그 말이 또 다른 1년을 의미하는 줄은 몰랐다. 대학 시절의 일과 사회에 나와서 부대끼는 여러 일들을 병렬형으로 교차해 놓았던 책 체계였다. 이 사장은 그냥 물 흐르듯 연대기식으로 바로잡으면 어떻겠냐고 권했다. "그리고 주인공이 죽으면 안 되는데…. 특별한 이유가 없다면 어떻게든 한번 살려봅시다." 했다.

처음엔 좀 난감했다. 그때까지 내 원고를 누구에게도 보여주거나 조언이나 품평을 받는 일은 없었다. 글쓰기는 지독하게 고독한 행위라고 지레 생각했고, 나는 그 고독을 한껏 이용하려 했을 뿐이다.

글을 쓴다는 것은 옷을 벗고 네거리에 알몸으로 나서는 일이다. 나의 깊은 내면, 그 속살을 내보이는 일이다. 1년간 간직했던 내 속살이 드러나는 일이 두렵기도 했다. 그러나 글이란 타인이 거듭 읽어주고 수시로 평가를 받아야 좋아진다.

그리고 문예창작과 교본에도 있겠지만 편집자들은 끝에 주인공을 죽이는 일을 가장 끔찍해한다. 동고동락해 오며 미운 정 고운 정 다 들었던 주인공이 죽으면 그동안 독자와 작가 사이에 쌓은 공감의 끈도 끊어지게 된다. 추리해 오던 단서들도, 반전의 기적도 원인 무효가 된다. 내 소설 『그들 81학번』에서 주인공은 그렇게 구사일생으로 부활했다.

체계를 수정한다는 것은 또 무엇을 의미했나. 글을 전체적으로 다시 손봐야 한다는 일, 다시 글감옥으로 들어가는 일을 의미했다. 숨 가쁘게 터널을 지나왔더니 눈앞에 또 하나의 터널이 기다리고 있었다.

그래도 나는 기꺼이 그 터널로 다시 들어가기로 했다. 여태 궁금해하던 문제들이 풀리지 않은 채였다. 글을 쓰지 않고서는 하루라도 내 실체의 성장을 확인할 수 없었다. 이제 갓 나를 만나는 길에 들어서던 순간이었고, 도무지 낯설고 생경했던 내 자아를 마침내 길어 올리는 순간이었다. 그 길을 기꺼이 잇자, 했다.

그즈음 하필 정치의 계절이어서 이래저래 결국은 1년이 더 걸렸지만, 묵묵히 원고를 고쳐나갔다. 마치 소란한 세상을 벽으로 둘러막은 수도승 같았던 나날이었다. '두 사람의 내'가 한 세상에서 같이 살아가는 듯했다. 1년 내내 써온 비밀 일기를 만천하에 공개하는 일이었다.

무기징역형을 선고받은 체념한 수인이 되기로 했다. 처음부터 다시 쓴다는 기분으로, 또 의기소침해질 때는 속편을 쓴다고 최면을 걸었다. 책을 쓸 땐 조급해서는 안 된다. 세상일이 다 그렇지만, 그 어떤 보람 있는 일도 한두 번의 손쉬운 노력만으로 이룰 수 없다는 사실은 나도 이미 알고 있을 때였다.

정치판이 복잡해서 성가셨지만, 퇴고 과정은 그리 어렵지 않았다. 이미 두터운 분량으로 완성해 놓았던 원고를 손보는 일이었다. 글은 다듬는 과정이 까다롭다지만, 나는 살면서 글을 가지고 만지며 노는 일을 즐겨 해오던 사람이었다. 자르기는커녕 오히려 원고가 늘어났다. 상, 하, 2권 분량이 하루하루 더 늘어났다. 자르는 퇴고가 아니라 늘이는 퇴고가 되었다.

소설은 소설가가 쓰는 게 아니다. 일단 처음 만들어진 인물들이 저 스스로 걸어 다니며 소재를 긁어모아 온다, 부산까지 가는 길에 강원도도 들르고 전라도의 소읍도 지나간다. 아예 부산이 아니라 목포가 종착지가 되기도 한다.

고칠 때마다 새로운 기억들이 솟아올랐다. 한 권 분량의 대학 시절 이야기가 대폭 늘어갔고 저 멀리 떠나가 버린 줄 알았던 뇌 속 해마의 장기기억들이 날로 활성화되었다. 1년간 나를 함부로 대하던 무의식은 초고를 쓸 때보다 오히려 더 빛났다. 스토리가 잡혀 있던 터라 사방의 삽화들이 더욱 가지를 뻗었다.

"모든 초고는 쓰레기다."라고 했던 헤밍웨이의 말을 십분 활용했다. 자르고 붙이고를 계속했지만 그래도 무의식이 처음 심어줬던 영감은

버리지 않으려고 노력했다. 헤밍웨이는 『노인과 바다』의 끝 장면을 백번 넘게 손봤다고 했다. 나는 그가 그렇게 애쓴 것도 초고 때의 영감을 훼손시키지 않으려는 노력이 아니었을까 짐작한다. 점차 소진되어 가던, 날것 그대로의 영감을 되살리느라 그랬을 수도 있는 것이다.

'생각이 글을 쓰는 것이 아니라 글이 생각을 쓰는 것'이라고 했다. 스티븐 킹은 "책이 저절로 굴러가지 않을 때 좋은 작품일 리가 없다." 라고도 했다. 밤을 새우며 쓴 연애편지는 아침에 읽으면 보내지도 못할 정도로 엉망이다. 그러나 그렇게 해서 백번 고친 편지보다는 처음 쓴 내 말간 고백이 더 뜨겁고 진실하다.

고쳐쓰기는 백 장의 원고를 한 장으로 줄이는 일이다. 그러나 그 한 장의 농축된 원고가 최선이라는 근거는 없다. 무의식과 함께 쓴 초고엔 날것의 생명력이 있다. 나는 기계적인 퇴고의 법칙이나 기술을 부리기보다는 살아 있음, 그 생생함을 즐기기로 했다.

그렇게 마음을 정하자 하루하루가 즐거웠다. 마치 유괴되어 갇힌 어린아이가 아무것도 모르고 방긋방긋 웃으며 뛰어노는 격이었다. 최대한 첫 생각들을 존중하는 방향으로 퇴고 과정을 즐겼고, 힘겹던 지난 시절의 나와 재회하는 소소한 기쁨도 누렸다.

그렇게 다시 1년을 끌었던 책이 서점에 깔렸다는 연락을 받았다. 뛸 듯이 여의도 국회의사당을 빠져나왔다. 나는 남녀 간의 사랑을 얘기할 때, 지극한 설렘의 순간을 여러 방식으로 표현해 왔는데 그날의 설렘을 사랑 따위에 비할까.

광화문 네거리 교보문고에서 당시 길 건너편에 있던 종로서적을 함께 오르내렸다. 하늘의 구름까지 빨갛고 푸르고 초록색 표지의 내 책 세 권에 스포트라이트를 쏘아주는 것 같았다. 오가는 길의 반들반들한

보도블록들도 온통 내 책으로 깔아놓은 듯 숨을 쉬었다. 고전에, 사람이 태어나서 한 번은 자식을 낳아보고, 나무 한 그루를 심어봐야 하며, 또 거기에 책 한 권은 써봐야 한다고 했다. 남자가 아이를 낳아보는 숭고한 경험도 책 쓰기를 통하면 어느 정도 가능해진다고도 했다.

우리의 삶은 순간순간이 귀하다. 스탕달은 『적과 흑』에서 "당신은 생을 찬양하기에는 너무나 자격이 없다."라고 했다. 우리는 시시각각 변한다. 내일 쓰는 글은 내 글이 아니다. 지금, 이 순간의 나만이 진정한 나이고, 나는 이 찰나를 붙잡아야 한다.

글쓰기는 곧 삶의 욕망이다. 지금, 바로 이 순간이 지나가기 전에 그 기회에 올라타야 한다. 그래도 세상은 살 만한 가치가 있고 사람을 사랑해야 할 이유가 있다. 이를 모두에게 알리고 전파해야 하는 일이 글쓰기이고 책 쓰기이다.

책이 나오니 연인도 생겼다. 세상에서 제일 예쁜 여성이었다. 책이 나온 날, 나는 교보문고 중앙 매대에 쌓여 있는 내 책들을 마치 그 빌딩을 지키는 방호원처럼 에워싸며 지나다녔다. 그러던 중, 한 여성이 선 채로 빨간색 표지의 내 책 첫째 권을 읽고 있는 것을 발견했다. 그냥 집어 들어 살피는 것이 아니라 정말 오랫동안 읽고 있었다.

내 오감이 온통 그녀 쪽으로만 쏠렸다. 시간이 어떻게 지나가는 줄도 몰랐다. 그녀와 나의 긴 대치가 계속되었다. 나도 그 자리에 얼어붙듯 선 채로 그녀의 미세하게 옮겨 다니는 눈길을 함께 좇았다. 그 자리에서 나는 그녀의 충실한 스토커가 되었고 요인의 암살을 겨누는 전장의 스나이퍼가 되었다.

세상에 그보다 더 예쁜 여성이 있을 수 있었을까. 그녀가 한자리에 선 채로 나와 만나고 있었다. 알지도 못하는 그 누군가가 내 가슴 깊은 곳에 들어와 나와 뜨거운 대화를 나누고 있었다. 이게 작가들이 글을 놓지 못하는 이유였다. 이것이 글이 말하는 공감이고, 또 읽는 이와의 연대였다. 하마터면 그녀에게 다가가 커피라도 한잔하자고 덤빌 뻔했다.

그러나 이내 내 지성이 그런 불필요한 일을 막았다. 그러지 않아도 나는 이미 그녀와 오래전부터 만나온 사이였고, 그녀는 이미 나를 속속들이 알고 있으며, 풀어헤친 두 사람의 가슴이 그 순간 하나로 겹치고 있었다. 우리는 사랑의 밀어를 속삭이는 중이었고, 또 나는 그날 세상에서 가장 예쁜 연인과 밤을 지새울 것이었다. 글쓰기의 환영, 책이 빚어내는 두 사람의 황홀한 앙상블이었다.

책은 특히 첫째 권이 잘나갔다고 했다. 내가 더 노력을 기울였던 후반부의 정치 에피소드보단, 격랑의 80년대 대학 시절을 그린 첫째 권이 독자에게 더 다가갔던 모양이었다. 언론에서 인터뷰 요청을 해오고 강연 제의도 들어왔다. 나를 '386세대 소설가'라고 소개해 주었으며, 교보문고와 종로서적 등의 베스트셀러 코너에 진열되기도 했다.

나는 일시적인 유명세를 치렀다거나 특히 '386세대 소설가'로 회자하는 것이 부담스러웠다. 우리 젊은 날의 이야기, 그중에서도 가장 치열했던 80년대의 시대정신에 벽돌 한 장 쌓는 일에 보탬이 되었다면 보람이었을 뿐이다.

다만, 그 시대의 가슴 뜨거웠던 '386'이 오늘에 와서 온갖 조롱거리가 되어 길바닥에 끌려다니는 세태가 안타까울 따름이다. 한 시대를 표상하는 청년 정신이 그렇게 쉽게 폄훼되고 말살되는 것이어선 안 된다.

물론 조급할 필요는 없다. 우리는 이미 그날의 시대사를 길고 자랑스럽게 써 내려간 사관이 되어 있다. 우리의 이름은 어렵게 개화하고 마침내 스러지는 봄꽃 같은 것이며, 지금은 묵묵히 월광에 비치며 겨우 역사 한 장을 넘기는 중이다. 그리고 그날 서점 매대 앞에 우뚝 선 채로 우리의 길고 고단했던 이야기를 다 들어주고, 또 공감해 주었던 그날의 여성이 존재한다. 그녀가 지금도 우리의 지친 가슴을 따뜻하게 위무하는 중인 것이다.

아폴로 11호 달 착륙과 '우주적 질병'
– '6.29 선언' 전야, 3당 총재 회담의 단골 서기

결혼 후 글쓰기와 정치무대를 오가는 곡예가 다시 이어졌다. 이만섭 의장의 정치 스펙트럼은 더욱 넓어져 정말 대통령 말고는 안 해본 것이 없을 정도였다. 여, 야당 대표나 총재, 8선의 국회의원과 두 번의 국회 의장. 이 의장의 성취에 따라, 나 역시 폭넓은 세상 경험을 하게 되었다.

나의 글쓰기와 정치판이 가장 첨예하게 만났던 지점은, 거슬러 올라가면 당시 여당이던 민정당 노태우 대표의 '6.29 선언' 때였다고 할 수 있다. 스물넷 나이, 새파란 대학 졸업 예정자로서 야당 총재선거를 돕는 것부터 정치 일을 시작했지만, 제일 기억에 남는 장면이 1987년 6월, '6.29 선언' 전야였다.

그때는 우리가 대통령도 제 손으로 뽑지 못하던 나라였다. 국민은 뜨겁게 대통령 직선제를 요구했고 군사 정권은 요지부동이었다. 거의 매일, 시민들이 거리로 쏟아져 나왔다. 훗날에 와서야 그것이 전두환과 노태우 대표와의 각본 아래 진행된 것으로 알려진 이른바 '대통령 직선제 수용 선언'이었다. 국민의 압력에 굴복한 것이었는데도 정권의

이인자 노태우 대표의 용단인 것처럼 위장해 국민을 기망했다. 결과적으로 대부분의 국민이 속았고 이는 5년의 군정 연장은 물론, 그만큼 나라의 진운을 퇴행시킨 불행의 전주곡이었다.

6월 29일을 앞두고 각 정치진영에서는 그야말로 회의가 춤을 추었다. 여당인 민정당의 노태우 대표와 김대중, 김영삼, 양 김 씨를 대변하고 있던 이민우 신민당 총재, 그리고 제3당이던 한국국민당 이만섭 총재 간의 3자회담이 거푸 열렸다.

이만섭 총재는 늘 나를 회담장 출입구 앞에 대기시켰다. 취재 기자들은 의사당 귀빈식당 회담장 안에서 "미스터 김, 들어와." 하는 소리가 전해지면 회의가 종료되었음을 알게 되는 식이었다. 나는 그것을 신호로 검은색, 빨간색의 모나미 사인펜과 A4용지 몇 장을 들고 회담장 안으로 들어갔다.

들어가면 세 명의 정당 대표들이 벌건 얼굴을 한 채 내가 들어오기만을 기다리고 있었다. 이만섭 총재가 회담의 중개인 역할을 하고 내가 그 서기의 역할이었던 셈이다.

이만섭 총재는 늘 기자의 기분인 것 같았다. 3당 대표의 회담 합의문을 작성하는 일을 마치 정치부 데스크가 일선에서 올라온 기사를 감수하는 식으로 했다. "미스터 김, 잘 들어…." 하면서 본인이 메모해 놓았던 합의문 초안을 불러주고 내가 문장과 맞춤법 같은 것을 수정하며 이를 종이에 옮겨 적었다. 그렇게 해서 나온 얼룩덜룩해진 초안을 양당 대표들이 확인하고 내가 정서한 후 각자 서명을 했다.

회담 합의문 고치기를 기다리던 노태우 대표가 "젊은 사람이 필체도 좋구먼." 하며 다가와 "그런데 내 말은 그게 아니라…." 하며 문안을 고치기도 했고 내게 맞춤법을 물어보기도 했다. 때로는 이민우 총재도 자주 하품을 하며 "아이고, 요즘은 미스터 김하고 합해서 4자회담이군, 4자 회담…." 하며 노구에 긴 회담을 힘들어하던 기억도 새삼 떠오른다. 나의 정치판 글쓰기는 늘 이런 식이었다. 스물 몇 먹은 애송이가 역사의 한가운데서 나름대로 치열한 글쓰기를 하던 시절이었다.

그때부터의 다양한 글쓰기는 30여 년 가까이 잇다, 끊기기를 반복했다. 지나고 나면 어제 일 같지만, 생의 절반을 그런 보람과 중압감 속에서 남다른 경험을 했다는 것은 그 자체로 소중한 인생 공부에 다름 아니었다.

지금도 많은 사람들에게 내쳐지고 있지만, 그래도 정치는 원래 세상 모든 작용이 용해되어 결국은 세상을 진전시키는 길로 나아가는 일이다. 김대중 전 대통령이 "인생은 아름답고 역사는 진보한다."라는 말을 남겼다. 고난의 정수인 그가 그렇게 말했다면 그건 맞는 말일 것이다. 아름다움과 추함, 영과 욕, 그리고 열정과 좌절, 그 끝없는 수레바퀴 앞에 선 우리. 그래도 인생은 아름다울 것이고 역사는 발전할 것임을 나도 믿고 있다.

세월을 훌쩍 뛰어넘어 1997년 제15대 대통령 선거가 끝나고, 마침내 김대중 대통령으로의 정권교체가 이루어졌다. 이만섭 의장은 IMF 국면에 치러진 이 선거에서 신생 정당을 돕다가 나중에 여당 총재 권한 대행이 되었고 그 후 그 옷을 입고 새천년을 맞이했다.

하지만, 그 어느 때보다 혼미하던 15대 대통령 선거가 끝나고 나니 그 빈자리에 어김없이 내 '오랜 친구'가 제 차례인 듯 다시 나를 찾아왔다. 제15대 대선은 1985년부터 시작된 내 정치경험으로 봐서도 가장 치열했던 선거였다. 그때 겪었던 내 우울증의 재발은 그 격동의 흔적이 남긴 후유증일 수도 있었다.

'상무병'이라는 게 있다. 우울증은 오지랖도 넓은 병이다. 우울증은 꼭 세상일에 좌절하고 절망적 상실감이 올 때만 따라오는 병이 아니다. 인생의 최고 정점에도 찾아와 우리 곁을 기웃거리는 정말 스토커 같은 존재다.

천신만고 노력 끝에 대기업 임원인 '상무이사'가 될 즈음이면, 직장인으로서는 최고의 성취감을 느낀다고 한다. 그러나 그 희열도 하루 이틀로 그친다. 그리고 나면 며칠 후 어이없이 극한의 나락으로 떨어지기도 하는데, 그것이 곧 '상무병'이다. 물론 전부가 다 그렇지는 않겠다. 하지만 갑자기 평생을 달려왔던 세상일이 공허해진다. 사람들과 바쁘게 어울리던 좁은 공간과는 다르게, 넓은 혼자만의 방이 마련된다. 그러나 그 텅 빈 여유 속에서 전에 없던 소외감과 상실감이 덮쳐온다. 그럴 때 당사자들은 고개를 갸웃거리면서도 속수무책으로 인생의 새로운 벽과 마주하게 되는데 그것이 곧 '상무병', 우울증이다.

1969년 닐 암스트롱과 함께 아폴로 11호를 타고 인류 중 두 번째로 달에 발을 디딘 버즈 올드린. 그에게 찾아온 것도 그 '상무병'이었다. 세상에 달을 밟는다는 일보다 더 큰 성취가 있을까? 그러나 그 달을 밟고 지구로 귀환한 뒤 그에게 맨 처음 떠오른 생각이 '다음 가야 할 별은 어디지?'였다고 한다. 일단 달을 밟고 나니 필생의 목표와 방향이 하루아침에 사라져 버린 것이다. 실제로 한 번 더 달에 가고 싶다고 정부에 사정하기도 했다고 한다.

당시 돈으로 미화 250억 달러가 투입되고 1호선 발사 시험 중 우주선이 폭발하여 우주인 세 명을 잃는 등, 천신만고 끝에 성공한 달 착륙 모험이었다. 그 화려한 달의 뒷면에 바로 올드린의 우울증과 알코올 중독이라는 어두운 그림자가 드리워져 있었던 것이다. 달리고 달려 도착한 곳이 결국 우울의 절벽이었던 것이다. 우울증은 전 우주적 질병이다.

나는 우울증이 재발되면 자동적으로 20년 동안 시달려 온 내 병을 스스로 진단하고 관리하는 외로운 관리자의 위치가 되었다. 그러나 한창 국회 생활을 할 때는 나 혼자 앓는 병이 아니게 된다. 여당 대표가 된 분께 또다시 폐를 끼칠 수는 없는 일이었다.

인생 두 번째의 사표를 내고 여의도와 한강 건너편 '강변 오피스텔'의 방 하나를 얻었다. 의장께선 '잘 다녀오게.'와 같은 뉘앙스를 비추며, 나에게 또 한 번의 '휴가'를 허락했다. 참으로 '희괴하고 편리한 직장'이었다.

인생이 순조로우면 우울증 같은 게 찾아와 지독한 경각심을 불러일으키며 나를 주저앉힌다. 그리고 또 원치 않은 그런 고통의 기간이 끝나면 다시 생이 길을 열어준다. 어이없지만 그런 고공 회전목마가 나의 인생길이었다.

아무리 그때는 예고 없이 찾아왔다지만 우울증은 우울증이었다. 다만 이번에는 그 피학자가 달라져 있었다. 병을 이기는 방법도 진화하는 모양이었다. 이번에는 나 스스로 철저히 나를 격리했다. 직장과 가족으로부터 격리된 외딴섬이 되었다.

이번에는 맞서보자. 오랜 전제정 아래서 무릎 꿇어온 민초가 한번 꿈틀이라도 해보자. 그리고 항거의 선봉을 글쓰기에 맡겨보자. 인생은 자꾸 치닫고 내가 언제까지나 넋 놓고 당하기만 할 수는 없다.

소설을 계속 써야 한다는 희구가 다시 나를 깨웠다. 그것이 내 두 번째 소설 『독신』이 되었다. 그리고 내가 이런 연애소설을 처음 계획한 것 역시, 오래전 군 복무 때 찾아왔던 익숙한 얼굴의 우울과 한창 싸우던 때였다. 우울병은 인간 작용의 양극단, 그 금단의 지경을 오가게 하는 그야말로 미친병이다.

우울증과 싸우며 로망이던 연애소설 탈고
- 제인 오스틴은 사랑꾼? 눈 내리는 밤의 러브레터

공군 학사 장교로 청춘의 강을 건넜다. 그러나 기구하게 병도 나와 함께 복무하기를 요구했다. 복무 2년이 지나가며 다시 증세가 찾아왔다. 3성 공군 작전 사령관의 전속부관일 때였다. 그때 모시던 분이 참모총장까지 지내다가 부부가 함께 헬기 사고로 유명을 달리한 고 조근해 장군이다. 당시 나도 제의받았던 대로 복무 연장을 했더라면 같은 운명이었을 것이다.

씩씩하게 군 복무를 해야 하는 장교가 우울증이라니 참 기가 막혔다. 어쩔 수 없이 이를 감추고 고향으로 옮기게 해달라고 청했다. 인생의 고비마다 나타나 내 앞길을 휘젓고 다니는 이 기나긴 전투에 나는 도무지 어쩔 바를 몰랐다. 제대를 불과 6개월 앞두고 고향집이 있는 대구 군수사령부로 옮겼다. 그때는 3년 가까운 타지 생활과 오랜 부관 생활에서 온 부담이 원인이었던지 집에서 출퇴근하자 서서히 증세가 가라앉았다. 우울증이 심인성인 면과 생리적인 작용이 함께 어우러진 까다로운 병이어서 그렇다.

내가 겪어본 바로, 우울증이란 마음의 작용과 환경의 여부 같은 심인성 요소는 그리 크지 않다. 뇌 신경전달물질의 부조화라는 생리적 영향이 절대적이다. 한마디로 우울증은 마음이 약해서 오는 병이 아니다. 우울증 환자를 두 번, 세 번 고통스럽게 만드는 지점이 바로 여기다.

왼손잡이와 곱슬머리인 사람을 희화화하고 놀리지는 않는다. 우울증은 분명히 약으로 좋아지고 낫는다. 발병 초기에 주위의 올바른 인식 정립과 환자 자신부터 병을 이해하고 꾸준히 약을 복용하면 재발도 막고 완치도 가능하다.

나는 내 생의 절반 가까이 동행해 온 이 '친구'를 이제 대부분은 파악하고 있다. 부득이하게도 담당 정신건강의학과 교수들과는 거의 사제간이나 친구처럼 지내왔다. 그 오랫동안 그들과 대화하고 온갖 책을 뒤졌다. 의대생들이 공부하는 전공 서적으로 공부한 적도 있으니, 레지던트는 몰라도 정신과 인턴 정도는 된다고 자부할 때도 있다.

나는 이 지독하고도 광범위한 병의 실체를 세상에 알리고, 안타깝게도 이 병에 걸린 분들에게 단 한 가지라도 도움을 줄 수 있다면 그 무슨 일이라도 한다는 마음으로 지금 이런 글도 쓰고 있다.

이 순간에도 침대에 올라 누울 힘조차 없어 방바닥에 쓰러져 있는 그들의 모습이 떠오른다. 침대에 올라가야 할 의미조차 모르게 하는 지독한 악마와 마주하는 일이다. 또 6월의 기나긴 장맛비 속에서 힘없이 하늘에 기도만 하고 있는 죄 없는 그들의 절망을 누구보다 잘 알고 있다. 그런 참혹한 모습을 아는데 침묵하는 것은 죄악이고, 그들을 돕는 일은 그 강을 먼저 건너고 있는 자의 당연한 사명이라고 생각한다.

제대를 두 달 앞두고 이만섭 의장이 다시 나를 찾았다. 13대 국회의원 선거에 낙선해서 내 군 복무기간 동안 정치를 쉬고 계셨다. "이번에

등원하면 국회의장이 될 수도 있을 텐데 자네도 제대하면 올라오지 그래." 그때 나는 갓 출범한 《한겨레신문》 기자를 지망하고 있었다. 그러니 두 가지 선택지가 내 앞에 기다리고 있었던 것이다.

결혼도 앞둔 나는 결국 쉬운 길을 택했다. 사람은 인생에서 두세 번의 결정적인 선택지 앞에 선다고 했다. 살아보니 인생은 두세 번이 아니라 매 순간순간이 모두 선택의 순간이었는데, 그 사실을 모르고 있던 때였다.

이렇게 생의 선택지 앞에 섰을 때 늘 정답을 고를 수 있는 영험한 비법이 하나 있다. 달고 환한 길은 오답일 확률이 높다. 릴케도 "인간은 어려운 쪽으로 향해야 한다."라고 했다. 저기 걸어오고 있는 사람에게서 밝은 빛이 뿜어져 나오고 있다면 그가 어두운 곳을 지나왔기 때문이다.

그래도 내가 다시 정치무대로 돌아간 큰 이유 중 하나는, 이 의장께 대한 인간적 도리 때문이었다. 당신이 중요한 일을 맡을 때마다 나는 툭하면 칭병하여 사표를 내고 숨었다. 의장은 그때마다 단 한마디도 탓하지 않고 내가 돌아오기를 기다려 기꺼이 다시 받아주기를 거듭했다. 한 번 더 내가 필요하다고 하는데 내 진로만 고집할 수는 없었다. 인생에는 흔해 빠진 참고서들이 널려 있지만 절대 정답지는 존재하지 않는다. 나와 그분의 30여 년은 그 어떤 인생의 일이기 이전에, 숙명의 끈으로 이어져 있던 인간의 길, 그 본연의 일이었다,

이렇게 내 인생의 분기점에서 제대를 눈앞에 두고 있을 때였다. 서울로 올라갈 준비를 하느라 책장을 정리하다가 낡은 책 두 권이 한데 눈에 띄었다. 지금도 그렇겠지만, 그즈음 그의 드라마가 시작되면 누워 있던 시체도 일어나 앉는다던 김수현 작가, 그의 드문 초기 소설이

었다. 나는 지금도 그녀의 혁혁한 드라마보다도 오히려 그의 여러 소설을 더 즐겨 하고 지금도 탐독하고 있다. 글은 장르와는 무관하게 사람을 홀린다. 나는 그 어떤 장르이든 나를 넉넉히 홀리는 것이라면 가리지 않고 열광한다. 때에 따라 대하 전집보다 한 쪽짜리 수필 하나가 죽어가는 사람을 살린다.

70년대에 출판된 그의 첫 소설『상처』와 그에 이은『겨울로 가는 마차』가 나를 마주 보고 있었다. 문학이, 소설이, 다시 뚱하니 나를 바라보고 있었다. 늘 그랬듯이, 진로를 다 정해놓고도 생의 질긴 다른 끈 하나가 다시 나를 휘감아 왔던 것이다.

봄밤은 짧기만 했다. 글이란, 책이란, 그리고 문학이란, 그런 존재였다. 평범하고 부실하기만 한 인간의 죽고 사는 문제를 획획 뒤흔드는 존재이다. 인간을 더없이 격동시키고 또 한편으로는 그 함량만큼 인간을 가장 보잘것없는 존재로도 만들어 내는 귀기마저 띤 존재였다.

퇴근하자마자 바로 읽어나간 두 권의 소설은 새벽녘이 돼서야 끝을 맺었다. 글쓰기 법칙이나 문학 이론은 전부 헛소리가 아니던가. 이렇게 흔들리는 초라한 한 인간에게 고비마다 나타나 사람을 격앙시키는 이 존재란 무엇인가.

그 봄밤의 설렘과 흥분, 그리고 간절함의 물결을 지금도 잊을 수가 없다. 나는 그 밤을 새우며 작가와 기나긴 이야기를 나누었던 것이다. 참으로 사랑은 무엇인지, 작가가 생각하는 사랑은 어느 정도의 크기인지, 이렇게 사람을 절실하게 만드는 정념의 글쓰기는 어떻게 가능한지 끝없이 캐물어 나갔다.

'서울로 올라가자. 올라가서 수소문해 작가 댁으로 찾아가자. 두 사람, 밤을 새우며 긴 사랑 이야기를 나누자.', '지금 바로 휴가 신청을 하거나 그게 시간이 걸리면 탈영이라도 해야겠다.' 제대를 고작 석 달 앞둔 장교의 탈영이 가능할 뻔했던 순간이었다.

'이런 소설 하나 쓰자.'

나는 그날 신세계의 아침을 맞으며 처음 연애소설을 쓰기로 마음먹었다. 글의 힘, 문학의 힘, 그리고 사랑의 힘이었다. 사람의 깊숙한 곳까지 찾아오고 또 함께 떠올라 사람을 개선하고 아름답게 만들어, 끝내 주변까지 빛내는 일. 그날 봄밤이 이루어 낸 나의 또 다른 지향이었다. 어두운 터널을 지나니 내 어깨에 더없이 밝은 빛의 날개가 돋아 있었던 것이다.

첫 장편, 『그들 81학번』이 나온 이듬해, 내 오랜 로망이던 연애소설 『독신』을 쓰기 시작했다. 오피스텔 15층 창밖으로 넘실대던 한강, 그리고 인근 당인리 발전소 굴뚝에서 내뿜어지는, 희다 못해 푸르기까지 하던 연기, 그리고 병증과 나. 이렇게 함께 연애소설 하나를 써 내려갔다.

우울증 중에는 그 어떤 일도 시도하지 못한다. 그런데 이번에는 눕지 않겠다고 맞선 터였다. 소설의 여주인공이 뾰족 머리를 드러낼 정도로 소설이 진행되면서 우울도 함께 수그러들었다. 외아들 결혼식에도 가지 못하는 병이다. 소설은커녕 제 이름 소리 하나 입 밖으로 내지 못하는 병이다. 그 병이 글을 써내려 가는 도중에 서서히 사라졌다. 그 극악한 병도 고쳐내는 게 바로 글쓰기였다.

글쓰기와 우울증과의 상관관계는 이미 많은 사례가 있다. 세상의 많은 작가들이 우울증과 싸웠다. 헤밍웨이처럼 그 싸움에서 패배한 끝에 극단의 선택을 하기도 했다. 그러나 많은 예술인이 오히려 병의 한가운데서도 불굴의 투혼으로 작품을 써냈다. 환란의 끝점에서 솟아나는 의외의 창조성을 우리는 목격한다. 단언컨대 고통 없는 창조란 없다.

연애소설, 사랑 소설, 쉽지 않았다. 80년대와 90년대를 넘나들며 원고지 2,000매로 풀어낸 전작 세 권보다 몇 곱은 힘들었다. 책은 3개월 만에 탈고했지만, 나에게는 실패작이었다. 광대무변한 사랑의 세계를 그리기에는 턱없이 부족했다.

그때까지 내가 꿈꾸던 '연애소설'은 700매짜리 순수 연애소설이었다. 탄산수 같은 청량감, 눈부신 20대와 고뇌하는 30대를 넘나드는 설렘, 애증의 산맥, 또 그런 초가을 강가의 사금 가루 같은 이야기 하나 풀어갈 생각이었다.

그러나 제목처럼 글은 고독을 품었나 보다. 어둡고 너무 힘든 사랑이 되었다. 우울의 끝에 쓰인 글쓰기여서 그랬나 싶기도 했다. 이문열 작가가 유일하게 실패한 소설도 사랑 소설인 『추락하는 것은 날개가 있다』였다고 하질 않았나.

시시포스의 운명처럼, 작가들은 저마다 사랑 소설에 대한 로망이 있다. 사랑이란 어려운 것이어서다. 사랑이라는 오래된 난제에 도전하는 것이어서다. 헤밍웨이는 "진정한 작가에게는, 각각의 작품이 이룰 수 없는 것에 다시 도전하는 새로운 시작이다. 항상 작가는 한 번도 이루어진 적이 없거나 다른 이들이 도전했다가 실패한 것에 도전해야 한다."라고 했다.

함박눈 내리는 길거리 군밤이 사랑으로 보였던 날이 있었다. 사랑을 하면 누구나 무엇인가 자꾸 주고 싶다. 매번 세상에 지고 고개 숙이며 하숙집으로 돌아오던 나였지만, 그 군밤 한 봉지를 사 들고 다시 춥고 먼 눈길을 되걸어 그 애 집으로 향했던 기억이 난다.

사랑은 허구보다 강하다. 사랑은 소설 밖에서 더 빛을 발한다. 모두가 한 번은 겪는 사랑의 지독한 기억을 전부 허구로 꾸며낼 방법은 그 어디에도 없다. 그래서 작가들은 실패하는 것이다. 시시포스의 저주다.

  그 대신 소설은 그 허망한 기억만 던져줄 뿐이다. 캠퍼스 뒤 숲속에서 벌벌 떨며 나누던 첫 키스, 실비 내리는 경복궁 매표소 앞에서 노랑 우산을 쓰고 나를 기다리던 그 애의 실루엣, 올라탄 지하철 속 모든 여자의 뒷모습이 전부 그 애와 같았던 환시도 불러낸다.

  제인 오스틴이 사랑학 박사는 아니었을 것이다. 그녀의 보석 같은 소설들도 실제 사랑보다는 못하겠지만, 노력하고 운까지 따라준다면 우리 모두가 제인 오스틴이 될 수 있을 것이다.

  첫 번째 사랑 소설엔 실패했다. 그러나 아직은 10권, 한 질짜리 사랑 이야기가 내 가슴 속에 살아남아 있다. 나는 언젠가는 경기도 인근 양평 같은 데나, 강원도 산골 같은 외딴곳에서 글 쓰며 살고 싶은 꿈이 있다. 펑펑 눈 내리는 어느 깊은 겨울밤, 큰 창문 밖 눈송이를 바라보며, 아껴둔, 그러나 보다 성숙한 사랑 이야기 한 편 마음껏 다시 써내려 가고 싶다. 짧지 않은 생, 함께 걸어왔던 내 질긴 병증도 그때만은 조용히 내 편이 되어주리라 믿는 것이다.

2부

소설의 향기,
"언젠가는
내 책 한 권
쓸 거예요"

〈글쓰기〉

글쓰기는 인생을 다시 한번 사는 길
- '김훈 작가보다 더 잘 쓰는 법?'

고독력 키우기,
글쓰기의 강에 지금 뛰어들어라

"나는 내가 쓰고 싶은 글을 썼을 뿐이며,
남들도 다 쓸 수 있는 것을 삼갔을 뿐이다."

– 문학 평론가 고 김현

구스타프 플로베르는 글쓰기의 광대한 세계를 이렇게 표현했다.

"글쓰기란 참으로 근사한 일이다. 글을 쓰면서 우리는 더 이상 자신에게 머물 필요가 없고, 자신이 창조한 세계에서 움직일 수 있으니 말이다. 예를 들어 오늘 나는 남자가 되었다가 여자가 되기도 하고, 가을날 오후에 노란 낙엽을 밟고 말을 타고 숲을 지나가기도 한다. 또 나는 멋지고 근사한 말(馬)에, 잎사귀에, 바람에, 주인공이 하는 말 속에 존재할 수도 있고, 심지어 사랑에 빠진 주인공의 눈을 감게 만드는 불타는 태양 안에 존재할 수도 있다."

글쓰기는 고독을 즐기는 유희 같다고 생각할 때가 많다. 고독력(孤獨力), 고독을 이기는 힘이 체력처럼 필요한 세상이 되었다. 그런 힘을 키우는 일에 가장 유용한 것이 글쓰기다. 나는 그렇게 믿는다.

밤에 홀로 앉아 "인간은 고통을 안고 살아간다."에서부터 무작정 글을 써 내려가 본다. 그러면 어느 순간, 마치 누군가가 곁에 다가와 내 어깨를 다정하게 꾸욱 한번 쥐어주는 듯하다. 우리는 뚜렷한 의미 없이 홀로 세상에 던져진 존재다. 글쓰기란 이 혼자만의 우주 공간에서 참 고마운 친구구나 하는 생각을 한다.

글쓰기는 인생을 닮았다. 그래서 어렵기도 하다. 글을 쓰다 보면 절대 내 마음대로 되지 않는다. 처음 먹었던 생각과 자꾸만 어긋난다. 지금, 내가 아닌 다른 누군가가 내 이야기를 쓰고 있는 것 같고, 시작도 끝도 내 의지대로 쓴 것은 단 한 줄도 없는 것 같다.

그렇지만 또, 글쓰기가 별게 아니고, 어려운 일이 아니라는 주장도 영 틀린 말은 아니다. 오직 내 가슴속의 나와 한 번, 깊이 만나고자 하는 의지만 있다면 이보다 쉬운 일이 또 없다. 내가 마음만 먹는다면 반드시 무언가가 나타나 나를 도와주기 때문이다. 명징한 의식이, 황홀한 무의식이, 그리고 날로 성숙해지는 내 자아가 어느새 내게 깃들어 나를 돕는다.

글을 쓰지 않을 이유가 없다. 글쓰기는 깊숙한 곳에서 숨 막혀 하던 진정한 나와 교유하고 화해도 한 끝에, 진실을 길어내고 새로운 나로 거듭나는 일이다. 타인과 공감하며 연대한 끝에 그들을 돕기까지 한다. 이 일이 글쓰기다.

나탈리 골드버그는 자신의 책 『인생을 쓰는 법』에서 "오로지 글쓰기만이 두 번째 삶이라는 기회를 준다. 그 기회를 잡아라."고 한다. 갱생의 기회가 글쓰기에 있다는 것이다.

'무조건 일단 써놓고 읽어봐서 뜻만 전달될 수 있다면 그것이 글쓰기의 완성'이라고도 한다. 사실이다. 일단 시작하고 보면 능력이 다소 부족한 것은 점점 나아지게 마련이다. 동물 생태학자 최재천 교수가 어느 강연에서 이렇게 말하는 것을 들었다. "내가 지금 쓴 글이 김훈 작가보다는 못한 게 분명하겠지만, 내게 한 달의 시간만 준다면 나도 충분히 그분만큼 잘 쓸 자신이 있다. 쓰고, 고치고, 또 쓰고 고쳐나가면 되니까."

글쓰기는 글을 쓰는 것, 그 자체로 배워야 한다. 자신 바깥에서는 그 어떤 배움의 길도 없다. 수영을 배우려면 강습 교본이나 유튜브만으로는 안 된다. 물웅덩이에 빠진 내 자아를 건져 올리는 방법은 무조건 물에 뛰어드는 것이다. 글쓰기의 강에 지금 뛰어들어라.

푸념하듯 넋두리하듯,
고요히 내 영혼과 만나기

나는 주변이 강아지 꼬리처럼 요란스럽고, 막 사냥 끝낸 사자처럼 지칠 땐, 누군가에게 말로 호소하기보다는 얼른 글 하나를 쓴다. 조용히 백지나 노트 한 페이지를 펼친다. 그리고 무조건 뭐라도 줄줄 써 내려간다. 아무런 주제나 형식도 없다. 나를 향해 푸념하듯, 넋두리하듯,

그렇게 써 내려간다. 일기 같고 단상 같다. 그러면 이내 내면이 안정되고 가지런히 정돈된다. 글을 쓰면 스스로를 차분하게 응시할 수 있다. 삶이 명료해지는 그 느낌을 즐기게도 된다. 고요히 내 영혼과 만나는 순간이다.

다만 불행하게도 세상의 가치 있는 것들이 손쉽게 내 발아래 툭 던져지는 일은 없다. 많은 것을 담보하는 글쓰기도 어김없는 노동이다. 누가 입에 떠 넣어주길 기대해선 안 된다. 글쓰기 교습법의 권위, 윌리엄 진서는 "글쓰기가 어렵게 여겨진다면 이는 실제로 어렵기 때문이다."라고 했다. 가보지 못한 곳, 모르는 사람들이나 모르는 사상, 그 지경에 다가가는 일이다. 그 일이 쉬울 리가 없다.

『불멸의 작가들』을 쓴 프란시스 아말피도 "글 쓰는 것은 괴롭다. 매 순간 자신의 재능을 의심하며 좌절감에 빠진다. 그러나 문제는 글을 쓰지 않을 때가 훨씬 더 힘들다는 사실이다."라고 했다. 쉽든 어렵든 글을 시작하고 보라는 것이다.

사람들이 글쓰기를 두려워하는 이유 중에는 글을 쓰면 자신의 존재 자체는 물론, 내밀한 곳에 숨겨져 있던 비밀이 드러난다고 생각하기 때문이다. 그러나 우리 가슴속에 무엇이 들어 있는지는 우리 자신도 모른다. 나를 알기 위해서라도 글로써 나를 드러내야 한다. 어서 내가 몰랐던 바로 그 생경한 나를 지금 만나보고 싶지 않은가.

꼭 작가가 되지 않아도 어차피 글쓰기는 외로운 일이다. 그리고 글을 쓰는 일은 더 외로운 사람이 되기로 마음먹는 일이다. 너무 외로워서 글이라도 써야겠다고 생각하는 순간, 당신은 이미 작가가 되어 있을 것이다. 지금 점멸하는 모니터 커서 위에 내 첫 키 하나를 포개놓는 순간, 창조가 시작된다. 매일 조금씩 그 창조물을 빚어내야 한다.

무라카미 하루키는 등단 전에 재즈바를 운영했다. 버거웠던 하루가 지나면 테이블 안쪽 모퉁이를 닦고 그 위에서 밤을 밝히며 글을 썼다. 그런 새벽을 모아 《군조》지 신인상을 통해 데뷔했다. 헤밍웨이는 아내와 이혼 문제로 다투고 만취되어 돌아와서도, 『노인과 바다』 속 산티아고 노인의 마지막 사투를 물고 늘어졌다. 글쓰기는 어렵고 고독하지만 모든 창조의 전령이다.

그냥 '나는 슬펐다.'라고만 쓰지 말라. '지나가는 모르는 아이에게, 어제 내 친구가 죽었어라고 말하듯 내 마음이 꺼져 내렸다.'라고 써보자.

'나는 우울했다.'라고만 쓰지 말라. '함께 웃고 놀던 친구들이 하나둘씩 집으로 돌아가고 창문에 흐릿한 저녁 구름이 드리울 때, 나는 자꾸만 식탁 뒤로 밀려나고 있었다.'라고 쓸 수 있다. 『소피의 선택』과 자신의 우울증 투병기 『보이는 어둠』을 쓴 존 스타이런은 자신이 겪은 우울증의 고통을 "영혼이 시골 동네 전화국이 홍수에 잠겨 드는 것처럼 가라앉기 시작했다."라고 표현했다.

'나는 아주 기뻤다.'라고 끝맺지도 마라. 우리는 살면서 누구나 조그마하게는 다 기뻤다. 그렇게 쓰지 말고, '초등학교 때 나와 같은 반 짝꿍이었던 그녀는 우리 반에서 나를 제일 좋아했던 내 팬이었다. 그런 소녀가 20년 만에 나를 찾아온 것이다.'라고 써보라. 그러면 정말 그녀가 걸어 들어오는 듯하고 그것이 곧 당신 인생에서 가장 기쁜 일이 될 것이다.

그리고 마냥 '나는 우리 동네 카페를 사랑한다.'라고만 쓰지 말자. '왠지 멍하니 창밖을 바라보는 키 작은 여 알바생이 창에 비치고, 그 옆으로 지하철 소리가 출입구를 넘어 들어온다. 격자무늬의 초콜릿 색 테이블보가 미세하게 떨린다. 그 사이에서 나는 어느덧 나른한 졸음을 재

촉한다.'라고 써보자. 카페를 사랑한다는 표현을 사용하지 않고도 사랑을 속삭일 수 있다. 노곤한 듯 이완되어 평화로운 지경이 되는 것이 가장 사랑스러운 풍경이 아닐까. 몇 줄만 써도 이런 평화가 내 것이 된다.

그저 내 눈에 겹치는 심상을 좀 멋스럽게 손으로 옮겨 적으면 된다. 나머지는 '보이지 않는 손'이 도와준다. 예전에 연애편지를 쓸 때도 내가 쓴 것이 아니었다. 내 가슴이 나를 도와주었기 때문에 가능했다.

무언가를 사랑해야 좋은 글이 나온다. 글을 써야 그 사랑이 채워질 수 있다면 영혼을 걸고 한번 써보자. 우리가 글을 쓸 때, 사랑은 우리를 배신하지 않는다. 20년 전의 내 사랑이 찾아오고, 늘 지나다니던 찻집이 유난히 사랑스러울 때, 그러나 또 내가 그 느낌을 글로 옮겼을 때, 마침내 우리의 인생이 내게 빼꼼히 고개를 내밀어 준다.

잘 쓰고 싶다면
가슴으로 써라

> "…제목을 보고 그림을 보면 더 뜨겁다. 그림을 보는 마음에 제목이 상상력의 불을 지피기 때문이다. 뜨거운 마음은 터질 듯 번진다. 주체할 수 없어 감싸안는다. 마음이 얼마나 뜨거운지 손은 파란색으로 느껴질 만큼 차갑다. 재능은 이런 것이다. 생각만 하면 마음이 뜨거워지는 것이 있다면 '그것'에 대해 대단한 재능을 가진 것이다."
>
> – 강창래, 『재능과 창의성이라는 유령을 찾아서』 중에서

'글을 잘 쓰고 싶다.'. 글쓰기는 나를 표현하고 싶다는 인간의 본능

이기 때문이다. 나를 내 속에 감추지 않고 세상에 알리는 일, 그래서 내 생각을 인정받고 싶은 인간의 '인정 욕구' 때문이다.

어렵다고들 하지만 글을 잘 쓰게 되면 첫째, 내 빈 가슴이 감동으로 채워진다. 장엄한 뉴질랜드 설산 앞에 서면 그냥 눈물부터 주르륵 흐른다. 내 실존의 유한성에 울먹인다. 또 '내가 여태 이런 것도 못 보고 살아왔구나.', 멋진 풍경을 보면 누군가와 '함께 볼걸.' 안타까워한다. 나의 감동과 기억을 글로 옮겨 사랑하는 사람과 함께 느끼고 싶을 때 우리는 한 번이라도 글을 참 잘 써보고 싶다.

연구에도 도파민이나 세로토닌 같은 행복 신경회로가 가장 많이 분비될 때가 바로 무언가로부터 감동받을 때라고 한다. 설레고 감탄하고 놀란 감정들은 모두가 글이 된다. 작은 변화에도 놀라고 찡한 감정을 나타내는 것 자체가 좋은 글감이 된다.

글을 잘 쓰고 싶은 두 번째 이유는, 옆 사람을 간절히 설득하고 싶을 때이다. 연인에게 고백할 때처럼, 절절한 가슴을 어떻게 하면 잘 표현하여 그를 설득할 수 있을까, 밤새며 간절해할 때이다.

좋은 글은 죽고 싶은 사람도 설득해 살려낼 수 있다. 2011년 일본의 99세 난 시바타 도요 씨가 쓴 시집 『약해지지 마』가 베스트셀러가 되어 수많은 사람을 극단적 선택에서 구했다. 글의 힘은 생각보다 엄청나다.

세 번째로는, 기억을 또렷하게 떠올리고 그것을 오래 붙잡고 싶을 때다. 분명 사물의 잔상이 내 감성에 들어왔는데도 기억이 분명하지 않다. 너무 좋았던 지난날의 기억이 또 너무나 쉽게 잊힌다. 억울한 일이다. 글로 잘 갈무리해서 남겨놓고 싶다. 그러면 사진이 결국은 영원처럼 오래 남듯, 내 영롱했던 과거도 영원히 보관할 수 있다.

마지막으로, 내게 스쳐 간 느낌과 영감을 한번 확인해 보고 싶을 때, 나도 글 한번 잘 써봤으면 하고 소망한다. 좋은 글을 읽었을 때, 아, 지금 누가 내가 했던 것과 똑같은 생각을 하는구나, 내 마음을 이렇게 잘도 표현해 놓았구나, 그들도 나처럼 아팠고, 갈망했구나, 그래서 생의 강 하나를 참 씩씩하게도 건넜구나.

세상에 이런 생각을 하는 사람이 나밖에 없을 것 같고 그래서 도대체가 외로운데, 누가 이렇게 먼저 잘 써놓은 걸 보면 우주 아래 나 혼자가 아닌 것 같아진다. 이렇게 위로받고 싶을 때, 나도 잘된 글 하나 쓰고 싶다.

그러나 글이 잘 써지기만을 기다리고 있어서는 안 된다. 영감은 제시간에 맞춰 도착하는 버스가 아니다. 내가 도저히 글 쓸 상황이 아니라고 단정할 때 비로소 창조가 이루어질 수 있다. 글을 쓰다 보면, 아무리 완벽한 환경에서도 어느덧 열정이 시들해지고, 단어들은 어설프고 유치해지며, 모아온 재료들도 말라버릴 때가 있다. 그래도 기다려야 한다. 해야 할 일이 산더미같이 쌓이고 단 한 줄도 쓰기 어려운 상황이라 하더라도 펜을 들기만 하면 봇물 터지듯 글이 쏟아질 때가 있기 때문이다. 자신의 글쓰기 리듬을 파악해야 한다. 언제 어떤 경우, 어떤 자리에서라도 '나는 글 쓰는 사람'이라는 자각으로 우뚝 서 있어야 한다.

글쓰기에는 감성적이고 예술적인 글쓰기가 있고, 이성적, 논리적 글쓰기가 있다. 우리는 대개 그 가운데서도 '감성의 글쓰기', '가슴의 글쓰기'를 잘하고 싶어 한다. 그것이 곧 자신과 만나고 나의 내면세계를 찾아가는 깊은 글쓰기이기 때문이다.

어찌 보면 논리적 글쓰기는 누구나 할 수 있지만, 감성적인 글쓰기, 가슴의 글쓰기는 오히려 쉽지 않다. 감성적 글쓰기는 상상력과 함께, 남들과는 다른 감수성이 필요할 때가 있기 때문이다. 그래서 글쓰기 연습은 처음에는 계획과 법칙으로 쓰는 논리적 글쓰기보다는, 자기 가슴을 열 수 있는 감성적 글쓰기가 되는 게 좋겠다. 결국은 자기 성찰과 함께 할 수 있는 글쓰기이기 때문이다.

특별히 감성적이고 예민한 사람들도 있다. 그들은 글 잘 쓸 운명을 타고났다. 직장에 지각하더라도 빗속에 쪼그리고 앉아, 보도블록 홈 사이에서 가엽게 흔들리는 작은 꽃 이파리를 세는 사람들이다. 세상에는 내가 하는 일 말고도 어디엔가는 엄청난 네버랜드 하나는 있다고 믿는 사람들이다.

서울에서 파리 몽마르트르 언덕에 앉아 있을 수도 있고, 지금 20대이면서 노후의 일을 당겨 체험해 볼 수 있으며, 엄마의 입장이 될 수도, 사나운 파도 소리를 한껏 어루만질 수도 있다. 온갖 이성을 동원하고 계획과 설계, 조작을 다 해 써보기도 하지만 그래서는 별반 효과가 없다. 결국은 쓰는 사람의 가슴이 열리고 여기에 순수한 열정이 보태질 때 좋은 글이 나온다.

『마음의 서재』 등을 쓴, 감성의 글쓰기를 잘하는 정여울 작가도 대학원에서 논문을 쓸 때, '나'라는 단어나 '감정'은 다 빼고 쓰라는 압박을 받았다고 한다. " '나'라는 주어를 빼고, 감정을 떠올리게 하는 모든 흔적을 지워라. 오직 논리만 가지고 써라."고 강요받았다는 것이다. 논문이라고 하더라도, 어떤 논픽션이라 해도, 결국은 쓰는 사람의 속내와 진실을 드러내는 일이다. 종이 위의 어떤 글이라도 '나'라는 진실과 따뜻한 가슴이 없는 글은 죽은 글이다. 그녀는 이런 무지막지한 요구에 격하게 저항했고, 살아 있는 글쓰기를 지켜나갔다. 그래서 지금 지적이면서도 가장 가슴 뜨거운 작가가 되어 있다.

기차 안의 낯선 사람에게 말 걸기, 왠지 지나가는 아이의 뒷모습을 보고 쓸쓸한 마음 되기, 해변의 파도를 피하지 않고 듬뿍 젖어보기, 그 바다처럼 길들여지지 않기. 이것이 글쓰기의 희망과 나의 희망이 만나는 눈앞의 희망봉이다. 그 순간을 잡아야 한다.

> "나는 선실에 편히 묵으면서 손님으로 항해하는 것을 좋아하지 않는다. 인생의 돛대 앞에, 갑판 위에 서 있기를 원한다. 나는 이제 배 밑으로 내려갈 생각이 없다."
>
> – 헨리 데이비드 소로, 『월든』 중에서

〈소설 ①〉

"여보, 오늘은 또 무슨 거짓말을 하려구"
– 마법의 소설 쓰기 뮤즈는 없다

소설의 첫출발, 잘 아는 것부터
또, 몰라서 알기 위해

"'나는 소설을 쓰고 싶었고 요즘은 정말 써보려고도 해.' 내가 아는 남자 중에 한 사람은 종종 이런 말을 하곤 했다. 나는 한번은 화를 내며—왜냐하면 그는 이제 50대이고 심장에 문제가 있으며 15년 동안이나 계속 충족되지 못한 감정에 대해 불평을 해왔기 때문에— '이봐요, 당신은 죽지 않는다고 생각하는 것 같군요. 마치 영원히 살 것처럼 행동하고 있잖아요. 당신은 더 젊어지는 게 아니에요. 쓰고 싶다면 지금 당장 쓰기 시작하세요. 그렇지 않으면 기회는 영영 없단 말이에요.'라고 했다. 그리고 그는 내 말대로 했다. 글쓰기는 그의 삶을 다시 활기차게 만들었는데 그가 내면에 감춰 두었던 이야기들, 아버지 사랑에 대한 갈망, 고아 시절과 평생을 지배했던 고립감, 고독함과 낮은 자존감들로부터 해방돼 나갔기 때문이다."

– 루이즈 디살보, 『치유의 글쓰기』 중에서

『단편 소설 쓰기의 모든 것』의 작가, 데이먼 나이트는 자신의 책 서문에 「이 책을 쓰지 말았어야 하는 세 가지 이유」라며 다음과 같이 적어놓았다.

"하나, 소설 쓰는 법은 스스로 터득하는 것이지 누구에게 배워서 알 수 있는 게 아니다. 둘, 배워서 알 수 있는 것이라고 해도, 작법서를 읽어서는 알 수 없다. 셋, 작법서를 읽어서 알 수 있는 것이라 해도, 자연스럽고 무의식적으로 이루어져야 하는 창작 과정에 대해 너무 많은 것을 알게 되는 바람에 자신의 창조성을 억누르게 된다."

유도라 웰티는 "각각의 이야기는 나에게 어떻게 그것을 쓸지를 가르치지만, 그다음의 것은 가르치지 않는다."라고도 했다.

에세이 쓰는 법, 서평 쓰는 법, 영화평 쓰기까지 여러 작법 책이 있지만 '소설 쓰는 법'처럼 어울리지 않는 작법서는 또 없을 것이다. '할머니 옛날이야기 작법'이란 없다. 가장 작법이 없어도 될 장르가 소설이다.

『책의 정신』을 쓴 강창래 작가는 "글은 알고 있는 것을 쓰는 것이 아니라, 몰라서 알기 위해 쓰는 것"이라고 했다. 소설 쓰기도 마찬가지다. 일단 쓰면서 배우는 일이다.

소설은 결국 허구를 통한 작가 자신의 이야기다. 소설이란 내가 아닌 다른 사람의 입장이 되어보는 일인데, 그 최선의 방법은 우선 내가 나를 파악하고 관찰하는 데 익숙해져야 한다. 즉 다른 사람의 몸을 빌려 결국은 나를 찾고 내 감정을 관찰하는 데서 출발해야 한다.

고 박완서 선생 생전, 소설 쓰러 서재에 들어가는데 부군께서 "당신 오늘은 또 무슨 거짓말을 하러 가시는 거요."해서 겸연쩍어했다는 글을 읽은 적이 있다. 아무리 거짓으로 꾸민들, 소설은 작가가 자신의 이야기를 파는 일이다. 농이었겠지만 박완서 선생의 부군께서도, 소설이 거짓말 그 이상을 치닫는 것임에 좀 더 공감했더라면, 그 많은 아내의 책을 좀 더 정독했을지도 모른다. 부부란 서로가 서로를 가장 알고 싶어 하는 존재들이기 때문이다.

대부분의 글쓰기가 그렇듯, 소설 쓰기도 처음엔 까다롭기 마련이다. 그래서 초보자는 첫 문장, 첫 소설을 시작하는 용기도 중요하지만, 기본적인 구조나 도구에 대해서는 알고 있어야 한다. 이런 일을 본인 스스로가 달려들어 배워야지 글쓰기 책이 그 결의까지 세워줄 수는 없다.

스티븐 킹은 "예술적 영감의 신, 뮤즈가 저절로 여러분 책상 위 타자기에 너울너울 날아들어 마법 가루를 뿌려주는 일은 절대 없다."라고 했다. 글쓰기를 천재적 영감으로만 쓰는 일은 없다는 것이다.

소설을 쓰려면 첫째, 자기가 잘 아는 것에 대해 시작하는 게 좋다. 쓸 거리는 이미 살아온 시간만큼 축적돼 있다. 또 아무리 글쓰기가 모르는 것을 알아가는 과정이라고 해도, 경험, 연배, 환경 따위는 결코 쉬운 장벽이 아니다. 당연하지만, 아무리 문재라 하더라도, 중학생 문학소녀가 40대의 농염한 사랑을 묘사하기는 벅차다.

두 번째, 소설을 쓰려면 무엇보다 자신만의 주제를 찾아야 한다. 내가 왜 이 고생을 하며 이런 이야기를 하고 있는지에 대한 뚜렷한 주제의식이 있어야 한다. 내가 말하고자 하는 것도 불분명하면서 그 고생을 할 이유는 없다. 소설작법보다는 소설 속에 내 지향을 담는 일이 더 중요하다. 주제에 집중하고 제 목소리를 만들어 독자에게 다가가야 한다. 세상에 널려 있는 주제 가운데서 단 한 가지를 선택해서 그것으로 1년이고 10년이고 매달리는 일이 소설 쓰기다.

셋째, 소설을 써야겠다면 그 동기나 자세가 절박한 게 좋겠다. 내가 세상에 이것 하나 남기고 떠난다는 각오가 되어야 한다. 평범한 단상이나 신변잡기가 마침내 날개를 달고 소설이라는 높은 가치의 예술이 되는 지점이다. 소설은 허구지만 가장 단단하고 절실한 진실을 담아야 한다. 소설 쓰기가 쉽지 않은 이유다. 소설 쓰기는 설렁설렁 읽기에 좋아 만만해 보여도 마치 19세기에 뉴욕 브루클린 대교를 짓는 일만큼이나 까다롭다.

여기에 더해, 책임감과 사명감이 있다면 더 좋을 일이다. 내가 밤새워 쓴 내 생각이, 읽는 사람을 격동시켜 그들의 얼어붙은 내면에 도끼질 한번 한다는 각오가 요구된다.

누구든 사람들에게는 떠올리기만 해도 고통스러운 기억이 있고, 자신만의 감정적인 문제가 있다. 소설은 독자에게 간접 체험을 하게 해서 그들이 그런 감정에서 자유로워지도록 돕는 일이다. 카를 융은 "아픈 상처를 가진 사람만이 또 다른 아픔의 사람들을 치유할 수 있다."라고 했다. 상처가 많은 우리 모두는 글을 통해 스스로는 물론 타인을 치유할 수도 있다. 소설을 쓴다는 행위는 이런 사명감을 갖고 독자에게 "이거 한번 읽어보세요."라고 조심스레 건네주며 그들의 마음을 뒤흔드는 일이기도 하다.

"한 번의 인생에서 가슴은 몇 번이나 찢어져야 하는가!"

8세기 성당(盛唐), 왕유의 시구다. 왕유는 훗날 21세기 초엽에 누가 자신의 시를 읽고 있을 줄 상상이나 했을까. 언제 누가 우리의 독자가 될지 모른다. 단 한 줄의 글이라도 의미화해야 한다. 내가 나를 찾아가는 글쓰기 여정이 언제 누구에게 빛이 될지는 아무도 모르는 일이다.

"글을 쓰고 싶어 미치겠어요"
- 소설가 되기의 4단계

> "헤밍웨이의 글을 보면, 불필요한 단어는 볼 수 없고, 필요한 말은 빠진 게 없다."
>
> — 래리 W. 필립스 편, 『헤밍웨이의 글쓰기』 중에서

소설가는 4단계의 성장 과정을 거친다고 한다. 1단계, 어두운 골방에서 자기 자신만을 위해 소설을 쓰는 단계다. 다른 사람과 소통하기 위해서가 아니라 그냥 비밀 일기나 단상을 조금 부풀려 놓았을 뿐이다. 이런 글은 아무리 잘 썼다고 해도 자기만족도 줄 수 없는, 몇 날 밤의 해프닝에 불과하다. 누군가에게 보이고 싶을 때라야 제대로 된 글이 나온다. 소설은 물론, 직장의 제안서나 학교의 리포트 쓰기 하나도 다 남을 의식하는 글쓰기다.

2단계, 자기 내면을 깨고 나와서 다른 사람과 소통하기 위해 소설을 쓴다. 자기만족만이 아니라, 독자를 의식하고 독자와의 교감이 왜 중요한지를 깨닫기 시작할 때다. 나만의 일기를 세상에 펼쳐보기로 마음

먹었다. 내 비밀 창고가 통째로 개방되는 순간이다. 내 글을 남에게 보여주기로 한 이상, 내 옷을 벗고 나 혼자만의 외딴 방을 열어젖힌다.

그러나 이때부터가 고난의 시작이다. 내가 왜 이 짓을 하고 있나 좌절하기 시작하는 단계이다. 독자를 의식하는 일이란 결코 쉽지 않기 때문이다. 여기저기 자판을 두드리지만, 번번이 '역시 소설은 나와는 거리가 멀어.', '내 이야기를 누가 읽는다니 끔찍해.'라며 거듭 손을 내려놓는다. 자신은 불운의 예술가 살리에리라고 자학한다. 글쓰기 자체가 싫어지고 수백 번 그만두고 싶은 단계다. 그러나 여기서 중단해서는 안 될 일이다. '글쓰기의 유일한 실패는 글쓰기 자체를 그만두는 일'이라고 했다. 무엇보다 아직 이론도 부족하다.

3단계, 여러 장르에서 글쓰기 실력을 쌓고 이제는 무언가를 창조하고 싶은 열망에 겨워 그 힘으로 기어이 단편 소설 하나를 써내는 단계다. 작가가 되는 문턱. 이 단계만 되면 스스로는 천재 모차르트가 된 듯하지만, 아직 여러 기술적인 문제에 발목이 잡혀 있음을 자각하는 구간이다. 그냥 공터에 바람막이 비닐 집 하나는 세웠다. 그러나 바람은 피할지 몰라도 언제 찢어지고 무너져 내릴지 모른다. 이런 형태를 온전한 집이라고 부를 수는 없다. 그래서 글을 쓰면 쓸수록 조금이라도 더 견고한 집을 짓고 싶어진다. 내 글에 대해 비로소 욕심이 생기는 지경이다.

소설가 되기의 마지막 제4단계, 이런 각고의 노력으로 기술적인 문제도 해결했다. 마침내 작가가 된다. 이때가 되면, 굳이 작가라는 타이틀을 달지 않더라도 자신이 해석하는 세상을 자신의 언어로 담아내 마침내 독자와 공유할 수 있게 된다. 또 이런 능력과 과정은 자기 삶도 한결 윤택하게 만든다. 작가란 세상과 싸워 마침내 승리하는 자의 다른 이름이기도 하다.

소설가가 된다는 것은 꼭 신춘문예를 통해 등단해서가 아니라, 매일 '쓰는 사람'이 되고, 1년이 걸리든지 10년이 걸리든지 이런 필요한 과정을 오롯이 겪어내는 일을 말한다. 원래 작가란 이런 과정을 거치며 '실제로 글을 쓰는 사람'이지, '글에 대해 생각만 하고 있는 사람'이 아니다.

중학교 중퇴 후, 성수동 주물공장에서 하루 종일 틀에 아연 물을 부으며 글쓰기를 시작한 김동식 작가 같은 사례도 있다. 그전까지 글쓰기 작법은커녕, 책 자체를 제대로 한 권 읽어본 적이 없었다고 한다. 그는 10년 동안 공장 벽만 바라보고 주물 물을 부으며 머릿속으로 이야기를 만들어 냈다. 스토리텔링은 이런 고독하고 한적한 불가마니 속에서 빚어질 때가 많다.

그것들을 온라인 커뮤니티에 올렸더니 독자들이 오다가다 맞춤법을 지적해 주었고, 그들의 조언을 받으며 글쓰기를 배웠다. 그렇게 10년을 노력해 펴낸 데뷔작『회색 인간』은 100쇄를 찍었다. 주물공장 벽만 쳐다보며 머릿속에서 쓴 글들이 10권의 소설을 낳았고, 그 특유의 '초단편 소설'은 어엿한 독립 장르가 되어 유행을 타고 있다.

픽션을 처음 시작하려는 예비 작가들은 이런 '초단편 소설'이나 '손바닥 소설' 같은 형태로 쉽게 시작하는 방법도 있다. 손바닥만 한 작은 공간이라 해도 얼마든지 그 안에서 자신의 세상을 창조해 낼 수 있다. 작은 한 인간이 구석방에서 빚어내는 창조란 그 크기를 가늠할 수 없다.

"…콜로라도 볼더에서 만난 다니엘라라는 여자가 생각난다. 나는 다니엘라가 작문 수업을 받기 위해 자신의 글을 들고 왔으리라고 생각했다. 덴버에서 비행기를 타고 이곳까지 온 그녀는 우리 집 부엌으로 들어와 내 맞은편에 앉더니 엉엉 울음을 터뜨렸다. '글을 쓰고 싶어 미치겠어요. 제 소유의 광고회사도 있고, 나름대로 성공도 했어요. 하지만 지금은 글을 쓰고 싶은 마음뿐이에요.'
'진정해요. 대니, 글을 쓰고 싶다면 그냥 쓰세요. 회사는 당장 팔아버리면 그만이잖아요. 별일 다 보겠네요.'"

나탈리 골드버그의 『글쓰며 사는 삶』에 나오는 일화다. 글쓰기를 통해 밥 먹고 살 수 있겠나 보다, 글을 쓰지 않고 어떻게 살아갈 수 있는가를 앞세우는 것이 새 인생의 분기점이 된다.

소설을 써보고 싶어 하는 사람들이 믿지 못할 정도로 많다. 지난 생을 점검해 보고, 지금까지와는 다른 생을 새로 한번 창조해 보고 싶은 사람들이다. 지금 당장 써버리면 된다. 언제나 바라는 일이 쉽게 이루어질 리는 없다. 그러나 브라우닝의 시구처럼 "그래도 가장 좋은 것은 앞날에" 남아 있다. 지금 바로 시작하기만 한다면, 머지않은 어느 날 아침 눈을 떴을 때, 제 이름을 단 소설책 한 권이 떡하니 당신을 기다리고 있게 된다.

이게 뭐 이야기가 되겠어?
자극 · 아이디어 · 재료 · 틀 · 결

그림을 그리고 싶다고 해서 다짜고짜 붓부터 바로 쥐지는 않듯이, 소설 쓰기도 벽돌 쌓듯 토대를 세워야 한다. 크게는 자극, 아이디어, 재료, 틀, 그리고 그것들의 갈무리인 결로 구성된다.

먼저, '자극'은, 처음에 어떤 소설을 쓰고 싶다는 마음을 일으키는 힘이다. 그 힘은 앞에서 살펴보았듯이 자신을 표현하고 싶다는 깊은 내면에서 분출된다. 소설에 뜻을 두고 골몰히 몰입하다 보면 길가의 사물, 사람, 모든 것이 자극이 된다. 길바닥의 하찮은 낙엽 한 장이 장편 소설의 실마리다. 소설을 쓰기로 결심했을 때의 세상과 그렇지 않았을 때의 세상은 천지창조 이전과 이후만큼이나 다르다. 또 창조론과 진화론의 차이만큼 근본적이다.

막연히 내 이름으로 된 소설책 한 권 뚝딱 출판하고 싶다거나, 또 그 책으로 명성을 얻고 싶다는 자기 욕구에만 그치면 안 된다. 그런 글이 자신은 물론, 읽는 이에게 감동을 주기란 어렵다. 강렬하게 소설을 쓰고 싶을 때가 찾아온다. 누구에게나 그런 자극이 올 때가 있지만, 오직 밤새워 그것을 쓰는 사람만이 그 자극을 자기 것으로 만들 수 있다.

두 번째는 '아이디어'다. 어디든 많은 것 같지만, 써먹으려고 하면 모두 숨어버려 그 어디에도 없는 것이 아이디어다. 그렇지만 또 쉼 없이 찾으려고 애쓰다 보면 그 어떤 곳에도 수북이 쌓여 있는 게 아이디어다. 습관적으로 '이게 뭐 이야기가 되겠어?', 혹은 '이런 생각은 누구나 하며 이미 책으로 다 썼을 거야.' 하는 경우가 많다. 이래서는 단 한 걸음도 나아갈 수 없다. 아이디어는 백사장 모래알처럼 많다. 아직 누구도 손대지 않은 이야기가 지천으로 깔려 있다. 똑같은 모래 알갱이를 가지고도 그것으로 집을 짓는 사람과 손가락 사이로 흘려보내는 사람이 있다.

아이디어는 마냥 기다리거나 노력만 한다고 찾아오지 않는다. 일단은 하루 종일 한 주제를 골똘히 생각하고 있어야 한다. 어쨌든 펜을 들고 무엇이라도 쓰고 있어야 한다. 마중물을 붓지 않고서는 물이 솟지 않는다. 마냥 생각하고 또 글을 쓰다 보면 '자연스럽게' 아이디어가 떠오르는 것을 느낄 수 있다. 그렇게 되면 그냥 받아 적기만 하면 될 정도가 된다. 몰입해서 바라보면 미세하게 흔들리는 낚시찌를 감지할 수 있다. 힘들이지 않고 걷어서 올리면 된다.

소설은 어쨌든 700매를 마구 채워 넣어 어느 날 아침 뚝딱 찍어내는 데 불과한 일이 아니다. 한 매, 한 매 정성껏 쓰고 고치며, 또 하나둘씩 아이디어를 떠올리고 다듬는 과정 그 자체가 소설 쓰기의 재미이며 존재 가치다. 참고로 작가 윌리엄 블레이크는 "예술에서는 맨 처음 떠오른 아이디어가 가장 훌륭하고, 다른 일에서는 두 번째 떠오른 생각이 가장 좋다."고 했다. 아이디어가 떠오르지 않는다는 평계만큼 가소로운 일도 없다.

그다음은 '재료'다. 인물, 배경, 장소 등 소설을 만들기 위해 필요한 여러 소재를 말한다. '누구에 관한 이야기인가?', '무엇에 관한 이야기?', '언제 어디에서 일어나는 이야기인가?'

재료도 역시 세상을 오가며 미리 사전 조사 한다고 얻어지는 것이 아니다. 그렇게 얻어지는 것들은 너무 막막하고 또 참신하지도 못하다. 재료도 아이디어처럼 얻으러 다닐 것이 아니라 찾아오게 만들어야 한다.

아무리 재료를 많이 모았다고 해도 모든 글쓰기는 어차피 시작하기 전에 범위를 좁혀놓아야 한다. 고래 이야기를 쓰면서 고래의 생물학 특징, 진화 역사, 선장의 히스토리, 그 가족 관계, 이런 식으로 소재를 넓힐 필요는 없다. 그럴 힘으로 고래의 꼬리 짓 하나를 미세하고 아름답게 묘사하는 것이 더 경제적이고 질서 있는 글쓰기다.

재료 다음은 '틀'이다. 작품의 형식, 장르를 말한다. 표현하고 싶은 주제나 소재, 내용이 다 갖춰지면 그것을 담을 틀만 찾으면 된다. 단편으로 써야 하나, 장편으로 써야 할까, 단순하게 매끄럽게 써야 하나, 복잡하고 용장하게 써야 할까.

틀은 작가의 스타일에서 드러나는 경우가 많다. 장편 소설에 어울리는 심성이 있고, 단편이 체질인 작가가 있다. 그리고 여기서도 작가 스스로 '자기 찾기'가 선행돼야 한다. 자신의 관심과 취향, 목표 등에 대한 깊은 이해와 관찰이 우선돼야 발전한다. 그런 출발이 없다면 고비 때마다 글도 안 풀리고 스트레스만 받다가 끝내 중도 포기 하게 된다.

소설의 마지막 구성 요소는 '겉', 글의 표면이다. 맨 처음 독자의 눈에 보이는 전부다. 반드시 다른 벽돌들이 그 아래에 쌓여 있어야 한다. 독자들은 겉으로 드러난 것만 보거나 평가하지 않는다. 표면 아래의 모든 토대와 요소를 관통해서 뚫어 본다.

겉은 굳이 투명하거나 화려하지 않아도 된다. 현명한 독자는 평범한 표면 아래 흐르는 광맥을 쉽사리 포착해 내는 눈을 가졌기 때문이다. 모든 구조가 새로운 역할을 하고 있는가, 생각을 더 경제적으로 표현할 수는 없었나, 모든 단어와 문장을 의심해야 한다. 괜히 멋져 보이고 잘 썼다고 흐뭇해지는 장면일수록 군더더기인 경우가 많다.

소설 쓰기의 기본적인 얼개를 세워보았다. 여기서 구체적인 소설작법에 대해서는 길게 다루지 않을 것이다. 사람 사는 일 자체가 모두 소설이고, 소설보다 더 구체적인 것이 우리의 삶이다. 그런 삶을 꿰기만 하면 되는데 그 일은 우리 모두가 능란하다. 그렇지만 소설 쓸 때 특별히 더 유념해야 할 것들을 몇 가지 골라 정리해 본다.

첫째, 무엇보다 주제를 잘 다루어야 한다. 독자들은 소설 속에서 세상의 의미랄까, 인간 실존에 대해 끝없이 질문하는 사람들이다. 물론 그렇다고 해서 궁극적인 정답을 바라거나 기대하는 것만은 아니다. 그러니 작품은, 정답이 아니라 하더라도 정직하기만 하면 된다. 작가와 독자, 누구라도 정답을 모르기 때문이다. 작가는 독자에게 어떤 처신과 처방을 내리는 대신, 특별한 상황이나 다양한 인간 군상의 행위를 정직하게 묘사하면 된다. 그 진실이라는 도구가 결국 좋은 주제가 되고 독자를 만족시킬 수 있다.

그렇다고 해서 소설이 바로 주제에서부터 시작하거나 전편에서 들쭉날쭉 기웃거리게 해서는 안 된다. 처음부터 주제를 의식하게 되면 이야기를 기계적이고 단선적인 방향으로만 재단하게 된다. 또 주제가 여기저기 여러 단계마다 튀어나온다면 그 주제가 다른 모든 요소를 압도하는 결과를 빚게 된다. 주제의 뚜렷한 설정과 유지는 소설의 중심이지만, 출연이 잦은 삼류 엑스트라가 되어선 안 되는 운명을 지니고 있다.

소설을 쓸 때 두 번째로 유념할 것은, 특별한 인물의 설정이다. 소설에서는 갈등하고 고뇌하는 4차원의 등장인물들이 각광받는다. 인물에게 어떤 일을 시키든 작가가 원하는 대로만 움직이는 인물은 안 된다. 그리고 오직 하나의 행동만 하도록 만들어진 인물 역시, 죽은 인물이다.

특히 주인공은 제멋대로 살아 움직이며 소설을 이끌고 가야 한다. 죽은 제갈량이 살아 있는 사마의를 이기는 일은 없다. 주인공은 살아 숨 쉬어야 한다. 펄펄 뛰어다니며 다른 등장인물들이 서로 경합하고 살아 숨 쉬는 무대를 펼쳐주어야 한다. 스티븐 킹도 "나는 무대를 설치하고 갈등 관계의 인물들을 등장시킨 뒤, 그들이 무슨 일을 벌일지 지켜보면서 기록만 할 뿐이다."라고 했다.

작가는 항상 인물이 살아 있나, 죽었나, 부단히 생사를 확인해야 한다. 처음엔 비중이 높고 호기롭던 인물이 점점 흐지부지되고 이내 사라지는 경우가 많다. 작가는 인물을 출연시키는 데만 급급해서는 안 된다. 이유 없이 죽어가는 인물을 챙겨 호흡을 불어넣는 일이 소설 전체의 생기와 설득력을 보장한다.

셋째, 갈등 상황이 전편에 잘 흐르게 해야 한다. 소설의 도입부터 다짜고짜 갈등 상황을 다루어야 한다. 특히 힘들고 험악한 삶을 살아야 하는 주인공을 처음부터 갈등으로 발버둥 치게 만들어야 한다.

인물들이 갈등할 때마다 작가도 힘들다. 그러나 현실보다 몇 배 힘든 설정을 짜놓았다고 하더라도, 전혀 의도치 않았던 데에서 갈등이

해소되는 일도 허다하다. 그러니 나중을 걱정하지 말고 자꾸만 갈등을 만들다 보면, 글이 저 스스로 해결하기 마련이다.

    넷째, 무엇보다 독자와 교감해야 한다. 작가는 늘 낯선 상황을 짜느라 골몰한다. 특별하고 전에 없던 세상을 만들어 깜짝 놀라게 하는 일이 소설의 미덕이라고 여기며 잠을 못 이룬다. 작가의 고군분투를 독자들도 이해는 한다. 그러나 그러면서도 늘 참신한, 조금이라도 더 새로운 세상을 요구하는 자들이 독자다. 작가 스스로도 글을 쓰면서, '이건 진부한데.'라고 인상을 찌푸릴 때가 있다. 이럴 때 참신한 것으로 바꾸려는 의지와 노력이 부족하다면 뻔히 알면서도 그대로 진부한 상황밖에 못 만들고 뒤로 넘어간다. '진부함'은 어김없이 범죄다. 진부함과 상투성을 깨뜨리는 일이 소설 쓰기의 최고 강령이다. 작가들은 그것을 뻔히 알면서도 절망을 거듭한다.
    독자는 늘 심판관이고 공항의 관제탑 같은 존재이다. 그들은 글을 읽으며 '지금 작가는 이러한 상태군.', '이래서 지금 불안해하는군.' 하며 정확히 꿰뚫어 본다. 그들을 속이거나 피해 가기란 쉬운 일이 아니다. 독자를 너무 의식해도 안 되고, 의식하지 않고 제 맘대로 달리기만 해서도 문제다. 그러니 독자를 다음 페이지로 이끌고 가는 일에만 급급하기보다는, 내 진실을 독자와 교감하고 싶다는 열망을 실현해야 좋은 글을 쓰게 된다.

    다섯째, 소설은 무엇보다 절정 단계가 강렬해야 한다. 특히 주인공의 감정이 최고조에 달하는 장면이 나와야 한다.
    소설의 막바지에 이르러 클라이맥스를 만들다 보면, 작가 자신도 경악할 일들이 저절로 일어난다. 글이 저 스스로 흥분하고 격동하기 때문이다. 그래서 그때까지의 전개를 뒤엎을 수도 있고, 전혀 예상치도 못했던 방향으로 급선회할 때도 있다. 이런 일 역시 작가가 정밀하게 짜놓은 결과가 아니다. 절정은 교묘하게 고안한다고 성공하는 게 아니다. 보이지 않는 손이 써온 원고가 쌓일수록, 절정 역시 작가가 아닌 무의식이 맡는 경우가 많다.

그런가 하면, 작가가 아무리 엄청난 계획을 하고 있더라도 충격은 엉뚱한 지점에서 다반사로 일어난다. 작가의 어림도 없는 잔꾀가 무색해진다. 독자는 물론, 작가 역시 안전띠를 단단히 조여 매고 그런 예기치 않은 절정을 담아낼 준비를 하고 있어야 한다. '작가와 무의식의 보이지 않는 손이 협업'하는 게 소설이다.

그리고 소설의 마지막은, 혁혁한 반전으로 매듭지어져야 하지만 뻔한 결말이어서는 안 된다. 놀라움과 재미를 동시에 줄 수 있는 마지막 비장의 무기가 장치되어야 하지만, 그렇다고 반전을 위한 반전은 이미 반전이 아니다. 몇 가지 손쉬운 장치로 반전을 꿰맞추고 이것 보라고 내밀며 좋은 반응을 기대해선 안 된다. 독자는 매 단계 더 강렬한 절정과 반전을 기대할 준비를 다 하고 있다. 독자가 바람을 예상할 때 소설은 태풍을 준비해야 한다. 물론 이를 위해서는 작품의 도입부터 미리미리 긴장을 심어놓아야 한다.

무엇보다, 완벽한 결말은 독자를 놀라게 하면서도 더없이 적절해야 한다. 독자가 글이 이렇게 갑자기 끝나리라고는 생각할지 모를 정도가 되어야 하지만, 이내 그것이 적절하다고 공감해야 한다. 반전을 고안하기 위해 애썼다고 하더라도 허황하거나 적절치 못하다면 허사다.

소설의 반전과 결말은 긴박한 서스펜스나 블록버스터만 있는 게 아니다. 재미와 놀라움은 있어야 하지만 그것이 처음부터 끝까지 일관되고 한결같아야 한다는 점이다. 모든 것이 고유의 안정된 리듬을 지니는 가운데, 전개와 내용의 방식은 서로 달라도 주제는 반드시 한 가지 동일한 주제를 가리키고 있어야 한다.

우리는 살아오며 이미 많은 일을 충분히 겪었다. 심리학자 장 피아제는 "사람은 열여섯 살만 되면 세상에서 겪을 수 있는 모든 감정을 이미 다 경험한 상태"라고 했다. '이게 뭐 이야기가 되겠어?' 그렇지 않다. 세상의 모든 것이 새로운 이야기가 된다. 당신은 이미 백만장자이면서 십 원 한 푼도 쓰지 않으려는 불우한 사람이 되어서는 안 된다.

소설 쓰는 일은 충분히 어렵고 외로운 작업이다. 그러므로 무엇보다 이 일이 충분히 일생을 바칠 가치가 있다는 자기 확신을 가져야 한다. 이런 확신이 작은 일 하나에도 가치를 부여한다. 그뿐만 아니라 이렇게 능동적으로 세상을 품어내고자 하는 자아가 형성되어야만 진실이 발현한다.

글을 쓴다는 일은, 또 작가가 된다는 것은, 늘 보람과 자괴의 길을 오가기로 작정한, 불우한 존재이면서도 동시에 세상에 더 없는 행운아이기도 하다.

> "예술가는 비평가에게 귀를 기울일 시간이 없다. 작가가 되고 싶은 사람은 비평을 읽지만, 글을 쓰고 싶어 하는 사람은 비평을 읽을 시간이 없다."
>
> – 윌리엄 포크너

〈소설 ②〉

글이 안 풀릴 땐 무의식과 함께 써라
– 만병통치의 'Free Writing, 자유연상 글쓰기' 훈련

글은 내가 쓰는 게 아니다?
몰입의 글쓰기

"우리 마음속에 떠올랐다가 사라지는 무수히 많은 느낌들이 있다. 그 가운데 멀리 달아나려는 감각적인 세부 사항을 묘사하려면 매우 거칠고 빠르게 받아 적을 수밖에 없다. 나는 내가 무엇을 쓰고 있는지 모른다. 나는 길을 잃는다. 나는 거짓말도 한다. 나는 계속 마음에 떠오르는 것을 따라갈 뿐이다."

– 앨런 긴즈버그

    카를 융은 "내 인생은 무의식의 자기실현 역사다."라고 했다. 우리 스스로도 모르는 깊은 내면 속의 무의식을 의식의 차원으로 끌어 올려, 끝내 현실로 만드는 것이 인생이라는 것이다.
    어떤 형식이든 글을 쓰다 보면, 결국 글은 내가 쓰는 것이 아니라는 생각에 마주친다. 처음 손대기가 힘들지, 한번 키보드에 손을 대면 손가락이 저절로 글을 써주는 것 같다. 그래서 글쓰기란 머리에서 나오는 것이 아니라 손끝에서 나온다고도 하는 모양이다. 헤밍웨이도 "글은 무의식이 쓰는 것"이라고 단정했다.

사람은 외모처럼, 드러나 있는 의식 50퍼센트와 내면에 숨어 있는 50퍼센트의 무의식이 나뉘어 있다고 보면 된다. 그 보이지 않는 내면의 심오한 실체를 표면으로 끌어 올려 나를 표현하는 일이 예술이고 그 정점의 작용이 글쓰기다.

처음에 글쓰기가 어려운 것은, 원칙과 방법, 체계 같은 것이 복잡해 보이기 때문이다. 또 소설의 경우, 개요나 설계도 같은 것도 짜야 한다고 생각하다 보니 지레 힘이 빠지기 때문이기도 하다. 그러나 무의식의 존재를 믿고 일단 시작만 하면 글은 저절로 굴러가게 되어 있다. 마치 서울역 시발점에서 10센티, 1미터씩 출발만 하면 어느새 시속 3백, 4백 킬로로 달리게 되는 KTX와도 같다.

달리다 보면 잊혔던 과거의 기억들이 하나씩 하나씩 재생되어 나온다. 무의식의 힘, 글의 힘이다. 사람 이름, 그 사건, 그날의 고통, 편지로 주고받던 설레는 밀어까지 실타래 풀리듯 뽑아져 나와 저마다 타이핑 순서를 기다리게 되는 일을 말한다. 뇌 해마의 능력 여부로 이미 결정된 기억력보다는, 그보다 더 유용한 무의식과 대화하는 방법을 배워야 하는 이유이다.

우리의 무의식은 아무리 오랜 시간이 지났어도 내 과거의 모든 순간을 차곡차곡 저장해 왔다. 우리가 쓰려는 글의 본질은 바로 그런 순간들에 담겨 있으니, 이것을 무시하거나 피해 갈 수 없다.

의식은 논리적이고 일차원적인 사고를 하고, 무의식은 복잡한 관념

속에서 꿈이나 예감, 암시를 통해 존재를 내보인다. 여느 예술 활동과 마찬가지로 글을 쓰거나 소설 쓰기 역시, 이 두 가지 정신 작용이 교차해야 가능하다. 이들의 밀접한 협업 없이는 아무것도 제대로 이루어지지 않는다.

무의식의 돌출성, 천재성, 느닷없음, 참신함 같은 특이함과 의식의 이성적이고 침잠하는 생산성이 결합하는 일을 궁극적인 '창조성의 발현'이라고 할 수 있다.

작가 윌리엄 진서도 『글쓰기 생각쓰기』에서 "생각할 때보다 무의식 속에서 훨씬 더 많은 글을 쓴다."라고 했다. 생각을 쓰는 것이 아니라 쓰면서 생각한다는 것이다. 무의식의 비중은 지대하다. 『작가 수업』을 쓴 도러시아 브랜디도 "우선 무의식이 글쓰기의 수로로 흘러가도록 해야 한다. 좀 더 정확히 말하면 무의식을 글 쓰는 팔에 붙잡아 내는 것이 작가가 되는 첫 단계다."라고 하며 무의식의 역할을 강조했다.

무의식은 알라딘 램프 속의 거인처럼, 우리가 청하기만 하면 우리가 원하는 거의 모든 것을 제공한다. 무의식이 아니면 절대 떠올릴 수 없는 아이디어, 기억, 통찰이 거짓말처럼 쏟아져 나온다. 우리가 글을 쓰겠다고 마음먹는 순간부터 조금만 훈련한다면 이 거인을 입속의 혀처럼 부릴 수 있다.

이렇게 무의식을 조련해 함께 글을 쓰기 위해서는 몇 가지 단계가 있다.

그 첫째, 우선, 느긋이 무의식을 믿고 무의식이 활동할 정신 공간부터 마련해야 한다. 그래야 안정된 가운데 습관이나, 의식의 지나친 감찰과 방해를 막고 진실한 자아를 건질 수 있다.

가능한 한 많은 재료를 모으는 일도 함께 진행하면 좋다. 떠오르는 생각을 그때그때 적어놓고 자주 나에게 질문을 던져가며 목록도 작성해 놓는다. 이런 메모와 목록은 나중에 꼭 써먹지 않는다고 해도, 생각해 볼 실마리를 무의식에 던져주는 일이 된다.

무의식을 불러일으키고 지난 일을 불러내는 일을 기억에만 의지할 수는 없다. 인지과학에서도 "인간의 기억력은 과거를 그대로 재현하는 일에는 그다지 관심이 없다."라고 한다. '지금, 이 순간에 말하고 글 쓰는 사람을 위해서만 봉사하고 편집된다.'라는 것이다. 부족한 기억력만 아득하게 생각하지 말고 일단 무의식에 맡기자.

두 번째 단계, 무의식을 가동하고 집중한다. 무의식을 가동한다는 것은, 공중에 떠돌아다니는 허깨비 같은 것을 잡아 내려 글로 받아 적는 일이다. 보통, 심상이나 관념은 무의식 속에서 발생하여 의식 안에서 어렴풋하게 드러난다. 이럴 때 의식이 이를 분석하고 추리고 다듬게 되는데 이것이 다시 무의식으로 들어가 '통합 작업'을 이루게 된다.

즉 내 안에 두 개의 인격이 따로 존재한다고 분리해서 생각하면 된다. 무의식이 작용할 때는 최대한 존중하며 그것이 잘 발현되도록 환경을 조성해 주어야 한다. 무엇보다 이때는 현실, 즉 이성이 심판관처럼 간섭하지 않도록 막아야 한다. 또 반대로 현실 세계로 돌아와야 하거나 이성적인 판단이 필요할 때는 무의식이 나서지 않도록 해야 한다.

복잡해 보이지만, 이 과정은 내 의지가 하는 일이 아니니 그리 어렵지 않으며 조금의 집중력만 있으면 된다. 일정 시간 집중하는 일이 어려우니 글쓰기가 어렵다고 불평들을 하는 것이다. 불행하게도 집중력 없는 글쓰기란 없다. 예술가들이 작업할 때 전쟁이 터져도 그 사실을 모르는 이유이다.

　세 번째 단계, 이렇게 무의식의 작용에 맡겨놓고 글을 쓰다가 어느 시점에서 더 이상 아이디어가 떠오르지 않으면 일단 한쪽으로 제쳐놓는 일이다. 매우 중요한 단계다.
　글이 안 풀릴 때 이 '떨쳐버리기'가 필수적인 것은, 안 풀린다고 깊이 골똘할수록 사고는 그 자리에서 맴돌기만 하기 때문이다. 떨쳐버리고 있어도 무의식의 활동은 계속된다. 기다려야 한다. 그러다가 산책하거나 음악, 영화 감상 같은 감성적인 환경이나 자극이 발생할 때 불현듯 무의식이 다시 아는 체를 하기 때문이다.
　말이 쉽지 자나 깨나, 고도의 집중력인 상태로 정신을 채울 수는 없다. 노트를 덮고, 모니터를 끄고 충분히 떨쳐버려야 한다. 무의식이 더 마음대로 누비는 활동 시간을 주기 위해서다.
　5분 후에, 또는 내일 아침에, 멀리는 한 달 후, 언제 무의식이 다시 말을 걸어올지는 아무도 모른다. 걸리는 시간은 강제할 수 없다. 작은 기억의 파편 같은 사소한 부분들이 합쳐져야 하고, 무엇보다 내면에서 깨어나 표면으로 올라오는 시간이 필요하기 때문이다. 그동안엔 계속 필요한 재료를 모으고, 사색하고, 과하지 않게 집중하고 있으면 된다.

　무의식과 함께하는 글쓰기의 네 번째 단계, 이렇게 떨쳐놓고 기다리다 보면 자연스럽게 스쳐 가듯 무의식이 다시 나타나 새 아이디어를 던져준다. 이때를 잘 포착해야 한다. 어느 경로로 오는가? 내가 다시 무엇이라도 쓰고 있는 종이나 모니터 화면을 통해서이다. 줄줄 글이 솟아 나올 때도 있고 감질나게 한두 마디만 던져줄 때도 바로 이때이다.

  이때도 나의 정신 작용은 가능하면 말끔히 정돈되어 있어야 한다. 이른 아침에 산책하거나, 깊은 밤 긴 명상을 하는 도중에, 또 그 정신 작용의 경계에서 알토란 같은 창조가 이뤄진다. 물론 꼭 심심산골에서만 영감이 떠오르는 것은 아니다. 어느 작가는 1층 현관에서 페인트칠하는 동안 단편 한 권을 다 썼다고도 한다.

  마지막 단계, 이제 종합적으로 다시 의식을 발동시킨다. 자유분방한 무의식을 통해 얻은 여러 아이디어나 착상을 이리저리 짜맞추는 일이다. 이 과정에 뭔가 추가되거나 한 단계 발전시키는 데 성공하면 계속 글을 이어나간다. 물론 이때 또 글이 막히면 다시 생각을 떨쳐버리고 다른 일을 하며 정신을 이완한다.

  글이 안 써지거나 막힌다는 것은 보통 이성, 즉 의식이 무의식의 활동 차례에서 너무 간섭하기 때문이다. 그래서 자기 비하, 자기 회의, 완벽성을 요구하기 때문이다. 글이 안 풀린다고 절망하는 때도 이때이고, 또 술술 잘 풀려 하늘을 나는 것 같은 상태가 되는 때도 이때다.

  이렇게 무의식의 작용을 받아 적고, 또 떨쳐버리기를 반복하는 과정이 무의식과 함께하는 글쓰기의 전부다. 그리고 여기서 이런 협업을 실질적으로 끌어내는 수단이 바로 '자유연상 글쓰기(FW, Free Writing) 방법'이다.

15분 'FW 글쓰기 훈련'으로
영감을 거저 받아 적어라

> "우리의 참모습에 조금이라도 더 가까워지려면 이따금 자신의 그림자를 초대해 말하게 하라."
>
> — 수전 울드리지

'FW 훈련'이란 복잡할 것도 없다. 그냥 백지 위에서 걷거나 뛰기를 통해 '글쓰기 근육'을 기르는 방법이다. FW 훈련, '자유연상 글쓰기'는 무엇이라도 줄줄이 써 내려가는 동안 떠오르는 착상을 자유롭게 포착하는 방법이다. 형식 없이 자유롭게 써 내려가는 동안, 산만한 생각을 정돈하고 생각의 가닥을 잡아내어 구체화할 수 있는 글쓰기를 말한다.

나는 이 방식이 모든 글쓰기의 만병통치약이라고 주저 없이 말한다. 많은 글쓰기 작법 책들이 꼭 한 번씩은 소개하는 비법도 이 'FW 자유연상 글쓰기'이다.

앞에서 살펴본 대로, 우리가 글을 쓰려고 하면, 고삐 풀린 망아지 같은 무의식부터 길들여야 한다. 그리고 또 그것을 따라다니며 요것조것 따지고 딴지를 거는, 의식이라고 하는 '심판관'도 다루어야 한다. 'FW 글쓰기'는 이 의식이라는 시어머니 같은 심판관을 따돌리고 무의식이 엄청난 속력으로 달아나게 하는 훈련이다.

그 구체적인 방법도 간단하다. 우선 두툼한 'FW 글쓰기 노트'를 한 권 마련해 놓는다. 때로 자족감을 맛보려면 얇은 노트도 괜찮다. 그런 다음 그 위에 아무렇게나 간단한 소재를 잡아 빠른 속도로 줄줄 글을 써나가는 일이다. 장소나 시간은 정하기 나름이다. 자신의 라이프스타

일이나 환경에 맞추면 되지만. 하루 중 가장 방해받지 않는 시간과 장소면 더 좋다.

'스님 생활 방식'을 가지고 있는 나는, 초저녁 잠자리에 들고 한밤중인 2시에서 3시 사이에 잠에서 깬다. 그러면 일어나서 찬물 한 잔을 가득 마시고 바로 FW 노트를 꺼내 하염없이 써나간다. 그것이 시작이고 끝이다.

무의식은 보통 잠에서 깨어날 때 가장 활발하게 활동한다. 의식과 무의식의 경계를 오가는 시간이다. 이런 시간은 가능하면 규칙적으로 맞추는 게 좋다. 무의식은 날쌔지만 어리숙한 데가 있어, 새벽 2시에 내가 차디찬 물 한 잔을 마시면 '아, 이 사람이 이제 글을 시작하는구나.' 하며 각성한다. 그래서 주인과 함께 제 눈도 비비며 기꺼이 협업을 시작하게 된다. 어떤 경우라도 무의식과 협력해야 최대의 효과를 발휘한다. 의식과 무의식이 서로를 격려하고 지원·보완하며 하나로 통합된 인격을 끌어내기 때문이다.

처음엔 10분이나 15분 정도의 시간을 정하는 게 좋다. 그리고 그 정한 시간은 아이가 잠에서 깨어 울어도 무시할 정도로 지키는 게 중요하다. 아이를 데리고 치과에 가서도 대기실에서 15분은 쓸 수 있다.

처음엔 주제도 정할 필요 없다. 주제를 미리 정하면 의식이 자꾸 머릿속에서 설계도를 그리려고 하기 때문이다. 그냥 처음 떠오르는 주변의 일부터 아무것이나 한 지점을 잡아 15분 동안 마냥 써 내려간다. 점심 식사 후 디저트로 먹은 샤인 머스캣의 맛, 해괴한 이번 겨울 날씨, 넷플릭스 영화를 보며 느꼈던 난데없는 정염. 그 무엇이라도 떠오르는 대로 그냥 써 내려가면 된다. 그때 떠오르는 그 무엇이 바로, 무의식들이고 영감이다. 우리가 원하던 바로 그것의 말간 실체다.

이때는 문법이나 규칙을 지키려는 자기 관성을 무시하는 게 관건이다. 규칙에 일일이 신경 쓰다 보면 직관과 무의식에서 떠오르는 단어나 문장을 놓치게 되고 이미지의 흐름을 방해하기 때문이다.

무엇보다 이때 내 안의 비평가나 심판관을 따돌려야 한다. 달갑지 않은 그들이 내 내면에 있는 자기 회의나 자격지심 같은 모든 비판적 성향을 끌어내기 때문이다. '역시 나는 글을 못 써.', '이게 문법에 맞나?', '이런 유치한 표현밖에 없나?', '지금 빨래가 밀렸어.', 그들이 들려주는 온갖 패배주의적 목소리를 잠재워야 한다.

말이 그렇지 어떻게 그렇게 내내 규칙적으로 연습할 수 있냐고 묻는다면 나는 할 수 있다고 말한다. 글 한번 잘 쓰고 싶고, 어렵사리 남 앞에 내 실존을 내보여 인생을 다시 한번 살아보고 싶다고 마음먹었다. 세상을 한번 가치 있게 살아보자고 나섰다. 이런 쉬운 일도 하지 않고 그런 일이 이루어질 리가 없다.

이런 FW 기본 훈련을 꾸준히 하다 보면, 아니, 이 훈련의 첫날부터라도 올림픽 경기 결승전의 기적보다 더 놀라운 경험을 할 수 있다. 그냥 AI처럼 기계적으로 써 내려가는 것이 아니다. 마치 전구의 스파크가 튀듯이 쓰는 중간중간, 새롭고 놀라운 생각이 끊임없이 떠오른다. 글을 동반하지 않았을 때는 보통 잡념이라고 하며 머리 흔들어 떨쳐내 버리려고 했던 바로 그것들이다.

빠르게 써 내려가다 보면, 갑자기 돌아가신 할머니가 생각나는가 하면, 그 단상에 이어서 할머니가 생전에 잘 구워주시던 파전 맛이 떠오르기도 한다. 그리고 이에 더해, 그 전을 먹던 날 들었던 유난했던 천둥소리까지 들려온다.

꼬리에 꼬리를 무는 이 자유롭고 기괴한 무의식의 작용이 바로 보이지 않는 손으로 빠르게 노트를 메우게 하는 현상이다. 이럴 때 우리는 마냥 놀라게 된다. 하지만, 이렇게 하다 보면 점점 한 가지 주제나 그동안 풀리지 않던 주제의 실마리에 접근할 수 있다. 마치 가두리 어장 속의 물고기를 주워 담듯 영감을 퍼 올리기만 하면 된다.

  나는 본격적인 글 하나를 쓰다가도 글이 막히면, 그 부분에서 일단 멈춘다. 그리고 얼른 다른 종이 한 장을 꺼내 바로 짧게라도 이 'FW'를 시도한다. 예를 들어 '나의 꿈'이라는 주제로 에세이를 쓴다고 하자. 그런데 도중에 '나의 어린 시절'을 회상하는 소소한 부분에서 글이 막히고 멈칫하면 바로 백지 한 장이나 빈 노트를 펼친다. 그래서 문득 떠오르는 대로 '아버지'라고 제목을 달아 재빨리 죽 적어나간다. 그러면 이내 아버지의 가라앉은 목소리와 함께, '내 성적표', '가출 경험', '들쑥날쑥했던 가정 형편' 같은 어린 시절이 꼬리에 꼬리를 물고 떠오른다. 조금 전까지만 해도 아무리 애써도 떠오르지 않던 기억들이 이런 몇 번의 과정을 반복하다 보면 손쉽게 솟아나 이어지는 것이다.

  미하이 칙센트미하이의 책 『몰입, Flow』에 보면, 이렇게 집중적으로 몰입을 하는 순간 다량의 도파민이 솟는다는 것이다. 그리고 바로 그 순간 골똘히 빠져 있던 문제의 해답이 솟구치게 된다. 15분 동안의 몰입이 만드는 경지다.

  이 몰입의 원리를 글쓰기에 도입하면 크나큰 해방감을 느낄 수도 있는데, 글쓰기 하나로 실제 삶에 갇혀 있던 자유의 욕구가 분출하기 때문이다. 우리는 바로 그 몰입과 해방감에서 오는 자유를 맛보기 위해 계속 글을 쓰고 있는지도 모른다.

  무의식이 아닌 우리의 의식에서 길어 올리는 관념 체계는 보통 낡고 진부하고 거짓되기까지 할 때가 있다. 그것 말고, 드러나지 않은 내 본연의 원초적 모습과 목소리를 듣고 싶을 때도, 바로 이런 몰입의 글쓰기, 무의식의 글쓰기를 하면 된다.

여기서 중요한 것을 강조하자면, FW 훈련 도중에 글 쓰는 손을 놓아서는 안 된다는 것이다. 무의식과의 글쓰기를 억제하고 꼬투리 잡으려고 하는 의식이라는 '심판관'을 따돌리는 것이 무엇보다 중요하기 때문이다. 앞도 뒤도 돌아보지 말고 오직 지금 말하고 싶은 것만 적어 나가야 한다.

쓰고 있는 글의 내용이 정직한지, 적절한지 아닌지도 걱정할 필요가 없다. 지금 쓰고 있는 노트의 줄에 맞춰 쓰고 있는지 칸을 넘겼는지. 철자법이 틀리는지, 단어가 적합한지 아닌지도 무시하고 써나가라. 아무리 가까운 친구의 이름이 갑자기 떠오르지 않는다고 절망해 손을 멈춰서도 안 된다. 그냥 '그녀'라고 적으며 지나가라.

글쓰기는 9할이 자신감, 실전 FW 훈련 과정

이 FW 실전 훈련을 구체적으로 해보자면, 먼저 가능하면 핵전쟁이 나더라도 피할 수 있는 아지트 같은 장소와 15분이라는 '절대 시간'을 마련한다. 그리고 글쓰기 보물지도 같은 'FW 노트'를 펼친다. 스톱워치를 준비한다. 스톱워치가 없으면 그냥 휴대폰으로 시간만 맞춰놓으면 된다. 그러나 이 15분이라는 시간은 어떤 경우라도 지키는 게 좋다. 15분 쓰다가 7분째 방문이 열리고 어제 당선된 미국 대통령이 찾아와도 멈추지 않는 게 중요하다.

바로 시작할 말이 떠오르지 않는다면 '나는 …을 기억한다.', 또는 '나는… 누구이다.' 같은 가장 기본적인 문장으로 시작해 보라. 써 내려가다가 더 쓸 말이 없어져서 글이 막힐 때, 다시 이 문장 '나는 …을 기억한다.'로 돌아가면 된다.

돌아가신 아버지와의 기억에 빠져들 수도 있고, 난데없이 어제 먹었던 사과 맛이 떠오르기도 한다. 또 어떤 기억들은 5년 전의 것이거나 글을 쓰기 10초 전의 것일 수도 있다. 원하던 기억이 이어지지 않고 단편적인 것들만 떠오르다 사라질 때도 있지만 아무 상관 없다. 우리 무의식의 창고는 퍼내고 퍼내도 마르지 않는 무궁무진한 우물이다.

나도 우연한 기회에 이 훈련법을 접한 이래 지금껏 거의 매일 이 '놀이'를 하는 중이다. 잠에서 깨어 가장 먼저 하는 행위이자 나에게는 하루 중에서 가장 중요한 일이다. 이 작업이 글쓰기 훈련에만 국한된다고 할 수 없기 때문이다. 또 황홀한 무의식과 만나는 일은 글쓰기뿐 아니라 내 깊은 내면과 만나는 더없이 소중한 시간이기도 하기 때문이다. 하루 중 가장 청정한 시간에, 글이라는 도구를 통해 가장 진정한 나를 만날 수 있다. 어찌 소중하지 않을 수 있겠나. 세계 일주 여행이 이보다 더 설렐까.

생각지도 않았던 기억들이 속속 떠오른다. 오랜 망각 속의 사람 얼굴이 보이고, 파탄 났던 사업, 뇌리에서 흐릿해져 가던 사건, 사고 때의 절망감, 떠오르지 않는 일이 없다. 내가 그동안 얼마나 껍데기처럼 살아왔는지 절감하고, 이 무의식의 세계를 알지 못하고 살아온 시간이 너무도 안타까워지는 순간이기도 하다.

나는 이런 신비한 15분의 작업을 얼마간 하고 나서 욕심이 생겨, 곧바로 다음 단계인 '초점화된 자유 쓰기(FFW, Focused Free Writing)'로 옮겨갔다. 이때부턴 주제를 정했다.

　노트 맨 윗줄에 오늘 날씨, 아버지, 입원, 독서, 과일…. 이들 중에 아무거나 하나를 골라 적어놓고 시작한다. 쓰다 보면 단순한 주제라도 점차 구체화되고 사실성을 더해간다. 단순한 날씨 이야기가 아니라 지난겨울의 폭설, 중환자실에 누워 있던 아버지, 아내의 만성 위궤양 증세, 레이먼드 카버의 소설 『대성당』, 점심때 먹은 대구산 사과…. 이런 식이다.

　이 심화 훈련에서는 엉뚱하고 구체적인 주제가 더 좋다. 제목을 '달빛이 내리는 교도소', '그녀의 뇌쇄적인 가슴골', '2050년 가을의 노을빛' 이렇게 생뚱맞은 주제를 정해놓고 쓰자. 그런 엉뚱한 주제일수록 나를 더 생경한 세상에 데려다주기 때문이다. 나와 아무런 관련도 없으리라고 생각했던 교도소 정경이 떠오르고, 그녀가 내 곁으로 가까이 다가오는 환시도 겪는다. '내 속 어디에 이런 생각이 숨어 있었나?' 할 정도가 된다.

　이렇게 점점 시간을 늘려 나는 지금은 28분에서 30분을 오가고 있다. 스톱워치로 시간을 정하기보다는, 노트 두 페이지의 분량을 정해 그 안에서 시작하고 끝낸다. 작은 글씨로 깨알같이 써 내려가다가 두 번째 페이지가 끝나는 마지막 줄 언저리에서 마무리 짓는다. 글씨가 작아야 빠르기 이를 데 없는 무의식을 절반이라도 따라갈 수 있다.

　내가 사용하는 일본제 '호보니치 모눈 노트' 두 페이지를 꽉 차게 메우고 나면 거의 27~28분이 걸린다. 물론 도중에 단 3초라도 중간에 펜을 놓거나 중단해서는 안 된다. 의식이 비집고 들어올 여지를 주면 안 되기 때문이다. 때로는 30분이 조금 넘을 때도 있다. 그러나 두 페이지를 채우는 시간이 짧을수록 훈련 취지에 더 가까이 간 것이 된다. 30분을 넘어가면 그만큼 내가 무의식을 그대로 받아들이지 않고 의식을 가동했다는 것이 되기 때문이다.

이렇게 규칙적인 FW 작업을 하면, 틀림없이 새로운 글쓰기의 지평이 열린다. 첫째, 종종 써먹으려 했지만, 그것을 받쳐주는 아이디어가 없어 포기했던 주제들을 쉽사리 끌어 올릴 수 있게 된다. '행복'이라는 주제를 가지고 쓰다 보면 막연하거나 생각하지도 못했던 행복의 실현 방법들이 떠오르는 식이다.

둘째, 이미 나에게 있었지만, 그저 깨닫지 못했을 뿐인 상념을 불러오기도 한다. 내가 해오던 아침 산책이 내 행복의 원천임이 구체적으로 뚜렷해지고 무심하게 해오던 소액 기부가 내 자존감의 원천임이 드러난다. 또 특정 인물에 대한 주제를 떠올리는 동안, 그때 그 사람의 행위가 진심이지 않았을까, 나의 오해가 아니었을까, 다시 깨닫는 일도 벌어진다. 사소했던 모든 것이 구체화되고 의미화되는 순간이다. 그런 것들이 비록 실전 글쓰기에 모두 적용되지는 않더라도 다시 무의식으로 스며들고 반영되어 글이나 삶의 의미와 깊이를 더해준다. 얼마나 세계가 확장되겠는가.

셋째, 무엇보다 FW 훈련은, 글 작업이 정체 상태에 있거나 글이 풀리지 않을 때 포기하지 않도록 글쓰기의 리듬을 회복시켜 준다. 글이 정말 안 풀릴 때도 '무의식이 바로 내 옆에 있다.', '곧 그 수호천사가 문제를 풀어줄 것'이라고 믿게 되고 자신감을 준다.

그리고 넷째, FW 훈련을 하면, 명상이나 요가처럼 매사에 집중하는 게 습관이 되어 수시로 창의성을 불러오는 효과도 생긴다. 창의성이 필요한 그 어떤 일을 할 때도 깊은 몰입 속에 생각이 강화되어 뇌를 창조적으로 만든다.

이런 훈련을 한두 달 하고 나면, 깊은 밤중이나 심지어 한낮에도 수시로 글이 쓰고 싶어진다. 오늘 새벽이나 FW 글쓰기 시간에 겪었던 경이로운 경험을 다시 한번 맛보고 싶기 때문이다. 그럴 땐 기꺼이 15분이나 30분가량을 만들어 내기만 하면 된다.
15분이든 30분 동안이든 자유롭게 시공을 넘나들다 보면, 마치 마법 양탄자를 타고 멀리 시간 여행을 한 것도 같고, 그전에 몰랐던 신세계나 그 경계에 다녀온 듯도 하다.
또 하루에 한두 번 정도 이런 글쓰기 훈련을 하고 나면 반드시 더 중요한 과외의 보상도 주어진다. 뿌듯한 자존감과 자기 신뢰가 쌓이고, 훈련한 만큼 한 뼘 더 내 글 실력이 올랐을 것이라는 자신감이 한껏 높아진다. 어떤 형태의 글이든, 글쓰기는 9할이 자신감이다. 본격적인 글을 쓰기 전에 15분, 30분 만들기가 그렇게 어려울 리는 없다.

그리고 여기서 더 중요한 한 가지는, 그날 쓴 'FW 글'은 당분간 오후나 바로 다음 날에는 읽어보지 않는다는 것이다. 묵혀놓는 것이다. 글로 적어놓았던 무의식의 산물을 숙성하는 시간이 필요하다. 내가 아울렀던 문제를 무의식이 충분히 숙고할 시간을 주는 단계를 말한다.
내 경우 그날 쓴 글은 거의 한 달이 지난 후에 순차적으로 한 꼭지씩 다시 읽는다. 하루치 FW 글을 쓰기 전에, 한 달 전 써놓았던 노트 부분을 펼친다. 그래서 지난 글 한 편을 읽어보고 난 후 오늘치의 글을 쓰는 식이다.

이런 식으로 글의 간격을 두면 한 달 전 내가 썼던 글이 마치 다른 사람이 쓴 것처럼 생소해진다. 다른 사람의 에세이 한 편을 읽는 것 같다. 또 그렇게 놀라다 보면 점차 한 달 전에 찾아왔던 무의식과 아이디어가 다시 떠오른다. '아, 정말 내가 이런 생각을 했단 말인가?'가 되는 황홀한 경험을 또 한 번 하는 순간이다. 10년 전 한 번 스쳐 만났던 사람의 이름까지 또박또박 적혀 있는 것을 보고 까무러칠 정도가 되기도 한다.

이런 신비한 노트가 쌓이게 되면 언제 꺼내 읽어도 마치 내 새로운 소설 하나를 읽는 기분이 든다. 그 정도 크기의 글감과 주제, 아이디어가 비밀 군자금처럼 비축되게 되는 것은 물론이다.

이 훈련은 소설가가 되려는 사람, 박사학위 준비하는 사람에게만 필요한 것이 아니다. 일기 쓰기를 좋아하는 사람, 당장 내일 직장에 보고해야 할 제안서를 쓰는 사람, 그리고 짧은 에세이라도 한 편 쓰려는 사람, 그 누구에게도 도움이 되는 묘약이다.

설계하고 온갖 재료를 모으고 장치해서 나오는 성과가 이 'FW 훈련'으로 나오는 결과물보다 더 낫다고 할 수 없다. 글감은 뉴욕 공립도서관에 비치돼 있는 게 아니라 지금도 내 머릿속의 작용인 무의식의 보고에 켜켜이 쌓여 있다. 설계하려고 소용된 시간과 자료 모으기, 그리고 습관화된 딱딱한 사유 같은 것을 고려하면 이 FW 훈련이 훨씬 유용하다. 그리고 무엇보다, 설계하고 쓴 '의식의 글'은 FW 글쓰기가 가져다주는 무의식의 감동을 절대 누릴 수 없다.

내 마음속에 무의식적으로 숨겨진 진실과 기억은 미리 장식하고 포장해 놓고 기다려서는 하나도 건질 수 없다. 우선 다 내뱉어 놓아야 한다. 그래야 깊은 곳의 실체가 걸려 올라온다. 그다음에 고르고 씻기고 다듬으면 된다.

우리는 우리의 안팎을 끝없이 들락거리며 쓸데없는 정보와 상념을 실어 나르는 '의식'에만 함몰돼서는 안 된다. 평생 천덕꾸러기처럼 버려져 있던 무의식의 세계와 만나야 한다. 그러다 보면 어느새 글쓰기뿐만 아니라, 다른 영역의 예술 작업이나 실생활, 그 어디에서도 얼마든지 창조성을 발휘할 수 있게 된다.

첫 한 문장 쓰기를 어려워하는 사람들, 그리고 "나는 원래 글 쓰는 재주가 없어."라고 큰소리치는 숙명론자들의 말문도 막게 하는 훈련법이다. 무의식은 누구에게나 존재하며 언제라도 충실한 하인 되기를 준비하고 있기 때문이다.

오늘은 일찍 잠자리에 드는 것이 좋다. 내일 새벽엔 그 어느 곳에서도 당당한, '글 잘 쓰는 사람'이 되어 있을 것이다. 최소한 '글쓰기를 두려워하는 사람'이라는 신분에서는 탈출해 있는 새로운 당신을 만나게 된다.

> "아무리 발버둥 치면서 그림을 그려본들, 넌 화가가 아니라고 내면의 목소리가 말할 때, 그 목소리를 잠재우는 유일한 방법은 오직 그림을 그리는 것뿐이다."
>
> – 빈센트 반 고흐

⟨소설 ③⟩

'나는 경험도 없고, 독서량도 적은데?'
– 국회 연설문과 어린이집 축사의 공통점

'첫 문장만 쓰면 다 쓴 것',
설계도 그리기와 일필휘지

    소설을 쓰면서 한 번도 글쓰기가 싫어 도망다닌 기억은 없다. 순간순간의 과몰입이 무서웠지, 글쓰기 자체가 싫었던 적은 없다. 쓰면서 배웠다. 지금 생각하면 좀 어처구니없지만, 첫 소설을 쓰던 2년 동안, 도중에 한 번도 작법서나 문법책을 읽은 기억이 없다. 젠체하려는 게 아니라, 글쓰기에 몰입하게 되면 그럴 시간이 없다. 글을 쓰지 않는 시간에도 머릿속에서는 계속 글이 이뤄지고 있었기 때문이다. 솟아오르는 글감을 주워 담기도 바쁜데 새로운 법칙까지 욱여넣을 수는 없었다.
    표현하고 싶은 내용을 충분히 갖추면 그것을 담아낼 틀만 찾으면 된다. 처음부터 기둥, 문짝 다 달아놓고 시작할 수는 없다. 그렇게 되면 내 집을 세울 수 없다. 짓더라도 머지않아 허물어지고 만다. 집을 세우는 것은 결국 한 장, 한 장의 진실이라고 하는 벽돌이다.

그러니 너무 형식에 얽맬 필요가 없다. 모든 예술 행위처럼, 글쓰기 자체가 자유로움을 지향하는 일이다. 숨 막히는 현실과 굳어져 있는 정신 체계를 이완시키고 싶어서 글을 쓴다. 못난 집을 해체하고 되레 그 자리에 사방이 더 꽉 막힌 집을 짓는 일은 없어야 한다. 레이먼드 카버는 자신의 책, 『Fires』에서 "단편 소설은 첫 문장을 쓰고 나면 나머지는 다 쓴 거나 마찬가지"라고 했다. 카버는 우리에게 작법서를 들이밀지 않을 것이다. 다시 되뇌지만, 글은 내가 쓰는 게 아니다.

소설에서 기본적인 설계도는 필요하다. 나침반과 지도 없이는 아무리 익숙한 선장도 배를 출발시키기 어렵다. 설계도는 앞으로 써나갈 이야기의 구도와 주제, 플롯, 사람 이름처럼 끝까지 써나가는 동안 지켜야 할 근간이다. 여기에 자료 찾기, 글감 만들기, 구성 짜기, 인용문과 예문 짜기까지 포함된다.

그러나 나는 일단 주제와 대강의 개요만 준비되면 바로 닻을 올려도 좋다고 과격하게 생각한다. 주제가 나침반이고 개요가 지도가 되기 때문이다. 아이디어는 오고 가다가 끊임없이 솟아나 줄 것이다. 세부적인 구성이나 자료들도 항해해 가면서 중간 기착지에서 하나씩 올려 태우면 된다.

주먹구구처럼 보이겠지만 이것저것 미리 다 완벽히 갖춰놓으려면 출발 자체를 하지 못하기 때문이다. 그리고 아무리 장편 소설을 쓴다 해도 설계도대로 이뤄지는 일은 절대 없다. 소설을 포함한 모든 글은 살아서 걸어 다니는 유기체이기 때문이다. 아무리 정교하게 만든 설계도도 금세 얼룩덜룩해지기 일쑤이다. 처음 것은 밀려나고 완전히 새로운 설계도가 만들어지기도 한다.

글쓰기에서 '계획'이란 함부로 다루어도 되는 천덕꾸러기다. 글을 쓰다 보면 고비 고비마다, 꼭지마다 쓰기 싫어지거나 무리하게 힘이 들어갈 때가 있다. 그러면 그 파트는 생각해 두었던 설계도나 목차와 관계없이 과감히 버리는 게 좋다. 처음엔 무리수가 보이지 않아도 써 나가다 보면 반드시 억지가 드러나기 때문이다. 내가 싫고 쓰기 어려운데, 독자들은 얼마나 힘들까. 형식이 경직될 때 글도 여지없이 굳어진다.

내가 첫 장편을 쓸 때도 설계도의 역할은 미미했다. 처음에 소설을 쓰기로 마음먹고 참고서적들을 찾다가, 당시『빙벽』이라는 아홉 권짜리 대하소설을 쓴 고원정 작가의 작품 설계도를 본 적이 있다. 얼마나 정교하던지 실제 건축설계 도면 같았고, 심지어는 그림까지 그려져 있었다. 내가 거의 설계도에 의지하지 않고 글을 쓰는 버릇은 그날 질린 탓도 있을 것이다.

어쨌든 내 소설은 미미하기가 이를 데 없이 시작됐다. 처음에는 ① 인물들의 대학 시절 ② 사회 첫걸음과 시련 ③ 새 세상 만들기 과정, 이렇게 세 가지 단출한 구성으로 '공동 주인공'들의 이름만 정하고 출발했다.

80년대, 세상 부조리에 몸 떨던 젊은이들이 직접 그 무대에서는 어떻게 되었나, 염원과 간절함은 어떻게 세상을 바꾸어 나갔나, 그리고 그들도 사랑이라는 걸 했던가. 이렇게 출발은 허술했지만, 무작정 글을 써나가는 동안 차츰 인물과 자료, 글감 등이 정연하게 배에 올라탔다. 그 나머지는 많은 부분에서 무의식의 활약이 주효했다. 이런 섣부른 항해가 풍파를 겪게도 했지만, 어느덧 자그마한 신세계 하나를 발견하게 되었다. 나에게 소설 쓰기는 8할이 이런 '일필휘지'였고 나머지가 설계였다.

내 경우, 미리 세밀하게 설계도를 마련해 놓으면 오히려 글이 잘 진척되지 않는다. 계획표의 눈금 하나하나의 단계를 지나갈 때마다, 마치 도로의 과속방지턱처럼 글이 턱, 턱 하고 걸리고 막힌다. 한 문장에서 다음 문장으로 넘어가기가 힘겹다.

한창 내가 책을 쓸 때도 하루 쓸 내용과 분량만 정해놓고 마냥 써내려 가기만 했다. 그런 다음 하루의 끝, 그날 치 글 쓰기를 마칠 때, 다음 날 쓸 부분을 이어서 스케치해 놓고 자료를 취합해 놓는 정도였다. 그때마다 옆길로 가는 가지를 쳐주기도 하고 새로운 아이디어로 덧칠하기도 했다. 이런, 형식에 얽매지 않는 습관이 글에 대한 두려움을 걷어낼 수 있었다.

소설을 떠나, 설계도는커녕 메모 한 장도 없이 무작정 시작해야 하는 글도 많다. 내 소설들도 다 절박감에서 시작하긴 했지만, 나머지 내가 30여 년간 써왔던 각종 정치 실용 글이나 에세이, 기고문 같은 것은 대부분 마감 시간에 맞춰야 하는 글들이었다.

국회 개회에 맞춰 쓰기 시작하는 연설문은 어떤 경우에라도 마감 시간을 지켜야 했다. 아무리 정신없이 바빠도 눈앞의 컴퓨터나 백지 위에 우선 "친애하는 의원 여러분!"부터 써놓고 시작해야 했다.

정치란, 온 세상, 전체 국민의 다사다난한 삶이 전부 녹아 있는 세계다. 시장 상인에게 전달하는 메시지가 따로 있고, 국가 간 지도자끼리, 또는 국회 어린이집 개원 축사까지 다 따로 있는 글쓰기다. 그야말로 글쓰기의 도가니가 정치판의 글쓰기다. 따라서 국회의 정치연설문과 어린이집 축사는 똑같은 원리와 기법으로 생산되고 유통된다. 시간에도 쫓기고 즉흥성과 순발력이 요구되는 글쓰기다.

내가 첫 책으로 세 권짜리 장편 소설에 뛰어들 수 있었던 것도 이처럼 다양한 글을 격식과 틀에 얽매이지 않고 썼기 때문이고, 글쓰기에 대한 두려움이 없어서 가능했다. 단점도 많지만, 오랫동안 이어온 글쓰기에 대한 이런 무모함이 자연스레 나의 문체가 되고 스타일이 되었다.

소설 쓰려고 은행 강도 될 필요 없어,
인물 · 경험

학생들의 과제물을 다 읽고 난 교수가 한 학생을 연구실로 불렀다. "학생, 자네에게 안 좋은 소식이 있네, 자네는 작가가 될 소질이 있어." 라고 위로했다는 이야기가 있다.

작가, 특히 소설가는 일단 고생을 사서 하려고 작정한 사람들이다. 또 그런 작가들을 바라보는 사람들은 그들이 지독히 외로울 것 같다고 지레 위로한다. 그러나 소설가에게는 고유한 친구들이 있다. 대하소설의 '인물관계도' 같은 것을 보면 머리가 어지럽다. '작가가 정말 저런 도면을 사전에 그려놓고 썼을까? 절대 그럴 리는 없을걸.'이라고 단정하게 될 만큼 조밀하고 정치하다. 얼마나 많은 인물이 동원됐겠나.

나 같은 경우 번듯한 설계도조차 없이 쓰다 보니 처음엔 내가 이름을 지어주고도 나중에는 나도 누가 누군지 모르는 북새통을 겪기도 했다. 그러나 우리가 살면서 과연 우리 곁의 사람들을 얼마나 그 정도로 관심 있게 지켜볼 수 있겠나. 글의 세상에선 눈가의 작은 점 하나까지 능청스럽게 그려진다. 그의 해묵은 속내까지 낱낱이 헤아려지는 친구가 어디 그리 흔할까. 소설 속 인물들은 50년 지기보다 가깝고, 세상에 다시 없는 절친들이다. 그래서 보통 혼자만의 공간에서 자신의 등장인물들과 한두 해 동안 함께 웃고 울다가 탈고할 때가 되면, 그 서운함은 이루 말할 수 없다.

등장인물은 작가가 기세 좋은 조물주처럼 지어낸 피조물이다. 처음에는 부리려 한다. 그러나 이내 그들은 자유의지까지 요구하고 또 얻어낸다. 금지옥엽의 주인공들은 날이 갈수록 말을 듣지 않는다. 그러나 서운해할 필요가 없다. 그럴수록 작품은 좋아지게 마련이다.

이렇게 자유의지까지 얻어낸 인물들은 혼자 생각하기도 하고 혼자 행동까지 한다. 실제 조물주가 왜 인간에게 자유의지를 부여했나. 그것으로 마음껏 자유롭고 행복하게 세상을 누리라는 것이었다. 소설 속 등장인물들이 자유의지를 가지게 되는 것도 마찬가지다. 인간은 자유로울 때 가장 행복하다. 작가는 자신의 등장인물들을 행복하게 만들어야 한다.

등장인물은 첫째, 입체적이어야 한다. 욕망과 원하는 추구는 분명하지만, 모순도 많아야 한다. 그 어디에도 없는 개성을 개발해 내야 한다. 단순히 선악만 구분할 게 아니라 이중·삼중의 인격을 창조해 내야 한다. 주인공은 물론, 등장인물들이 평범하고 예측 가능하다면 그것은 이미 픽션으로서의 가치를 잃는다. 독자는 소설 속의 비범하고 비현실적이기까지 한 그들을 보며 입체적인 자기 이상향을 그리기 때문이다.

둘째, 인물은 재미있는 엔터테이너가 되어야 한다. 도서관에서 책만 파는 모범생들보다는 학원에서 춤을 배우는 연습생이 나중에 효자가 된단다. 소설이 재미있게 된다는 말이다.

아무리 심각한 주제라 하더라도 일단은 재미가 있어야 한다. 어떤 장치를 세우고 자료를 투입하더라도 작가부터 엔터테이너가 되어야 한다. 그리고 이 재미란 대개는 놀라움과 낯섦에서 나온다. 글쓰기의 무대를 엔터테인먼트 회사로 만들어야 한다.

독자들은 작가가 등장인물들의 모든 일에 개입하는가, 아니면 그들의 의식을 자연스럽게 따라가는가를 지켜보며 재미를 판가름한다. 그리고 이내 인물들이 제멋대로 걷고 말하고 움직이는 설정이 더 재미있음을 깨닫는다. 인물은 절대 작가가 원하는 대로 움직여선 안 된다. 재미도 없고 한 가지 행동만을 하도록 고안된 인물은 이미 죽은 인물이다.

거의 같은 말이지만 셋째, 인물은 자유분방해야 한다. 함께 여행할 사람을 고를 때 누구를 고를까. 진부하고 고리타분하며 했던 말 또 하고 또 하는 '낡은' 친구를 고를 것인가, 아니면 신선하고 못 들어봤던 독특한 화제를 많이 알고 힘찬 에너지를 뿜어내는 친구를 선택할까. 작가는 독자에게 함께 여행 가자고 권하는 사람이다. 독자가 만족해할 만한 여행을 제공해야 한다.

독자들도 인물들이 작가의 피고용인인 줄 안다. 그러나 독자들이 픽션을 현실로 착각하고 순간적으로 이 고용 상태를 망각하는 경우가 온다면 성공이다. 얼마나 인물이 자유분방하고 개성이 있으면 까다로운 독자들을 속여낼 수 있게까지 되나. 작가는 그때야 비로소 훌륭하고 지혜로운 조물주가 된다.

작가는 자기 등장인물의 마음속 깊이까지 들어가야 자유로운 인물을 만들 수 있다. 인물들을 자유분방하게 풀어놓아야 그 속에 그들의 과거 상처나 꿈까지 심을 수 있다.

은행 강도 장면을 소설 속에 집어넣으려고 은행을 털 필요까지는 없다. 연애소설을 쓰기 위해 결혼해서 잘 살고 있는 첫사랑에게 전화해서 애걸할 필요도 없다. 작가 토마스 맥구안도 말했다. "이야기는 시베리아 변경에 있는 것이 아니다. 작가에게 딱 들어맞는 경험이란 없다. 작가가 되기 위해 로데오 경기에 나가거나 황소와 싸울 필요는 없다."

물론 경험은 많을수록 좋다. 끌어모은 자료나 메모가 많을수록 글쓰기가 편해지는 것과 마찬가지다. 그러나 너무 다방면에 경험이 많다고 좋은 것은 아니다. 독단과 선입견에 빠질 수 있고 균형감각을 잃을 수도 있기 때문이다.

내가 30여 년 동안 정치계에 있었다고 해서 훌륭한 정치 소설을 쓸 수 있는 것이 아니다. 오히려 정치 혐오에 빠져 암울한 결론을 짓지 않는다는 보장이 없다. 마크 트웨인은 인쇄소, 도선사, 남북전쟁 참가 같은 수많은 경험이 있었다고 해서 특정 직업에 대해서만 작품을 쓰진 않았다. 그는 그 다양한 경험 속에서 '사람'을 배웠다. 별의별 유형의 사람에 대해 배웠고 거기서 필요한 모든 소재를 얻었다.

자기 경험을 활용해 자신을 다른 사람들의 삶에 투영하는 방법을 터득하는 것은 중요하다. 아는 것을 쓰는 것은 좋다. 그러나 어떨 땐 경험이 없더라도 알아야 하는 것을 알아내서 빈 곳을 채우기도 해야 한다.

내가 소설에 등장시킨 인물은 100명이 넘을 것이다. 그들 100명의 경험치에 비하면 내 경험은 일천할 것이다. 그러나 대학 시절의 친구들, 여야의 국회의원, 보좌관, 사대문 안의 수많은 기자, 거의 모두 한 번씩은 출연시켰다. 물론 미리 '워밍업'시키며 준비된 인물들이 아니었다. 이 역시 쓰는 과정에서 어디서 그렇게 몰려들었는지 떼로 몰려온 사람들이다. 나는 이름만 지어주었을 뿐이다.

그중에서 몇몇 '공동 주인공'만 내가 의도해서 탄생시켰고, 또 내 의지대로 움직이기를 바랐던 인물들이었다. 그러나 그들도 이미 대학 시절부터 내 손에서 벗어났다. 제멋대로 학교 시위를 하다가 감옥에도 가고, 여주인공은 모두가 예상하던 친구가 아니라 미워하던 사람과 결혼하기도 했다. 기자가 되어 특종을 한 것도 그 당시 나는 전혀 듣지도 보지도 못했던 사건 때문이었으며, 부잣집 아들이 뇌물을 받을지는 정말 나도 몰랐다. 또 그런 그가 심지어 아내의 고발로 하루아침에 몰락하게 될지는 꿈에서조차 몰랐다. 작가는 미미한 이름을 가진 불우한 조물주, 이름뿐인 고용주일 뿐이었다. 역시 경험은 필수 불가결한 것이 아니다.

많이 읽어야 잘 쓴다?
책은 잘 골라서 두 번 읽어라

많은 사람과 가장 효율적으로 대화하는 방법이 독서다. 그러나 나는 많은 사람과 대화를 해보지도 않았으며, 나의 독서량은 턱없이 모자란다.

그 대신 나는 정독주의다. 한번 '내 눈에 들어오면' 그 책은 산산이 분해될 각오를 해야 한다. 보통 한 권을 3독, 4독, 온갖 색의 줄을 치고 형형색색의 포스트잇이 붙어 있는 경우가 많다.

다른 일도 마찬가지지만 독서도 즐겁게 해야 한다. 독서가 강박관념의 의무가 되어서는 안 된다. 나는 처음 책을 펴 들어 열 장, 스무 장이 넘어가고 주인공의 얼굴이 빼꼼 나타날 때까지 재미있으면 계속 읽는

편이다. 그리고 그 책은 내 책장에서 가장 눈에 띄는 곳에 자리한다. 그렇지 못한 책은 백 장을 읽었더라도 못마땅해지면 이내 내친다.

그 대신 나는 책 한 권 읽는 시간보다 더 오래 책을 고른다. 5시간 걸려 읽은 책이란 거의 5시간 동안 고른 책을 말한다. 대형서점의 사이트에 들어가 책을 검색하고 목차, 저자 약력, 짤막한 책 소개, 추천 글, 그리고 댓글까지 다 읽는 것이 내 취미다.

만능 작가 다치바나 다카시는 한 권의 책을 쓰기 위해서 100권의 책을 읽는다고 했다. 그러나 짧은 인생을 살며 우리는 과연 몇 권의 책을 더 읽을 수 있을까. 어차피 세상 책 모두를 읽을 수는 없다면 좋은 책 한 권을 잘 골라 뜯어 먹듯 읽고, 그것으로 100권의 책을 써내겠다는 각오를 해야 한다.

고르고 고른 책은 최소한 두 번은 읽어야 한다. 처음 한 번은 정독할 필요가 없다. 고르고 골랐지만, 간혹 진도를 많이 나갔다고 해도 도중에 집어던지는 경우도 생기기 때문이다. 처음 읽을 땐 어느 책이나 마치 재미난 소설 읽듯 부담 없이 읽는다. 그런 다음 그 책과 평생 해로할 것인가를 결정한다. 그리고 이렇게 해서 선정된 책은 대해부 작업을 거쳐 내 손 가까운 곳에 모셔진다. 그런 책이 나에게는 살아남는 책이다.

책을 최소한 두 번을 읽어야 하는 이유는 그렇게 읽어야 두 번째부터는 책을 즐길 수 있게 되고 그때부터 비평가의 관점에서 읽을 수 있기 때문이다. 두 번은 읽어야 저자의 입장, 장단점, 주장을 선명하게 내 것으로 소화할 수 있다.

다만 첫 번째 읽을 땐 아무리 설렁설렁 읽는다 해도 가능하면 간단히 소감을 기록해 놓는다. 그래야 재독, 3독, 4독 읽을 때 작가의 의식을 확인하며 따라갈 수 있고 내 의식의 변화도 헤아려 볼 수 있게 된다.

여유가 있을 땐, 책의 개요와 함께 어느 정도 마음에 들었는지 판단도 해놓는다. 미리 동그라미, 세모, 별표 두 개 등으로 표기해 놓기도 한다. 그런 다음 책이 마음에 들었던 이유, 특별히 인상 깊었던 장면, 특히 멋졌던 대화나 묘사 같은 간단한 것도 책 빈칸에 간단히 메모나 스케치해 두면 좋다. 그렇게 줄을 긋거나 표시한 것이 1독의 가치를 발한다.

2독 땐, 본격적인 책 해체 작업을 해본다. 소설의 경우, 작가가 강조해 둔 부분에서 작가의 호흡이 어땠는지, 장면이 바뀔 때 인물들의 기분 흐름은 어땠는지부터 면밀히 살핀다. 인물에 대한 작가의 개입 정도, 인물에 대한 비중 같은 것도 파악해 볼 수 있으며, 작가의 의식이나 무의식의 흐름까지 읽어낼 수 있도록 노력한다. 글쓰기에서도 몰입이 중요하지만, 독서에도 이에 못지않은 집중이 요구된다.

이렇게 세심하게 책 한 권을 거듭 읽고 나면 마치 내가 책 한 권을 집필한 것 같은 효과를 누릴 수도 있다. 건성으로 10권 읽는 것보다 이렇게 엄격하게 한 권을 읽는 것이 언제나 유용하다.

이런 식으로 '엄선된' 책은 애틋한 애정을 받는다. 가장 좋은 위치에 꽂히게 되고 예쁜 필기구와 노트에 요약되고 정서된다. 세월이 가도 변치 않는 우정을 나누게 됨은 물론이다. 내가 내 글이 소중한 만큼 남의 글과 그 책을 쓰기까지의 작가의 노고도 소중하기 때문이다.

서머싯 몸은 "작가는 책 한 권을 쓰느라 몇 달을 보내며 자신의 진심을 쏟아붓지만, 그 진심을 읽는 독자는 거의 없다."라고 불평했다. 힘들여 책을 읽기로 작정했으면 작가를 믿고 그 진심을 믿어야 한다. 내가 책을 쓸 때도 정말 진심으로 썼던 것 같기 때문이다. 이런 독서는 그토록 난공불락 같던 나 자신도 마침내 변화시킨다.

"나는 세상을 바꾸고 싶었다. 하지만 사람이 확실히 바꿀 수 있는 것은 자기 자신밖에 없다."

– 올더스 헉슬리

3부

글쓰기의 향연,
내 글 고치기

장편 소설 ①
'상투성은 범죄다'

⟨소설 - 내 글 고치기⟩

『그들 81학번 ①~③』

프롤로그 - 혼돈의 시작[1]

"그 난리 통에도 살아남았는데…."

---

1) '386세대의 자서전'이라고 불리기도 했지만, 볼 때마다 부족하고 손댈 데가 많았다. 처음 쓴다는 기분으로 다시 퇴고해 보았다. 발표되어 버린 글들은 다시 꼴도 보기 싫은 경우가 많다. 토가 나올 정도로 힘들었던 기억을 떠올리게 되고 부끄러운 부분과도 맞닥뜨리는 일이기 때문이다. 그렇다고 해서 그때보다 잘 쓸 자신도 없다. 시간이 흘러도 그때의 생각이나 지금이나 별반 달라지지 않았다고 놀랄 때가 많다. 글쓰기는 열정의 다른 이름이다. 가장 치열했을 때의 열정을 처음처럼 다시 불러오기가 쉽지 않다. 그때의 글이 가장 진솔했을 것이라고 믿을 뿐이다. 소설의 줄거리는, 80년대를 겪은 30대, 그리고 60년대생인 '386세대'가 격동의 시대를 지나며 나라의 민주화를 담당하고 또 그들만의 정체성을 찾아가는 내용이다.

대구백화점[2] 앞 '진아춘'[3] 2층. 재민[4]이 신음처럼 중얼거리며 창밖으로 고개를 돌렸다.

동성로에는 행인들이 폭염 속의 전사처럼 지나다녔다. 애써 살아남으려는 몸부림들인지, 탁자 위 짬뽕 그릇에 남아 있던 국물도 이미 식어 빠진 채 벌겋게 뒤엉켜 혼탁한 막을 이루고 있었다.[5]

어처구니없는 재훈의 죽음. 재훈의 사망 소식은, 죽음이란 언제 어디서나, 이유가 있거나 없거나 늘 사람 가까이에 있다는 것을 확인시키기에 충분했다. 그만큼 믿어지지 않는 사실이었다.

지난해 광주에서 재훈이 큰 역할을 했었다는 말은 듣지 못했다. 아니 역할은커녕 대구의 동성로 같았을 충장로 바닥에서 그저 살아남으려는 욕망 하나만으로 이리저리 몰려다녔을지도 모르는 일이었다.

재민은 아예 그렇게 생각하는 것이 재훈에게 더 친근하게 다가가는 방법이라고 여겼다. 그래서 마냥 더 허망했고 방 안은 점점 더워져

---

2) 도입부의 무대를 자연스레 알려주지만, 얼마 전까지 실재했던 배경이다. 오히려 작위적으로 보이고, 성의 없게 보이기도 한다. 세태에 맞게 외래어로 이름을 지어 붙일 걸 그랬다.

3) 중식당 진아춘(晋牙春), 한자까지 동원해 그럴듯하게 이름을 지었던 기억이 난다. 작가는 꼼꼼한 작명가가 되기도 해야 하는 고단한 사람들이다. 하지만 그 과정이 소설 쓰기의 묘미이기도 하다.

4) 인물은 영락없는 피조물이지만, 자유의지까지 가진 듯 살아 움직인다. 뒷감당도 못 할 영웅보다는 매력 있는 악당이 효자다. 주인공 '재민'보다는, 밉상이던 '권우'가 뒤로 갈수록 저 스스로 빛을 내는 존재가 되었다.

5) 형, 부사의 남용이다. 소설에서 어쩔 수 없을 때도 있지만 처음 글 쓰는 사람처럼 잔뜩 욱여넣었다. '이미', '뒤엉켜', '혼탁한'을 빼고 간결하게 다듬어야 했다. '국물도 식어 빠진 채 벌겋게 막을 이루고 있었다.' 정도가 좋겠다.

갔다.[6]

맞은편에 앉아 있던 정빈과 상기는 재민이 뱉은 말이 너무 어두웠다고 생각했던지 '그러게 말이야.', '어떻게 그렇게 허망하게 죽을 수가 있어.'와 같은 말을 덧붙이지도 않았다.

재훈은 영어 회화 동아리인 파인트리클럽(PTC)의 광주 측 회장이었다. 일고(一高)에 다니고 키 크고 잘생기고 농담 좋아했던 재훈이었다. 그러던 그가 작년 1월의 대구 PTC '애니버서리' 축하차 다녀간 걸 끝으로 이제 더 이상 이생의 사람이 아니라는 것이다.

80년 5월의 고등학생들은 그냥 그 정도의 사람들이었다.[7] 그때 고등학생들도 일정한 역할을 했다고 들었다. 하지만 또 거기서 살아남은 고등학생 중에 재훈과 같은 친구들도 엄연히 있다. 그 아귀 같던 5월의 늪에서 살아 나온 지 1년도 채 안 돼 영산강 강가에서 어처구니없이 익사했다는 이야기. 그것도 무슨 '의문의 변사체' 같은 것도 아니게 그냥 수영하다가 말이다.

---

6) 접속사의 사용과 문장의 이음이 적절하지 않다. '마냥 더 허망했다.'와 '방 안은 점점 더워져 갔다.'가 등치가 되기 힘들다. '더 친근하게 다가가는 방법이라 여겨서', '방 안이 점점 더워진' 것은 아닐 것이기 때문이다. 이렇게 비문이 나올 바에는 접속사 '그래서'를 생략하는 게 낫다.

7) 그때의 인물들이 80년대를 뚜렷하게 규정한 '386세대'가 되고 특별한 시대정신을 이끌었다. 그러나 소설 앞부분에 너무 주제를 부각하면 인물, 장면, 상황, 감정 같은 소설의 주요 요소들이 위축된다. 시대적 규범과 관습은 빠르게 바뀐다. '꼰대'가 강조하는 주제의 잦은 노출보다는 글을 객관적으로 전개해 독자의 판단에 맡겨야 한다.

재민은 이내 자신이 '그 난리 통에도 어쩌고 했던 말'을 후회해야 했다.[8]

'그럼, 그 난리 통에서 살아남았다면 물에 빠져 죽지도, 불에 타 죽지도 않아야 한다구?'

영민한 정빈은 재민도 자기와 똑같은 생각을 하고 있을 것이라고 확신했다. 그리고 재민이 여차하면 '그래, 누구에게나 같은 모습을 한, 다른 얼굴의 모습들이 있을 거야.' 같은 말을 한마디 더 하게 될지도 모른다고 생각했다.[9]

'치이….'

재민은 벗어 걸어두었던 교복을 꿰차며 빨리 이 죽음 같은 더위 속에서 빠져나가야 한다고 생각했다.

절대 혼돈이 아니라고 명쾌히 규정지은 건 아버지였다.[10] 권우는 아버지가 청와대에 마련된 대통령 빈소를 다녀온 이후부터 유난히 급박

---

8) 프롤로그 맨 앞 구절의 첫 대사와 이 지점까지의 간격이 멀어도 너무 멀다. 독자들이 자꾸 페이지를 앞으로 뒤척이지 않게 해야 한다. '그 난리 통에도 어쩌고 했던 말'이라도 넣어 독자들의 기억을 환기했다. 아무리 프롤로그지만 애초에 상황 묘사가 좀 많다. 도입부터 다시 손봤어야 했을 부분이다.

9) 3인칭 전지적 시점으로 정빈, 재민의 마음속에 들어가 있다. 하지만 두 사람의 속내를 한꺼번에 다루다 보니 어떤 것이 누구의 생각인지 다소 혼란스럽다. 전지적 시점의 폐해이거나 시점을 제대로 구사하지 못해서 일 것이다.

10) 중식당 도입부가 너무 장황해서 배경을 권우 쪽으로 선회했다. 낯섦, 참신함처럼 '느닷없음'도 소설의 생기를 부른다.

해졌던 집안 분위기를 기억한다. 그리고 아버지에게 그것은[11] 구직의 불안에서 오는 분주함이 아니라, 더 나은 직장을 찾으려는 이직 운동과 같은 분주함이었다고 기억한다.

아버지는 '국보위(國保委)'가 작성한 811명의 제1차 정치활동 규제 대상자[12]에 포함되었을 때도 눈 하나 깜짝하지 않았다.

"좀 쉬지 뭘…."

아버지는 뭔가에 들떠 있는 눈으로 분명히 그렇게 말했었다. 하지만 여유 있는 그 말과는 달리, 아버지는 조금도 쉬지 않았다. 규제 대상자로 묶인 지 이틀 만에 몸소 중앙청으로 찾아가, 풀어달라는 '적격 심판 소명자료'를 제출했다. 다른 국회의원들은 비서를 통해 몰래 제출했는데 아버지만 직접 서류를 들고 왔다고 해서 도하[13] 각 신문에 사진과

---

11) '그것'도 '분주함'을 가리키므로, 그렇게 되면 한 문장에서 '분주함'이 세 번이나 나온 꼴이다. '이직 운동 같은 것이었다고 기억한다.'로 바꿔 세 번째 '분주함'이라도 뺐어야 했다. 제대로 퇴고하지 않아서이다.

12) 1979년 12.12 군부 쿠데타 이후 당시 전두환 보안 사령관이 위원장을 맡았던 '국가보위입법회의'. 그날의 모반 이후 사회 전반을 장악하기 위해 급조했던 기구다. 특히 기성 정치인의 정치활동을 차단하기 위해 국회의원의 총선 출마 자체를 막았다. 요즘은 워낙 검색 기능이 발달하기도 했지만, 자료는 많을수록 쓸 것이 많아진다. 다만 글 쓰기 전에 자료를 너무 완벽히 쌓아놓아도 또 곤란하다. 자료 모으던 노력이 아까워서라도 전부 욱여넣고 싶어 쩔쩔매게 된다. 얼룩덜룩한 누더기가 될 수도 있다. 오히려 그럴 바엔 전체 작품성을 위해 자료는 좀 부족해도 된다. 실력 있는 작가는 한 장의 자료를 가지고도 천 장처럼 적재적소에 효과적으로 쓸 줄 안다.

13) '도하(都下)', '장안(長安)', 요즘 거의 쓰지 않는 한자어들이다. 쓸 당시에는 전혀 어색하지 않았던 표현이지만, 시간이 지나면 단어 운용도 달라져야 한다. 여기에선 굳이 집어넣지 않아도 충분히 뜻이 전달된다. 겉멋으로 젠체하면 글이 담백해질 수 없다.

함께 크게 취급되기까지 했다.

"내가 뭘 잘못한 게 있어야지."

그리고 그렇게 해서 아버지는 마침내 300여 명의 정치규제 해제자 속에 낄 수 있었다.

고3의 권우에게 그런 일들은 무엇보다 큰 혼돈일 수 있었다.[14] 그래도 그는 이내 그 정도의 혼돈은 혼돈도 아니라고 애써 다짐했었다. 싫은 아버지였지만 세상을 살아남는 법을 배우는 것과 아버지가 싫은 것과는 엄연히 다르다. 그것을 빨리 알아차리는 데에 권우의 영민성이 있었다.[15] 그리고 그에겐 코앞으로 다가온, 그리고[16] 본격적으로 '세상과 만나는' 대학입시가 무엇보다 더 중요했다.

아버지가 규제로 묶이기 꼭 100일 전, 권우 역시 '국보위'로부터 '유사한 통고'를 받아야만 했다. '교육 정상화 및 과열 과외 해소 방안'이라는 국보위의 발표는 권우가 여태 받아온 과외들이 더 이상 효과가 없게 되었음을 의미했다. 그는 대학생들의 졸업정원을 제한한다느니

---

14) 프롤로그 마지막 문장인 '모든 게 혼돈, 혼돈이었다.'를 받쳐준다. 뒷부분과 맞추려고 일부러 고안해 넣은 것이 아니라 무의식의 도움이었을 것이다. 무의식은 문장을 다듬어 주는 편집 기능까지 담당한다. 그래서 만병통치라고 한다.

15) 앞에서도 정빈이 '영민하다.'라고 써먹었다. 특별히 강조할 의도가 아니라면 중복은 막아야 한다. 작가가 특별히 좋아하는 단어들이 있기도 하다. 그러나 여기서는 어휘력이 부족하거나 퇴고 과정이 치밀하지 못해서이다. '영민성이 있었다.'는 '지혜로움이 있었다.' 같은 걸로 고쳤어야 했다.

16) 여기선 다분히 강조의 의도가 있긴 했지만, 전체적으로 접속사가 너무 남발되어 있다. 어떤 작법서엔 "가능하면 아예 접속사를 쓰지 말라."고 권유하기도 한다. 접속사 역시 불필요한 '중복'일 때가 많기 때문이다. 접속사를 거의 쓰지 않거나 줄이면 글이 한층 리듬감을 얻고 경쾌해진다.

만다느니 하는 정치적 논란보다는, 대학 본고사가 없어진다는 사실 하나만 알아차리면 그만이었다.[17]

역시 혼돈의 개념은 언제나 상대적이었다. 그때 이 나라의 고등학생들, 입시를 눈앞에 둔 그들에게는 대통령이 누구에게 총을 맞았는지, 광주에서는 또 어떤 일이 벌어졌는지 하는 것은 다른 문제였다. 그들에게는 다른 혼돈이 따로 있었던 것이다.

권우는 아버지가 늘 살아남듯 자신도 살아남아야 한다고 생각했다. 부질없는 불평보다는 깡그리 본고사용 문제집을 예비고사용으로 바꾸는 걸로 분주해야 했다. 그리고 그 아수라장 속에서도 권우는 얼핏, 세상은 생각보다 더 변화가 많은, 흥미진진한 무대일 수도 있다는 사실을 직감했다.[18]

정빈은 이런 권우보다는, 재민이 그즈음 교실에서 일어난 일에 대해 부끄러워하고 있다는 사실을 눈치챘다. 그리고 그때 그가 겪었을 자괴와 혼돈에 싸아한 아픔마저 느껴야 했다.[19]

"아, 그래서 말이야…. 포항이란 동네가 오죽 짭은 데야? 그라이 가시

---

[17] 프롤로그라곤 하지만, 당시의 입시 제도나 대학 졸업제도의 변화처럼 큰 변동에 대해서는 간간이 설명이나 힌트를 삽입했으면 어땠을까 싶다. 본고사 폐지, 과외 금지, 그리고 대학생들을 옥죄기 위한 졸업정원제도 같은 것은 특정 세대만 기억할 것이다. 픽션에서 '사실 자료' 활용은 어디까지 친절해야 할지도 따져봐야 하겠지만.

[18] 프롤로그에서 전체 소설의 전개를 암시하는 문장이다. 독자에게 기대감을 주는 효과도 된다.

[19] 이것 역시 '느닷없음'과 호기심을 일으켜 독자들을 궁금하게 하지만, 바로 잇달아 그 이유가 드러난다. 크게는 재민에게도 이런 상황이 혼돈스럽다는 설정을 만들 필요가 있었다.

나들도 그래 짭은기라…. 그렇지만서도 저거가 우얄끼라. 우리사 마, 시커멓고 반질반질한 해병, 그것도 사령부 정예 멤바들 아이가?"[20]

"와하하"

수업이 시작된 지 채 5분도 안 되어 교실은 이미 열광의 도가니[21]가 되어 있었다.

"…아, 그래 그날도 우리가 마, 방파제 옆으로 쓰윽 걸어가는데…. 앞에서 가시나들이 떼로 얼쩡거리는 거야…."[22]

"선생님!"

"…대통령께서 서거하셨는데…. 좀 경건해야 하는 것 아닙니까?"

1979년 10월 27일 5교시 영어 시간, 재민이 정색한 목소리로 긴급 동의를 했다. 영어 독해력보다는, 자신이 얼마나 사람 웃기는 자질이 있는지 과시하는 걸로 더 큰 보람을 느끼는 영어 선생이었다. 여느 때처럼 자신이 가장 자신 있어 하는 군대 경험으로 제자들을 자지러지게 하고 있을 때였다.

아침에 저마다 대통령의 서거 특보를 듣고 나왔던 참이라 오전 내내

---

20) 무거운 도입부의 분위기를 상쇄시키기는 하겠지만, 투입한 사투리가 전혀 해독 불가능할 정도는 아니어야 한다. 사투리는 독자들도 별로 달가워하지 않는다.

21) '상투성은 범죄다.'라고도 한다. '열광의 도가니' 같은 진부한 묘사가 이어지면 독자들은 슬슬 책 읽기보다 다른 밀린 일들을 떠올리기 시작한다. 글을 쓸 때는 어디서 조금이라도 들어본 것 같은 의심이 드는 표현이나 묘사는 무조건 채택하지 말아야 한다. 진부함의 도가니다. 앞에서 나온 '아수라장'도 진부하긴 하지만 '열광의 도가니'보다는 낫겠다.

22) 이 예화 정도로 '열광의 도가니'를 만들 수 있을지 의문이지만, 여기서 예문이 너무 길어도 문제. 문장 구사의 적절성과 경제성이 요구된다.

수군거림이 넘쳤던 건 사실이었다. 그러나 그것도 잠시, 점심시간이 지나면서부터 분위기는 급속히 반전되고 있던 차였다.

누가 방송반 마이크라도 들고 명쾌하게 일천구백칠십구 년 시월이십칠 일의 대명고등학교 분위기를 규정해 준 것은 아니었지만, 이미 분위기는 '총 쏜 게 누구래?'에서 '그래서 우리가 뭘 어쩌라고.'로 묵시적인 합의가 되고 있던 참이었다.[23]

정빈은 자기 옆자리 재민의 목소리가 유난히 컸기도 했지만, 그것보다는 재민이 "…께서", "서거" 같은 예를 갖추고 '철없는 선생'을 호되게 나무라는 단호함에 아찔한 전율마저 느껴야 했다.

그때 영어 선생이 뭐라고 그 위기를 수습했는지는 잘 기억나지 않았다. 하지만 예민한 정빈은, 그때 과연 재민이 자신이 그런 말을 하면 영어 선생은 아무 대답도 못 할 것이라고 계산했을까? 그래서 이내 반 분위기를 쥐 죽은 듯이 경건하게 만들 것이라는 것도? 그 생각만 골똘히 했다.

박 대통령이란, 대학을 졸업한 지 채 1년도 안 된 영어 선생에게나, 학생들에게나, 거의 태어나기 전부터 대통령이었던 사람이었다. 그리

---

23) 길고도 복잡한 복문이다. 둘로 나누어야 한다. 요즘 세태에 복문은 독자를 질리게 할 것이다. 다만, 유행처럼 단문 쓰기를 지나치게 강조하는 경우도 많은데 꼭 그렇지만은 않다. 특히 소설, 논픽션, 비평 등에서는 지나친 단문이 오히려 호흡에 지장을 주는 때도 있다. 대표적인 만연체로 알려진 마르셀 프루스트의 『잃어버린 시간을 찾아서』 프랑스판에는 무려 847개의 단어로 이루어진 '한 문장'도 있다고 한다. 너무 단문에 목맬 필요 없다. 헤밍웨이의 하드보일드 단문체는 대서양을 잇는 전신케이블이 자주 끊겨서 그랬다는 말도 있다. 단문과 복문은 적재적소에 조화롭게 배치되는 게 좋을 것이다.

고 전날 밤 충격의 성격이나 의미에 대해선 누구라도 깜깜할 수밖에 없는 상태였다. 그 가련한 영어 선생이라고 해서 어떤 입장으로 재민의 '무례'에 맞설 수 있었겠는가.

정빈은 나중에 재민이 그날을 부끄럽다고 회고했던 건, 그때 그 정도의 시국관보다는, 그런 모두의 혼돈 속에서 재민이 영어 선생을 골렸던 그 일을 의미했던 게 분명하다고 결론지었다.

그리고 정말 부끄러운 일은 그게 얼마나 혹독한 혼돈이었는지도 모르고 지났다는 일…. 모두에게, 모든 것이 혼돈, 혼돈이었다.[24]

---

[24] 문법을 떠나, 프롤로그를 장식하기 위해 한껏 압축해 놓았다. 다른 글도 아니고 소설이 기교를 업을 때 문법은 그다지 엄격하지 않아도 될 듯하다.

장편 소설 ②
연애소설은 어렵다?

〈소설 – 내 글 고치기〉

『독신』

"우울증, 폐소공포, 공황은 다 친척 간인 게요"[1]

오른쪽으로 계속 산만 보이는 길이 나왔다. 양재대로는 체증도 덜했지만, 그 넓이부터 시원했다. 정빈은[2] 무조건 편안한 마음이 되어야 한다고 스스로 다짐했다. 택시는 넓은 길의 끝쯤에서 방향을 틀었다. 그러고는 온통 알루미늄으로 만든 듯한, 대기업 본사 사옥 같은 곳에 정빈을 내려주었다.

---

1) 『독신』은 소설 『그들 81학번』의 연작 소설이다. 80년대 격변기를 지나온 '386세대'의 후일담 형식으로 그들의 세상 적응 과정, 가정과 애정관 등을 다뤘다. 소위 '비련의 여주인공'인 예인의 처지와 소설의 주요 소재인 우울증 문제를 함께 다루느라 이 장에선 다분히 지루하고 건조한 내용이 이어진다.

2) 서른이 훌쩍 넘은 '정빈'은 여전히 독신인 채, 권우와의 결혼 생활이 파탄 난 예인의 만성 우울증을 누구보다 잘 알고 있다. 홀로 된 예인의 후견인이 되어 그녀의 상처를 안타까워한다.

'먼저 전화부터 하고 올라와야 해. 여긴….'

예인이 미안해하는 목소리로 병실 찾아오는 절차를 알려주었었다.

"저어, 내일 퇴원하는 한예인 환자 가족인데요."

"아, 네, 잠깐만 기다려 주실래요? 확인해 드릴게요."

빨간 카드식 공중전화기 속의 간호사가 차트를 찾고 있는 듯, 조금 긴 시간을 끌었다. 간호사의 유난히 밝은 목소리가[3] 정빈이 내내 달고 왔던 불안과 이유 모를 짜증을 조금은 날려 보내는 것도 같았다.[4]

'그래도 병원일 뿐이야.'

정빈은 호텔 로비처럼 아늑하고 정갈한 병원 안을 곁눈질하며 한 번 더 마음을 다잡았다.

~~'배가 난파돼도 여자와 애들부터 구명보트에 태우고, 불이 나도 여자 우선이다. 그런데 왜 이렇게 여자들이 불행에 떨며 길거리를 헤매고 돌아다니게 만드냐.'~~

---

3) '유난히'를 '의외로'로 바꾸기 위해 글의 순서를 조정했다. '의외로 밝은 간호사의 목소리가'가 됐다. 간호사들은 보통 '밝은 목소리'를 띨 텐데도 '유난히'와 '의외로' 같은 것을 넣어 강조하는 건, 정빈의 심리 상태와 대비하는 효과가 있겠다.

4) 이런 식으로 왜 정빈이 불안하고 짜증이 났는지 미리 나타낼 필요는 없다. 픽션은 제1의가 '궁금하고', '느닷없고', '놀라워야' 한다. 그것이 재미를 더하고 주제에도 효과적으로 다가갈 수 있는 빠른 방법이다.

~~정빈이 다시 조급해졌다.~~⁵⁾

"아휴! 죄송해요. 네에, 수납 로비를 바로 보시고 왼쪽으로 좀 가시면 입원실용 엘리베이터가 있어요. 거기서 15층, 15E 병동으로 올라오셔서 인터폰 하실래요? 15E라는 건, 이스트, 동쪽 병동이란 뜻이에요. 아셨죠?"⁶⁾

15층에 올라가면 예인이보다 그 간호사부터 찾아봐야겠다는 생각마저 들 정도로 친절한 간호사였다. 정빈의 마음이 한 뼘쯤 ~~다시~~ 따뜻해졌다.⁷⁾

고속 엘리베이터로 15층에 오르자, 정말 15E와 15W 쪽 화살표 표지판이 서로 반대편을 가리키고 있었다. 그 갈림길에서 E 쪽으로 향하자, 확 트인 반대편의 W 쪽과는 달리 금세 육중한 철문이 정빈을 가로막아 섰다.

얼굴이 그대로 비칠 정도로 잘 마감된 밝은색 철문이었다. 어김없이

---

5) 군더더기다. 주제에 너무 손쉽게 다가가는 표현이나 힌트는 금물이다. 픽션 작가는 장르를 불문하고 항상 '추리 소설'을 쓰고 있다고 마음먹어야 한다. 궁금증을 부르고 하나하나씩 문제를 풀어나가는 자세가 그것이다.

6) 필자의 경험으로 사실성을 더하고자 했다. 병원 사정을 잘 묘사하기 위해 매번 입원할 수는 없다. 그렇지만 다른 일로 문병했을 때라도 병원 분위기를 잘 관찰해 두면 다 유용하게 쓰인다. 관찰력은 메모, 자료에 못지않게 중요하다. 독자들이 '저건 작가의 실제 이야기일 거야.' 하고 믿을 정도가 되어야 성공적이다.

7) 정확한 의미 전달을 위해 '다시'를 빼야 한다. '다시'는 정빈이 이전에도 마음이 따뜻했었다는 뜻이 되므로 내용상 크게 어긋난다. 병원에 오기 전에는 마음이 무거웠음을 표현해야 한다. 문장이나 단어는 잘 살펴 요모조모 조합해 보면 여러 가지 뜻으로 다채로워질 수가 있다. 글쓰기로 놀이를 할 수 있다.

'격리'를 뜻하는 표시물이기도 했다. 통로와 병동을 가로막고 있는 두 짝의 위압스러운 철문, 그리고 거기에 겨우 끼워 넣은 듯한 두터운 유리창이 빼꼼히 안쪽의 모습을 꺼내 보여주었다. 조금 따뜻해져 가던 정빈의 기분이 그 철문으로 인해 여지없이 시커메졌다.[8)]

인터폰 벨을 누르자 흰 가운을 입은 젊은 남자 하나가 좁은 유리창 안에서 얼굴을 내보였다. 그가 챠트 같은 걸 들고 정빈의 존재를 확인했고, '쩡!' 하는 소리와 함께 철문이 열렸다. 안쪽에 들어서며 뒤돌아본 철문은 마치 '피터 팬의 모험'에 나오는 쿡 선장이 돌리는 '조타키' 같았다. 아니면 시중 은행 본점의 대형 금고를 개폐하는 잠금장치 같은 모양을 하고 있었다.[9)]

삼각형 꼴로 한 바퀴를 돌게 되어 있는 중앙 통로 난간에서 내려다보면 병원의 모든 층이 관통해 있었다. 그리고 고층의 복도에서 아찔하게 내려다보이는 맨 아래쪽 중앙 화단은 남산의 특급호텔 정원마냥

---

8) 사물이나 주변을 세밀하게 묘사함으로써 인물의 의식을 따라갈 수 있다. 정빈의 어두운 마음이 시커먼 철문의 존재로 표현됐다. 그리고 의식의 흐름을 따라가기 위해서는 정밀한 세부 묘사가 뒷받침돼야 한다. 평범하고 불친절한 것들로는 독자를 꾈 수 없다.

9) 범죄물을 쓰기 위해 교도소를 드나들 필요는 없다. 필자가 시중 은행 본점 대형 금고를 본 적은 없었고, 영화나 드라마 같은 데서 본 기억을 끌어다가 상상해 본 것. 이런 일도 억지로 꿰맞춘 것이라고 하기보다는 '보이지 않는 손'이 제멋대로 상상력을 물어오는 경우가 많다. 그리고 꼭 경험이 많아야 소설을 쓰는 데 유리한 것도 아니다. 경험이 적더라도 창의력과 상상력이 풍부하고 감수성이 예민하면 된다. 다만 여기서 병원을 묘사한 부분은 작가가 직접 경험한 것이어서 상상력보다는 기억력이나 묘사 능력이 더 필요했다.

잘 꾸며져 있었다.10)

쿡 선장이나 은행 본점의 '키'와, 일본식으로 깨끗하고 담백한 1층 중앙 정원. 그리고 무뚝뚝해 보이는 남자 안내인과 데스크의 친절한 여간호사들. 그런 따위가 빚어내는 묘한 불일치가 정빈의 예민한 마음을 짓눌렀다.

복도를 따라 거의 반 바퀴 이상을 돌아가서야 '한예인'이라는 이름표가 붙은 방이 있었다.11)

"미안해…. 정빈 씨."

남자 안내인을 따라 병실 문을 들어서니 화장기 없는 예인이 부끄러운 듯 고개를 한번 끄덕여 보였다. 입가엔 밝은 웃음기까지 만들고 있었다. 예인은 옅은 상아색 바탕에 길게 초록색 병원 로고가 새겨진 환자 가운을 입고 있었다. 가운은 금방이라도 풀을 먹여 다려 입은 듯, 창밖 햇살까지 머금은 듯해서 더없이 단아한 실루엣을 이루었다.

예인은 누워 있었던 표시로 뒷머리만 조금 부풀어 있을 뿐, 마치 대학

---

10) 여기서는 온전히 상상력이 필요했다. 남산의 호텔 몇몇은 가봤으나 중앙 정원이 있는지, 어떻게 꾸며져 있는지는 오롯이 상상에 맡겨 유추할 수밖에 없었다. 사소한 경험이 쌓이고 세심히 관찰하는 습관을 기르면 자연스레 상상력도 풍부해진다. 폭넓은 경험이 상상력을 만들기도 하지만, 또 묘사력이 뛰어나야 설득력도 생긴다. 글을 쓰며 이 정도의 묘사로 독자들을 속일 수 있을까를 늘 점검해 봐야 한다.

11) '~이름표가 눈에 들어왔다.'로 고치자. '한예인', '이름표', '붙은 방'으로 산만하다. 문장은 짧고 담백할수록 제값을 한다.

로 카페에 먼저 도착해 기다리고 있는 연애 중의 여자처럼 보였다. [12]

정빈을 안내해 온 남자가 마치 팁을 기다리는 '호텔 벨보이'처럼 뚱한 얼굴을 하고 그대로 서 있었다.

"선생님이 허락하셨어요. 내일 아침 퇴원도 하구요."[13]

~~예인이 볼멘 목소리로 '벨보이'에게 말했다.~~[14]

"오래 계시면 안 됩니다. 다른 환자들에게 영향을 미치니까요."

계속 정빈을 훑어보던 '벨보이'가 그제야 ~~무뚝뚝하게~~[15] 한마디 뱉으며 방문을 나섰다.

"여기 들어와서 제일 먼저 압수당한 게 뭔지 알아? 정빈 씨?"

"전화 카드야."

"여기선 전화 통화, 외출, 면회 같은 걸로 사람들을 통제한대. 정빈 씨."

예인이 마치 정빈과 다른 친구 면회에 따라나선 사람처럼 발랄하게 말했다.

"무슨 말인지 잘 모르겠지? 정빈 씨?"

"……히스테리 사감 있는 여학교 기숙사 같은 거야?"

병동에 들어서며 마음에 걸렸던 쿡 선장의 '키'가 계속 떠올랐지만,

---

12) 입원해 있지만 연애할 때처럼 단정했다는 표현이었는데 '연애 중의'이라도 첨가하지 않았더라면 좀 애매했을 뻔했다. '카페에 먼저 도착해 기다리면' '뒷머리가 부풀어 오르는 것'도 아니다.

13) 정신과 병동의 외부인 면회 같은 것은 엄격히 통제된다. 독방 폐쇄 병실은 아니라는 점, 보통 가족의 경우에만 해당하는 면회 규정이 느슨하게 짜여 있다는 점 등은 예인이 곧 퇴원할 것임을 알린다.

14) 빼도 된다. 경제성에 어긋난다. 예인은 당연히 볼멘 목소리였을 것이다.

15) '무뚝뚝하게'도 사족이다. 병원 '벨보이'는 대부분 무뚝뚝할 듯하다. 정신과 병동의 남자 보호사까지 상냥하기를 기대하기는 무리일 것이다.

정빈은 그래도 의외로 밝아 보이는 예인의 기분에 맞추려고 노력했다.

"맞어! 맞어! 정빈 씨!"

예인이 처음으로 살짝 고개를 젖히며 웃었다.

"앉아, 좀 눕든지…."

정빈이 예인의 팔을 잡아 침대 가로 이끌었다.

"죽을병 아니라니까? 그냥, 뭐랄까? 가벼운 폐결핵으로 요양하는 문학소녀 정도야, 여기서…."

"요즘도 폐결핵으로 죽는 사람, 수도 없이 많다는 거 몰라?"[16)]

정빈이 정말 문학에 빠지고 결핵을 앓는 막내 여동생 나무라듯, 억지로 예인을 침대로 데려가 눕혔다.

"…괜히 약을 좀 많이 먹어가지고…. 세척하고 나서…. 입원이라도 며칠 하는 게 어떠냐고 하길래, 별생각 없이…. 정신과가 병실이 많이 남아서 그랬나…? 아무튼 그러다가 괜히 이런 생고생 하고 있는 중이야."

~~예인이 허둥지둥 감정의 기복을 드러냈다.~~[17)]

"위 세척까지 했다면서 생고생은 무슨!"

---

16) 결핵의 실태를 찾아본 적이 있는데 굉장히 의아해했던 부분이다. 이런 착상도 교묘하게 준비해 둔 것이라기보다는 숨 가쁘게 원고를 써가는 동안 저절로 떠올랐다. 글은 무의식 없이는 쓰기 어렵다. 무의식은 정연하게 보관되어 있다가 제 순서가 되면 어김없이 꺼내 쓸 수 있는 방송국 소품 창고 같을 때가 많다. 오래전의 건강검진 때 가볍게 결핵이 지나간 자국이 있다고 해서 자료를 찾아봤던 작가의 사례에 무의식이 오롯이 작용했을 수도 있다.

17) 작가가 불필요하게 개입하거나 간섭하고 있다. 인물의 감정을 섣불리 설명하려 해선 안 된다. 의식의 흐름은 분위기나 주변 상황으로 묘사해야 한다. 예인의 감정 기복은 배경이나 대화로 이미 충분히 나타나고 있다.

"…괜찮대두."

예인이 꾸지람 듣는 아이처럼 금세 기어들어 가는 소리를 냈다.

"정말, 이제 괜찮은 거야?"

"내일 퇴원한다니깐 글쎄?"

"나, 참…."

정빈이 처음으로 지나가는 헛웃음을 흘렸다.

"정빈 씨, 그런데…. 거기 그렇게 서 있지만 말고, 여기와 좀 걸터앉아 주면… 안 돼?"

예인이 정빈의 웃음을 훔친 듯, 다시 어리광 부리는 아이로 돌아갔다. 정빈의 가슴에 병실을 들어설 때와 똑같은, 싸아한 아픔이 밀려왔다.

"아, 글쎄, 죽을 날 받아 놓고 이젠 집으로 모시고 가십시오, 그러는 퇴원 같은 거 아니냐고. 내 말은…."

정빈이 엉거주춤 예인의 침대에 다가가 한쪽 엉덩이를 걸치며 말했다.

"도대체 병원이란 데가 무슨 놈의 약을…."

정빈이 예인의 해쓱한 얼굴을 애써 피한 채, 손을 그녀의 이마로 가져가 지긋이 짚었다. 예인이 살짝 눈을 감았다.[18]

"아니…. 라니까 글쎄…."

---

18) 행동 묘사가 엉망이다. 형, 부사도 천덕꾸러기처럼 요령부득으로 매달려 있다. '정빈이 해쓱한 예인의 이마를 짚었다. 예인이 살짝 눈을 감았다.' 정도로 해두자.

예인의 말과는 달리, 그녀의 눈가에 맑고 투명한 물빛이 비쳤다.[19]

"밥 먹고 한 봉지만 먹으면 그럭저럭 되는데 잠이 안 와…. 아무 일도 없는데…. 그냥 도무지 잠이 안 오는 거야. 그래, 두 봉지 먹고…. 또…."[20]

우울증 약은 수면제와는 다르다. 우선은 잠부터 자게 만들기는 한다. 잠 못 자서 무의식이 제멋대로 사람을 헤집고 다니는 걸 우선 막고 보는 게 정신과에서 쓰는 약이다. 그러나 그런 게 무조건 잠만 자게 하는 수면제 역할만 하는 게 아니라, 항우울이나 항불안제 같은 것임을 정빈은 잘 안다.[21]

어떤 단위의 어떤 약을 먹었는지는 모르나, 하여튼 충분히 수면제 먹고 자살을 기도한 사람처럼 보인 게 분명했다. 정빈은 그렇게 추정했다.

---

19) 대사마다 꼭 지문이 따를 필요는 없다. 정빈과 예인의 아련한 관계와 기묘한 병원 묘사를 위해 어쩔 수 없었다고 해도, 영화 시나리오처럼 지문이 너무 밭게 붙어 있다. 똑같은 인물과 배경도 단조롭기만 하다. 전체 소설 속의 이 장은 잔잔하게 두 사람의 대화로만 채우자고 처음부터 마음먹었기 때문이기는 하다.

20) 예인이 수면제만 먹었는지 항우울제를 함께 먹었는지는 묘사되어 있지 않다. 아무리 세부 묘사가 중요해도 소설이 굳이 의과대 전공 서적일 필요는 없다. 요사이는 향정신성 약품들이 발전해 부작용이 거의 없다고는 하지만, 사람 체질에 따라 모두 그 적용이 다르다. 작가는 전문 지식 없이 어설프게 아는 척을 해선 안 되며, 독자도 픽션 작가의 글을 너무 믿어서는 안 된다고 하겠다.

21) 그래도 병증과 같은 예민한 부분을 묘사할 땐 논픽션을 쓰는 자세로 치밀하게 취재하고 공부해야 한다. 소설 쓰기는 엄청난 인내심과 치열성이 있어야 하는 극한의 작업이다. 범죄 장면 한 쪽을 쓰기 위해 미국 드라마 CSI 시리즈물 전 회를 거듭 시청했다는 작가도 있다. 그들이 그냥 시간이 남아도는 사람은 아닐 것이다.

예인이 혼자 몸이 되고, 그렇게 몇 년을 지내 왔다. 그런 예인을 언제나 애틋해하고 마냥 그리워하는 정빈의 고통이 존재한다. 그리고 그곳 정빈의 가슴속엔 예인의 병에 관한 자신의 연구까지도 분명히 포함돼 있다고 생각했다. ~~부모 병환 나면 집에 있는 낡은 가정 의학 전집부터, 책방의 '말기 암, 이렇게 완치했다'까지 닥치는 대로 찾아 읽고 나서는 기특한 자식처럼.~~[22] ~~정빈은 진심이었다.~~[23]

'예인의 우울증에 대해선 내가 제일 잘 안다.'

정빈은 확신하고 있었다. 그리고 예인이 우울증 같은 못된 친구와 오랫동안 사귀고 있고, 왜 또 그런 친구와의 관계를 끊지 못하는지도 잘 알고 있다고 믿는 게 정빈이었다.

"…글쎄 아니라니까 정빈 씨…. 난 그냥 며칠, 호텔이나 콘도 같은 데서 조용히 푹 쉬는, 그런 걸로만 알고…. 하루 이틀 지나고 약 먹고 그러고 나니까 또 금방 호텔이나 콘도처럼 되었고…. 간호사들도 친절하고…. 그냥 일주일 정도 가는 마음의 감기야, 감기….[24] 잘 알잖아? 정빈 씨."

---

[22] 잔잔한 글의 기조를 저해하는 표현 과잉이다. 친절한 묘사라 해도 값싼 만담이 되어서는 곤란하다.

[23] 모든 인물의 감정 상태는 상황이나 묘사로 설정해야 자연스럽다. 정빈이 진심인 것은 이미 앞뒤에서 충분히 표현되고 있다. 반복이기도 하고 이런 주제넘은 부분은 여지없이 내쳐야 한다.

[24] 흔히 알고 있는 '우울증은 마음의 감기'라는 표현처럼 악질적인 구호도 없다. 지독한 병증을 과소평가하고 희화화시키기까지 한다. 가벼운 경우도 많지만, 보통 이 병은 감기 정도가 아니라, 극심할 때는 죽음에도 이르게 하는 '악성 폐렴'보다 위선적이고 고질적이다. 환자 본인이나 주변의 올바른 인식 정립이 무엇보다 필요한 대목이다.

"…잠에서 깨어나. 눈뜨는 것조차 힘겨워하던 첫날 밤에…. 회진 의사였던가 봐, 정빈 씨…. 아주 젊은 여의사였는데…."

정빈의 애틋한 마음을 알기라도 하듯, 한참 가만히 있던 예인이 나지막하게 화제를 돌렸다.

"나이, 이름, 부모, 가족, 다닌 학교, 뭐, 그렇게 볼펜으로 차트에 도표까지 그려 가며, 또…. 집안 병력, 집안에 간질이나 폐환자가 있는지…. 묻고 또 묻고, 난 또 누워서 그냥 힘대로 대답하고 그랬는데…."

정빈이 안타까운 마음을 애써 억누르며 입술을 한번 베어 물었다.

"그러다가…. 부부생활은요? 그래…."

"아주 젊은 여의산데…. 인턴이나 레지던트였나? 그래서 내가 무슨 대답을 해야 하나…. 그러고 있는데 남편과의 섹스, 성생활 말이에요, 그랬어…. 정빈 씨."

예인이 조금 부끄러운 듯, 허탈한 듯, 미소를 만들어 보였다.

"별…."

정빈도 웃는 것도, 웃지 않은 것도 아닌 표정으로 그냥 '별….' 소리만 했다.

"눈 하나 돌리기도 귀찮아하는 사람한테…. 내과, 외과, 정형외과엘 입원해도 그런 걸 물을까? 정빈 씨?"

"내가 이 병원 원장인가?"

"문필가라며? 대학교 선생님이시고…."

예인이 중간중간 웃음거리를 만들고 싶어 하는 것 같았다.

"우리 담당 의사 선생님은 회진 올 때마다 '뭘, 우울증, 폐소공포니, 공황이니 뭐니 그런 건 다 인간하곤 친척 간인 게요. 어서 나가서 운동장 한 바퀴 돌면 좋아져!'[25] 하면서 자꾸 날 쫓아내려고만 했어…. 이 병원과는 사이가 좋지 않은 쪽이신가 봐 그치? 정빈 씨?"

'이 여자와 언제까지 이렇게 마주 앉아 있어야 하나?'

예인이 조금씩 밝아져 보이자, 정빈의 애틋한 마음이 다시 보풀어 올랐다.

예인의 병은, 우선 말을 많이 하는 게 좋은 일이다.

"정말 이번에도, 정말…. 거짓말처럼 이러기 시작했어. 정빈 씨…."[26]

말하기 시작한다는 건 폐병 환자의 기침이 멎기 시작하는 것과 같은, 증상의 분명한 호전을 의미한다. 그래서 정신과 의사들은 고해성사를 들어주는 사제와도 같다고 했다. 병원을 향할 때나 예인의 병실을 들어서면서, 그리고 예인의 얼굴을 보는 순간까지 열두 번도 엇바뀌던 정빈의 마음이 보일 듯 말 듯 조금씩 밝아졌다.[27]

---

25) 우울증에서 체력과 운동이 필요한 부분도 있지만, 근본적으로 잘못된 사실이다. 간혹 자격 미달의 의사도 있긴 하겠지만, 제대로 된 의사라면 절대 이런 말을 하지 않는다. 우울증류의 신경증은 결코 심인성에서만 오는 게 아니다. 주변 사람들은 심약한 사람들만의 병으로 호도하여 당사자들의 고통을 더 악화시킨다. 무책임하고 무지해서다.

26) 우울 땐 거의 한마디 말도 내뱉기 힘들어하지만, 또 어느 때는 누구보다 많은 말을 쏟아내기도 한다. 주로 자신의 고통을 호소할 때다. 이때가 병세의 분기점이기도 한데, 잘 들어주는 사람의 역할이 어느 때보다 크다.

27) 이 소설은 처음부터 두 가지 어려운 문제를 다루어 보겠다는 동기로 쓰였다. 하나는 사랑, 그리고 두 번째가, 이 역시 난치인 우울증 문제다. 전자는 필자가 자신 없어 하던 분야여서 알고자 하는 의욕이 앞섰고, 우울증 문제는 필자가 가장 잘 알고 있다고 자신한 분야였다. 그러나 결국 이 두 가지 난마 같은 주제를 만족스럽게 다루지 못해 끝내 좌초하고만 '우울한' 소설이 되고 말았다.

손바닥 소설
시와 『설국』의 사이쯤

"국경의 긴 터널을 빠져나오자, 눈의 나라였다. 밤의 밑바닥이 하얘졌다."로 시작되는 『설국』의 가와바타 야스나리가 '손바닥 소설(掌篇)'의 장인인지는 잘 모르는 경우가 많다. 『설국』도 여러 손바닥 소설로 묶인 연작이라 할 수 있다. 『설국』의 황홀하고 감각적인 표현들이 다 거기서 나왔다. 가와바타는 우리를, 시공간을 초월한 거대하고 무한한 상상력의 세상으로 안내했다.

짧기만 한 길이의 허구에 담긴 깊은 실존, 인간성에 가닿는 예리한 심리, 이것이 손바닥 소설의 정체이다. 나뭇잎 한 장에 다 적을 수 있다는 의미에서 '엽편(葉片) 소설'이라고도 하고, 영미권에서는 '플래시 스토리(Flash Story)'라고도 한다.

보통 원고지 70~150매 정도인 단편 소설에 비해, 손바닥 소설은 많아야 20~30매, A4용지 1~2매 정도의 초미니 픽션이다. 분량이 적기 때문에 서사 구조를 다 갖춘 본격 소설과는 다르다. 하지만 짧고 함축적인 표현과 무한한 상상력을 통해 정통 소설과는 또 다른, 어찌 보면 더 깊은 창조 작업을 가능케 한다. 간결성, 다양성, 신속성, 독자와 작가 사이의 긴밀성 등을 손꼽을 수 있는 것이 손바닥 소설의 특징이다.

손바닥 소설은 특히 글쓰기의 호흡이 갈수록 빨라지고, 간결해지는 오늘의 추세에서, '인터넷 시대의 문예 장르'로 자리매김하여 확산하는 중이다. 굳이 비유하자면, 일본의 '하이쿠'와 같은 짙은 여운의 시와, 『설국』의 극단적 미학, 그 중간쯤 되는 '미니 픽션', '세미소설'이다.

나는 여러 글쓰기 중에서 단편 소설 쓰기가 특히 어려웠다. 장편보다 구조나 체계가 훨씬 정교하고 엄격해야 하기 때문이다. 10편 정도의 단편 습작품이 있기는 하지만 내세우기가 부끄럽다. 그래서 장편을 쓰기 전에 이 '장편(掌篇)'에서부터 시작했다. 시심(詩心)에 기울기를 좋아하고, 간결한 감성 표현에 경도된 특유의 심상 때문이기도 했다.

글을 잘 쓰고 싶으면서도 픽션, 소설의 강에 흠뻑 빠지고 싶은 지망생들은 손바닥 소설에서부터 시작하면 좋겠다. 요즘은 '초단편 소설'이라는 더 짧은 장르도 그 범위를 넓히고 있다.

A4 한두 장이라는 짧은 분량은 누구나 쓸 수 있고 시간, 장소의 제한도 거의 없다. 좀 긴 시 한 편 쓰듯, 전철 안에서 초고를 쓰고 그날 저녁에 완성할 수 있어, 매일매일 어엿한 소설가가 되는 길이다.

블로그 같은 SNS 활동을 오래 하거나 여타 산문 습작을 꾸준히 하다 보면 이내, 창조 작업이 갈급해지는 지경이 찾아온다. 내 속내를 어엿한 창작품으로 만들고 싶다는 강렬한 욕구이다. 이때는 마음 다잡고 그냥 쓰면 된다. 소설을 말이다. 자신의 길고 특별한 이야기를 픽션의 얼굴로 빚어 이 세상에 선보이고 싶다면 우선 손바닥 만 한 분량으로도 충분하다. 또 그 무대도 블로그처럼 손쉬운 SNS 공간에서 출발하면 된다. 시의 확장이고 일기나 편지의 연장일 뿐이다.

처음엔 '나'로부터 시작해서 내 주변부터 하나씩 하나씩 범위를 넓혀가면 된다. 허구는, 진실을 나타내는 솔직한 도구이고, 어찌 보면 현실보다 더 정직할 때도 있다. 더 진지하게 가슴을 두드릴 수 있기 때문이다. 광활한 허구의 세계를 손바닥 소설이라는 짧지만, 강단 있는 형식으로 창조하자. 이것마저 번거롭고 어렵다면, 글 하나로 크고 작은 우주를 품는 그 가슴 설레는 일은 영영 이룰 수 없다.

〈손바닥 소설 – 내 글 고치기〉

어떤 헌신[1]

아내는 제 아버지의 얼굴을 모른다. 늦둥이를 낳고 (청상어 판) 홀로된[2] 할머니 같은 어머니 손에 자랐다. 애들이 다 크고 난 후에도 계속 나를

---

1) 당연히 이 글은 픽션이다. '장편(掌篇), 손바닥 소설'은 수필이나 일반 단상과 혼동할 수 있다. 그래서 독자들은 작가가 여러 장치로 위장해 놓았다고 해도, 흔히 글쓴이 본인의 이야기나 회고담인 줄 알기가 일쑤다. 픽션에서 작가와 주인공의 동일시는 늘 오해를 낳는다. 예민한 작가 중에는 아예 머리말에 작가와 등장인물은 동일 인물이 아니라고 누누이 새기기까지 한다. 픽션이 결국은 작가 본인의 이야기임에는 분명하다. 그러나 작가들은, 자기 작품이 고향에서나 친지들로부터 너무 많이 불필요한 오해를 낳는다고 진저리를 친다.

2) '청상(靑孀)'은 젊어서 된 과부를 말하는데, 초고에선 '늦둥이를 낳고 청상이 된'으로 써놓았다가 다급히 바로잡았다. 입에 붙은 대로 뱉었던 모양이다. '청상'과 그냥 과부의 차이를 몰랐거나, 은연중 비슷하게 알아왔던 무의식이 떡하니 낯 뜨거운 오류를 낳을 뻔했다. 청상에 출산했으면 '할머니 같은 어머니'일 리가 없다. 공중으로 날아가는 말과 달리, 글은 주의하지 않으면 사람을 오랫동안 우습게 만들기도 한다.

아빠, 아빠하고 불렀는데 난 그것도 늘 못마땅했다.

　우리는 동갑내기. 나이 일흔을 이태째 넘기던 해 초겨울, 아내가 쓰러졌다.[3] 스산한 바람이 이리저리 볼썽사납게 몰려다니고, 습관처럼 내가 이런 겨울을 몇 번이나 더 맞을 수 있을까, 허허로운 감상에 젖어 있을 때였다.

　가학의 끝과도 같은 뇌졸중.[4] 참 모질고 쓸쓸한 병이다. 병도 하늘이 만들었다면 아마 가장 지독하게 고안해 놓은 장치다. 사람의 육신과 영혼을 거의 정확히[5] 절반만 빼앗고 나머지는 개평처럼 던져주는 천형. 그 형벌이 아내에게 내렸다니 이게 무슨 처사인가.

　어떨 땐 제 손자도 몰라보는 듯 쌀쌀맞게 굴다가도, 또 금세 히죽히죽 웃는 병이다. 몸도 반만 운신하고 입술도, 눈도 한쪽만 처지게 한다. 짝 손으로 입이 터져라 밥을 퍼먹게 하고, 한두 마디만 겨우 말해 놓고 눈물부터 앞세우는 병, 보는 이들의 마음을 헤집어 놓는다. 참 해괴하고 가슴 아픈 병이다.

　의식을 놓고 있던 아내가 눈을 뜬 것은 쓰러진 지 막 열흘이 지나서였

---

3) 　처음에는 이 문단을 첫 문장으로 썼다가 조금이라도 더 '느닷없고', '호기심을 부르는' 문장으로 순서를 바꿨다. 글의 첫 문장과 마지막 문장은 결정적으로 중요하다. 열 번을 고치더라도 참신하고 낯설어야 한다.

4) 　뇌졸중은 그 절망적 병증으로 인해 많은 문학 장르에서 다뤄진다. 그러니 마냥 과도하게 덧칠할 필요는 없다. 장편(長篇)과 달리 원고의 분량도 턱없이 부족하다. 열 페이지를 한두 줄로 압축하는 절제미가 몸에 배야 한다.

5) 　'거의'와 '정확히'가 함께 쓰였다. 소리 내어 읽어봐도 정확히 비문이다. 둘 중 하나를 빼야 한다. 반신불수, 편측마비를 말하는, 뇌 질환의 치명적 증세 중 하나다.

다.[6] 시간이 많이 흐른 후 더듬더듬 그날을 떠올려 주었다. 돌아가신 장모가 꿈결에 나타나 집 마당에 들어서서는 "영애야! 영애야!" 하고 큰 소리로 세 번이나 부르더라고 했다. 아내는 그 고함에 놀라 벌떡 깨어났다고 했다. 나는 마침 그 자리에 없었지만, 시체 같던 애미의 입에 허연 쌀뜨물 같은 한약을 떠넘기던 딸애가 약사발을 놓칠 정도였다고 했다.[7]

평생을 한결같이 철없던 남편이었다. 나란 사람은 만일 집에 불이 나도 물 한 동이 길어 와 퍼부을 줄도 모르는 사람이다.[8] 일생을 하루같이 꿈만 꾸며, 세상 사는 일, 애들 시집, 장가보내는 일, 이 모든 게 아내의 몫이었다. ~~나를 위해 태어난 사람.~~[9] 그러나 나는 그런 그녀를

---

6) 긴 장편 소설처럼 이것저것 알뜰하게 취재해서 소개할 필요는 없지만 짧은 글이라고 사실관계에서 어긋나선 안 된다. 필자가 대학 시절 겪었던 선친의 사례를 모티프로 하여 최대한 사실적이기를 바랐다.

7) 세부 묘사는 구체적 일화를 장치하면 독자들을 더 잘 설득할 수 있다. 작가는 잦게 의사가 되고 기꺼이 불치의 환자도 되며, 중풍 든 장인, 장모도 여럿 두고 있는 사람이다. 독자들은 전지전능한 작가의 그런 특권을 부러워할지도 모르지만, 가끔은 너무하다고 생각하거나 힘들겠다고 동정하기도 할 것이다.

8) 고 김윤식 서울대 교수가 쓴 글에서 읽었던 구절을 기억해 옮겨보았다. 그러나 김 교수의 표현을 노트에 잘 모셔놓았다가 제때 찾아낸 것은 아니다. 어딘가에서 읽었던 사금 가루 같은 기억의 편린들이 저 스스로 알맞은 위치에 가서 자리를 꿰찬 것일 뿐이다. 이 또한 메모나 의식은 절대 따라올 수 없는 무의식의 영역이다.

9) 페미니스트들의 항의 때문만이 아니더라도, 주제가 너무 나서서는 곤란하다. 버리는 게 옳다. 다른 많은 글쓰기도 그렇지만, 주제가 너무 앞에 드러나거나 자주 비치면 글의 재미가 반감된다. 후반부로 갈수록 주제가 변형되거나 과장되는 결과를 빚을 수도 있다. 주제는 소재, 배경, 묘사 등을 통해 집약되어 어슴푸레 떠올라야 한다.

살갑지 않다고 두고두고 마뜩잖아했다. 늘 웃음기도 없이 남자보다 말수가 더 적다고 정색하며 눈 흘기기가 받아온 밥공기 수보다 많았다.

아내는 무던히도 참아 주었다. 내가 아플 땐 밤을 새워 곁을 지켰고, 한때 어쭙잖게도 내게 여자가 생겼을 때조차 한 끼 밥 거르는 걸로 지나가 주었다. 세월이 어찌 그녀만 피해 갔을까. 자신의 상처는 혼자 우걱우걱 삼켰을 그녀, 아버지 같은 남자를 원했을 텐데 막내아들보다 변변치 못한 지아비를 만났다.

벚꽃에 파묻힌 대학병원의 뒤뜰, 저마다 감당 못 할 봄기운에 저 스스로 몸서리치는 향연을 펼치고 있었다.[10] 아내가 탄 휠체어를 밀며 느릿느릿 걸음을 옮기는 어느 한순간에도, 나는 그녀를 위해 아무것도 해줄 게 없다.

담당의는 늘 기다려 보자고만 했다. 줄기세포를 이용한 새 치료법 같은 게 임상 중이라고도 했다. 하지만 벌써 10년 전부터 해오고 있다는 그 실험이라는 것, 나날이 굳어가는 아내의 얼굴만큼이나 무상했다.

내세운 치료법이란 게 고속도로가 막히면 국도를 늘이는 식으로 뇌혈관을 달리 도모해 보는 것이라지만 다시 머리를 헤집어야 하는 수술이라고도 했다.[11]

---

10) 텍스트라는 본질의 한계를 느끼며 나름대로 표현해 보았지만, 전체 글의 배경이 되는 초봄의 아련한 분위기를 묘사하기에는 역부족이었다. 좀 더 시간을 두고 창의력을 발휘했어야 했다.

11) 오래전 기준이다. 이미 어느 정도 '고속도로'가 열렸을지도 모르는 일이다. 아무리 전능한 작가라도 시간을 이어가며 사실성을 유지할 길은 없다. 퇴고 땐 신중히 처리해야겠지만 글의 생산 연도를 잘 참작해 읽는 일은 독자의 몫이다.

아내는 어눌한 발음으로 정색했다. 참 좋은 세월 살아왔다고, 여생 이대로도 좋다고 했다.

아내가 쓰러졌을 때도 나는 울어주지 못했다. 눈물이 나오질 않았다. 왜 그랬을까. 평생 내 곁에서 나만 지켜줄 여자가 쓰러지고 나만 이렇게 번듯하게 서 있게 되리라는 것을 믿을 수가 없었다. ~~평생 딱 한 번 내 몸 전체를 쏟아 아내를 위해 울어본 적은 있다. 딸애를 낳기 위해 몸부림치는 아내를 차마 못 보고 병원 화장실에 들어가 통곡 한번 했었다. 하느님 저 여자가 산다면 나는 이 자리에서 죽어도 좋습니다.~~[12)]

사랑이란 무엇일까. 평생을 읽고 쓰며 살아온 나도 여태 사랑을 모른다. 내 거짓된 사랑 타령으로 얼마나 많은 독자를 기망했던가. 수많은 주인공에게 오도된 아픔을 주면서 작가만 이렇게 살아남아 있다. ~~(그래도 그날 산부인과에서 쏟았던 눈물만은 내 진정이 아니었을까? 그때의 눈물 하나만을 낡은 양철 훈장처럼 매달고, 나는 감히 그녀를 바라볼 자격이 있는 양 살아왔다)~~ 눈 내리는 날 천둥 치듯 찾아오는 사랑. 사랑을 나는 그냥 그 정도로만 생각하기로 한다.[13)]

---

12) 작가에겐 기억에 남는 경험일지는 몰라도 일반인들 사이에서도 흔히 있을 수 있는 에피소드다. 빼도 의미 전달에 지장이 없으면 깔끔하게 버리고, 보다 특별한 허구를 찾아오는 게 낫다. 픽션은 언제나 보편성보다는 특수성을 추구한다. 사건, 문장, 어휘, 이름, 어느 것 하나라도 특별하고 놀라워야 하며, 반전까지 있어야 한다.

13) 퇴고 때 앞 문장을 들어냈다면, 당연히 뒷부분을 세심히 살펴 조정해야 한다. 뒷 문장에서도 산부인과 에피소드의 흔적을 빼거나 다른 일화로 대체해야 한다. 퇴고는 할수록 고칠 게 많아지는, 가공할 화수분이다. 그리고 사랑 문제는 동서고금의 난제이고 100권짜리 백과사전이다. 손바닥만 한 공간이라는 핑계로 우선 이런 식으로 얽어놓고 빠져나가는 게 상책이다.

아내가 배고프다고 했다. 아내의 처진 한쪽 입가에 달고 다니는 침을 닦아주며 "좀 기다려, 차 가지고 올게." 했다. 아내는 오늘은 그냥 병원에서 사 먹자고 했다. 찬찬히 내려앉는 꽃잎들이 너무 좋단다. 발음은 흐리고 한쪽 입술과 눈은 흐트러졌지만, 그녀는 연방연방 웃었다.

"참 좋다……. 아빠."

뭐가 그리 좋을까, 언제까지, 얼마나 남았을까. 세월을 넘어 이제 내가 이 휠체어 밀어줄 날이 얼마나 더 남았을까, 난 이리도 미안하고 안타까운데. 그녀는 평생 못 만들던 웃음, 때 만난 듯 만들어 훌륭히도 내게 보여주었다.[14]

---

14) 남편의 낯선 헌신, 평생을 이어온 아빠라는 호칭, 웃음기 적은 성품 같은 것들을 결말에서 함께 환기했다. 절정이나 반전은 없지만 잔잔하게 감성을 앞세우고 싶었다. 그리고 어떤 원고는 자꾸 손대기가 싫을 때가 있다. 어디 투고할 원고도 아니었다. 내 깜냥으로는 그 시절 내가 아내를 모티프로 삼을 수 있는 이런 허구 이상을 다시 만들어 내지 못할 것이기 때문이다. 무엇보다 아내에 관한 글편이 적은 나로서는 글을 쓰던 그날의, 날것 그대로의 감성을 간직하고 싶어서이기도 하다. 글 하나를 쓰기 위해 아내를 모진 병에 걸리게 설정한 것도 미안한 일이다. 살아가며 잘하는 것으로 만회하자, 이러고 있다.

수필
삶을 의미화하는 정겨운 장르

"수필은 우리의 삶을 의미화하는 문학이다. 의미화하지 않은 삶은 반복되는 일상일 뿐이다. 생활의 의미화, 그것이 곧 수필이고, 수필이 곧 삶의 철학이 되는 것이다."

— 이정림, 『수필 쓰기』 중에서

　스쳐 지나가는 인생을 의미화하는 일처럼 소중한 일이 어디에 있을까. 흘러가는 시냇물도 그 나아감에 의미가 있는데 하물며 인생임에랴. '하루를 영원처럼 살아가기'를 염원하는 사람들이 참 많다. 하루를 영원처럼 살려면 바로 지금의 순간을 잡으면 된다. 그리고 그 찰나의 순간을 의미화하는 것이 글쓰기이며, 그 정수가 수필이다.
　계간《에세이 21》의 발행인이자 수필가 이정림은, 수필은 우선, '붓 가는 대로 쓰는 글'이 아니라며 정색한다. 시인 김광섭의 산문 「수필문학일고」에서 나온 이 표현은, 수필이 그저 아무렇게만 쓰면 되는 글인 것처럼 가볍게 여겨질 수 있다는 것이다. 어디까지나 '달관과 통찰과 깊은 이해가 인격화된 사람이 자기의 생각을 편안하게 풀어낸다면'이라는 전제가 따라야 한다고 했다.

두 번째, 수필은 '형식이 없는 글'도 아니라고 강조한다. 수필이 형식이 없다는 것은 곧 형식이 다양하다는 것을 뜻한다는 것이다. 완당 김정희는 "난초를 그리는 데에는 법이 있어도 안 되고, 법이 없어도 안 된다(寫蘭有法不可無法亦不可)."고 했다. 수필에는 난초 그리기에 준하는 엄격함이 있다.

수필에 대한 잘못된 개념으로 그 셋째는, 수필은 '신변잡기'도 아니다. 수필의 소재는 우리의 일상생활 속에서 얻어지지만 단순한 그 기록성을 뛰어넘어야 한다. 고전『문장강화』에서 이태준은 "글을 짓는다는 것은 사색하는 공부다."라고 했다. 수필은 어김없는 공부다.

그리고 수필은 문예적인 산문이지만, 시도 소설도 아니며 그렇다고 재미만을 추구하는 것도 아니다. 수필은 허구의 문학이 아니기 때문에 재미없는 인생을 재미있게 그려낼 수는 없다. 하지만 허구에서처럼 원색적이거나 말초적이지 않으며 고유한 품격을 지닌다. "향기가 있되 진하지 않고, 소리가 있되 요란하지 않으며, 아름다움이 있되 천박하지 않은 글, 이것이 바로 수필이다."(위 책『수필 쓰기』에서)

세상에 쉬운 일이란 없다. 가장 만만하고 쉬운 장르가 수필인 줄 알았는데 그렇지 않다는 것이다. 수필은 분명히 어엿한 문학 장르이기 때문일 것이다. 그러나 그런데도 좋은 글쓰기를 향한 첫발은 '수필 쓰기'에서 내디뎌야 한다. 누가 뭐래도 수필은 가장 정겨운 장르이기 때문이다.

수필은 일기, 편지, 감상문, 기행문, 소평론 같은 광범위한 산문 형식을 모두 포함한다. 그리고 모든 문학 형식 가운데 가장 유연하고 융통성 있는 장르임은 틀림없으므로 그만큼 우리가 다가가기 좋은 창조물이다.

　나에게도 가장 정겹고 친근한 장르는 수필이다. 그야말로 천의무봉한 글쓰기가 수필이다. 내가 수필에 깊이 빠지게 된 계기는 고 김소운 선생의 『목근통신』때문이었다. 수필이 줄 수 있는 가장 큰 감흥을 일으키고, 문예창작 면에서도 부족함이 없는 수필 쓰기의 전범으로 꼽는다. 김소운은 오래 일본에 살며 일인들로부터 멸시받던 회한의 민족 운명을 단 한 권의 수필집을 통해 저항하고 고발했다.

　"내 어머니(조국)는 레프라(문둥이)일지도 모릅니다. 그러나 나는 내 어머니를 클레오파트라와 바꾸지 않겠습니다." 그의 글은 수필 문학의 진수를 보여주었고, 여타 장르들이 일으키지 못하는 깊은 감동과 강인한 정신 체계를 마음껏 내뿜었다.

　일본인에 대한 공개장의 형식인 『목근통신』은 가와바타 야스나리의 소개로 일본《중앙공론》지에 소개되어 큰 반향을 일으켰고 한국 수필 문학의 저력을 보여줬다.

　내가 오래전 읽었던 『목근통신』은 노란 표지의 자그마한 '삼성 문화 문고본'이었다. 나는 그날 비로소 수필의 세계에 입문한 것은 물론, 엄청난 힘을 가진 또 하나의 문학 지평을 소개받는 경험을 했다. 수필은 원대한 가슴을 가진, 어김없는 작은 거인이다.

⟨수필 - 내 글 고치기 ①⟩

모질게, 그리고 밉게[1]

~~결혼하고 죽~~[2] 한 아파트에서만 20년째 살고 있다. 딸애 돌잔치를 여기 오자마자 했으니, 애들은 이 동네 원주민이 된다. "얼마나 세상을 다이내믹하지 않게 살았으면 한 아파트에서 이럴까." 하고 풀죽은 척을 하면, 아내는 "세상 얼마나 안정되게 살았나, 감사하라."고 했다.

한강이 눈앞에 보이고 옆에 작은 봉우리까지 둘려 있지만, 밤에 이

---

1) 짧은 수필에서도 제목 달기는 중요하다. 가장 눈에 띄고 낯설게, 그리고 처음부터 궁금증을 끌어내야 한다. 여러 글쓰기 장르에서 독특하고 기발한 제목들이 붙여지는 것은, 결국 자기 글을 더 많이 읽게 하는 유인이고, 본문의 정수를 하나로 압축하는 마법의 각성제이기 때문이기도 하다.

2) 본문도 첫 문장부터 관심을 끌어야 한다. 수필은 픽션 같은 허구의 재미가 덜하기 때문에 도입부가 밋밋할 수도 있다. 그래도 첫 문장이 글 전체와 연결되기만 한다면, 어떤 내용으로라도 흥미나 호기심을 부르는 도입이 되어야 한다. 또 가시적으로도 담백한 문장을 내세우는 게 좋겠다. '결혼하고 죽'이라는 사족을 다는 것보다는, '한 아파트에서만 20년째 살고 있다.'로 바로 시작하는 게 좋겠다. '결혼하고 죽 살았다.'라는 정보는 바로 뒤, '딸아이의 돌잔치~'에서 나온다.

들 경관 앞에서 "와, 야경 참 좋다."고 한 것도 며칠뿐이었다. '달맞이봉 운동'도 2, 3일 정도에 그쳤고, 이런 좋은 입지 조건들은 이내 아무렇게나 내팽개쳐져 버린 싸구려 관광용품 같은 게 되어버렸다. 이런 식으로 하면 세상의 모든 아름다운 것들은 정확히 2, 3일 정도만[3] 그 광채를 발한다.

지금은 8층으로 올라왔지만, 처음엔 같은 동 3층에서 3년을 살았다. 아파트라 이웃끼리의 왕래는 거의 없게 마련이다. 나중에 8층에 올라와서는 인근 대학에서 은퇴하신 정치학과 교수님 앞집에 살았는데, 작고하신 지 석 달이 지나도록 그 사실을 몰랐다. 나중에 사모님께 겸연쩍은 애도의 뜻을 표하니 "그렇게 됐네요." 했다. 죽음이 바로 내 앞집에서 석 달 동안이나 머무르고 있었다.

그나마 3층에 살 때는 아랫집과 왕래가 있었다. 서로 지나다니다가 마주치면 반갑게 인사는 하는 정도였다. 맏아이들이 초등학교 동급생이었다는 인연이 있어서 더 그랬을 것이다.[4] 2층 경숙이네, 우리 애들은 '할아버지 집'이라고 불렀다. 할아버지는 목사 하던 남편을 일찍 여

---

3) '정확히 2, 3일 정도만'도 무지막지한 비문이다. '2, 3일'은 정확하지 않으니, '정확히'는 서둘러 빼야 한다. 퇴고는 많이 할수록 글을 빛낸다. 헤밍웨이는 "모든 초고는 쓰레기다."라고 했다. 『노인과 바다』도 16년 동안이나 고쳐 쓴 결과물이고, 특히 마지막 문단은 백 회 이상 퇴고했다고 한다.

4) '맏아이들이 초등학교 동문이었는데 이번에 다 커서 만났다.'라는 뜻도 되므로 과거형을 현재형으로 바로 잡아야 한다. '동급생이어서 더 그랬을 것이다.'라는 식으로 고쳐야 한다. 시제는 생각보다 까다롭고 엄격해 글의 신뢰성을 좌우한다.

원 딸과 외손녀 둘과 함께 사는데 이미 80은 쉽게 넘겨 보였다.[5]

나도 나이를 먹어가지만, 노인들에 대해 관심이 남다르다. 나도 어쩔 수 없이 가고 있는 길, 내가 앞으로 나이가 더 들면 허리는 얼마나 굽을까, 다리는, 얼굴은, 또 목소리는 어떻게 변할까, 인생이 가는 길을 함께 따라가며 자꾸만 기웃거리게 된다.[6] ~~다만 지금, 이 나이에 최선을 다할 생각은 하지 않고 20년, 30년 너머만 생각한다. 뛰지는 않고 주로 강가 고수부지에 나와 앉아 열심히 뜀박질하는 사람들을 바라보는 것을 더 좋아한다. 어렵사리 술, 담배 끊은 것으로 평생 운동한 만큼은 된다고 위로하며 산다.[7]~~

~~그래서 노년의 삶에 대한 나의 관심은 별로 달 것 같지 않은 사탕이 있는 방을 빼꼼히 들여다보는 아이와 같다.[8]~~ 열심히 살아야지, 건강하게

---

5) 당연하지만, '목사 사위', '외손녀 둘', '나이' 같은 자세한 상황을 언급해야 글의 사실성을 더하고 그 가정의 분위기를 아는 데도 도움이 된다. 물론 수필에서 과도하게 꼬치꼬치 더 깊이 캐고 들어갈 필요는 없겠지만.

6) 복문이다. 단문식 글쓰기는 전달력이 좋을 것으로 보여도 오히려 호흡이 매끄럽지 못해 가독성이 떨어질 때가 많다. 단문체, 복문체의 여부는 작가 특유의 스타일에 달린 것이지 무조건 문장은 짧아야 한다는 것은 단지 지나가는 유행일 뿐일 수 있다. 특히 주로 경수필 같은 '감성적인 글쓰기'에서는 문장이 좀 길어야 감정 이입이 쉬워진다. 억지로 짧게 쓰기가 더 어려워 고역일 때도 있다.

7) 앞뒤로 노년에 대한 상념이 충분히 표현되고 있고, 글의 주제에도 빗나가 있으므로 삭제해도 좋다. 가장 좋은 글쓰기는 '버리는 글쓰기'다.

8) 어디에 비슷한 문구가 있는 듯하기도 했고, '크게 당기지는 않지만 그래도 관심은 있다.'라는 뜻으로 표현해 보았는데 독자가 이런 설명을 들어야만 이해할 수 있을 정도라면 부질없다. 더 좋은 비유를 찾기 전에는 버려야 한다. 담백함이 수필 쓰기의 제1명제다.

지내야지, 늘 다짐은 한다. 그리고 무엇보다 나의 생사관은 뚜렷하다. 비록 교회는 나가지 않지만, 하늘나라를 믿고, 나아가 부활까지 믿는다. 내 굳은 신심의 연원은 모르지만, 때론 나만큼 분명한 생사관을 갖춘 사람은 지금 당장 내 앞에 나서도 좋다고 자부한다.[9]

봄 · 여름 · 가을, 2층 경숙이네 할아버지의 취미는 화초 기르기였다. 아파트 1호 열과 2호 열 사이에 있는[10] 1층 관리실 지붕 위에 약 두세 평 되는 공간이 있다. 그곳이 그의 정원이었다. 철 따라 아기자기한 꽃과 키 작은 나무들이 화분에 심어졌고 그의 낙인 듯, 할아버지는 매일 집과 화단을 오가며 정성스레 화초를 가꾸었다. 내가 사는 위층에서는 이런 할아버지의 활약상이 내 집 마당처럼 훤히 내려다보인다. 2층의 집에서 호스를 내려 화분에 물을 주고 나무로 만든 간이 발판을 조심스레 밟고 정원과 아파트를 건너다녔다.

[11] 우리 아파트는 경사가 있어 오르내리는 데 쓸데없이 힘이 든다. 더운 날 걸어서 올라갈 땐 전철역 출입구를 나서며 짜증부터 피어오른다. 집에서 뻔뻔한 낯을 하고 기다리고 있을 아들놈 성적표보다 이 오르막을 또 어떻게 오르나 하는 분노가 먼저 일어날 정도다. 다리 힘 좋

---

9) 좀 장황하지만, 경숙이 할아버지의 노년과 필자의 생사관을 연결하면서 글의 주제에 다가가 보았다.

10) 현실감 있게 자세히 설명했지만, 수필에서 너무 정밀한 묘사는 글의 흐름을 지연시킬 수도 있겠다. 독자들이 반드시 알아야 할 정보도 아니다. 자세하게 묘사하느라 문장만 복잡해지면 그것도 낭패다.

11) 아래위 두 문단의 내용이 달라 접속사를 넣어야 할지 망설이게 된다. 앞, 뒤 문장을 어색하게 잇는 접속사 사용보다는 그냥 두는 게 오히려 신선한 낯섦이 되겠다. 글을 한시바삐 중심 내용으로 치닫게 해야 할 지점이기도 하다.

은 이들은 운동하기에 딱 좋다고 객쩍은 소리를 하지만 강 좋고 산 좋으면 무엇 하나 말이다. 단언컨대 물 좋고 정자 좋은 곳 절대 없다고 되뇌는 근거가 된다.[12]

한번은 차를 타고 오르막을 올라가는데 양복을 말쑥이 차려입은 경숙이 할아버지가 손을 흔드는 게 아닌가. 얼른 내려 차로 집 앞까지 모셨다.

경숙이 할아버지는 며칠에 한 번 정도 일정한 시간에 어딜 다녀오는 데가 있는 모양이었다. 언제나 깔끔히 넥타이까지 매고 다니는데 매번 손을 드는 것은 아니었다. 오르막, 내리막길을 힘겹더라도[13] 걷는 게 우선이었고 차를 얻어 타기 위해 손 드는 것은 가끔인 걸로 보였다. 나는 두 번인가 세 번, 내 차로 모셨다. 오랫동안 반쪽 걸음으로 다니다 타계하신 내 아버지를 생각해서이기도 했다.[14]

그런데 돌연 할아버지의 원예 활동이 끝났다. 어느 날 내려다보니 정원이 거짓말처럼 치워져 있었다. 화분이 놓여 있던 곳곳은 얼룩져 있어 을씨년스럽기까지 했다. 오가며 뵈면 단정하던 그의 은빛 머리숱도 눈에 띄게 헝클어지고 걸음도 느려졌으며 2층을 오르는 데 엘리베이터를 탔다. 눈에 띄게 힘겨워하는 모습이 역력했다.[15] 길다면 긴 사

---

12) 바로 앞에서 경사 오르기에 대해 충분히 불평했으므로 이 역시 불필요한 장황설이겠다.

13) 따지고 보면 '힘겨운지 아닌지'는 할아버지의 몫이다. 우리는 모른다. 여기서 글쓴이가 전지적이어서는 곤란하다. 객관적으로 서술해야 한다. '힘겹더라도'를 빼고 '스스로'나, '걸어서 올라가는 게 우선이었고' 정도로 바꾸어야 한다.

14) 선친의 기억을 따옴으로써 두 노년을 겹치게 했다.

15) '눈에 띄게'와 '역력했다.'는 중복이고 놓치기 쉬운 비문이다. '눈에 띄게'를 빼야 한다.

간 보아왔지만, 오가머 묵례만 하는 정도이니 당신은 내 얼굴을 주의 깊게 여기지 않았을 것이다.[16]

나는 모질게 마음먹었다. 여느 날처럼 차를 몰고 경사를 올라가는데 그가 손을 들었다. 조금만 올라가면 우리 동이다. 나는 애써 옆도 돌아보지 않은 채 휑하니 그냥 올라가 버렸다. 나에게 이런 면이 있었나 스스로 놀랄 정도로 단호한 결정이 내려졌다.

경숙이 할아버지는 더 걸어야 한다고 내 의식의 판관이 나를 이끌었다. 더 이상 다리에 힘 떨어지면 이 아파트의 사계절 풍광들을 이제 더는 볼 수 없다. 젊어 혼자된 딸, 팔자 고치는 모습도 볼 수 없다. 이미 여러 계절을 즐기던 정원 가꾸기도 그만두질 않았나. 나는 그가 아직 걷지 않고 차 태워달라고 손짓할 때가 아니라고 생각했다. 전철역에서 거의 절반이나 올라왔는데 거기서 멈추고 차로 올라가겠다는 것은 삶에의 연모가 옅어지고 있다는 뜻이었다. 나는 그렇게 생각했다.

역시 벅찬 삶에 고민하고 삶에의 애증으로 치 떨고 있는 내가 보고 있질 않은가. 삶의 살아짐과 삶에의 애증은 자신이 조절하거나 스스로 멀어질 수가 없으며 스스로 싫증을 낼 수도 없다. 오랫동안 물 길어 꽃 가꾸고, 단정한 양복 차림으로 빈번히 아파트를 오르내리던 그를 떠올리며 그날은 그가 온전하게 미워졌다.[17]

---

16) 특별한 복선도 아닌 사족이고 글의 진행을 방해할 뿐이다. 앞에서 서로 얼굴을 알 정도로 친근한 사이가 아님을 이미 장치해 두었다. 빼야 한다. 속도감이 필요한 위치에서 불필요한 상황 설명 같은 덧칠은 하지 말아야 한다.

17) 이렇게 웅변하지 않고, 또 주제를 홀랑 벗기지 말고, 차분히 독자를 설득할 수는 없을까? 비록 쓰는 이는 '비분강개'할 만하더라도 글은 모질게 단정하고 이성적이어야 할 부분이다.

그의 돌변을 이해하고 싶지도 않았다. 다음에 만나더라도 거듭 그냥 지나칠 것이라 다짐했다. 그가 완전히 걸음을 못 걸어 그 양복 입은 모습이 아예 보이지 않을 때까지 그렇게 하겠다고 마음먹었다. 인간에 대한 예의보다 생에 대한 예의를 택하기로 한 것이다.[18]

차를 주차하고 집으로 향하던 중에 할아버지네 맏이인 경숙이가 지나갔다. 잘 자라 키가 170센티 정도나 되어 보이고 얼굴도 제 할아버지 정원의 앵초꽃처럼 이쁜 경숙이. 인사성도 밝아 "안녕하세요, 아저씨." 했다. 나도 인사성이 바르다. 그러나 그날은 모르는 사람처럼 얼굴도 안 돌리고 퉁명스레 "그래." 해버렸다. 젊고 예쁘고 잘 걷고 숨도 안 차고, 봄꽃도 많이 볼 것이며, 시집도 잘 가게 될 그 아이가 그날은

---

[18] 여기서 끝을 맺었으면 좀 밋밋할 뻔했다. 글의 마무리는 첫 문장만큼이나 중요하다. 글이 알아서 제 스스로 제 글을 끝내는 일도 있고, 생각지도 않았던 근사한 맺음이 떠올라 환호하게도 한다. 다음 이어진 문단의 결말이 픽션이었던지, 직접 겪은 일이었던지 정확히 기억나지 않는다. 그러나 이런 맺음 같은 것도, 끝까지 글쓰기를 이어온 글쓴이에 대한 보상 체계일 것이다.

제 할아버지만큼이나 미웠다.[19]

---

19) 아직도 같은 아파트에 사는 중이다. 아파트의 나이도 이제 30년을 훌쩍 넘어 바야흐로 재건축 계절의 기지개를 켜고 있다. 경숙이 할아버지네는 이미 오래전에 아파트를 떠났고, 내 노후의 그림자였던 당신의 생사도 모른다. 그러나 요즘도 8층에서 2층의 '경숙이 할아버지의 화단'을 내려다보면 여태 그날의 화분 자욱이 남아 있는 것이 보인다. 그럴 때마다 나는 서로 존재는 모르면서도 함께 생의 이면에 대한 긴 대화를 나누었던 시절이 그때와 하나도 다르지 않게 떠오르곤 한다. 나를 휘감았던 그 어떠한 심상도, 이렇게 글로 기록만 해두면, 아무리 시간이 흐르고 장소가 바뀌어도 그 자체가 타임머신이 되는 경이를 맛볼 수 있다. 내가 언젠가 이사를 하게 되더라도, 아파트가 언제 헐리게 되더라도, 이 터만은 내 30년 관념의 부조로 남아 있게 될 것이다. 나는 아직도 수필이란, '붓 가는 대로' 마음껏 쓰는 장르, 맑고 단아한 심성으로 써 내려가는 정겨운 글쓰기라고 짐짓 정의하고 있다.

〈수필 - 내 글 고치기 ②〉

행복한 리무진[20]

인천공항으로 가는 길은 밋밋하기 짝이 없다. 막을 친 옛날 극장처럼 전부 감춰놓기만 한, 너무나도 솔직한 도로다. 서울시, 인천시, 경기도청 같은 데서 도로를 설계하고 측량하는 이들은 전부 모든 길을 특색 없이 만들려고 하루 종일 궁리하면서 월급을 받는 사람들일 것이다.

따분한 주변 경관은 보려고 해도 볼 것도 없이, 그냥 100킬로미터를 지키며 앞만 보고 달리게 된다. 그게 편하다. (나는) 속도를 높였다가 과속금지표지판이 보이면 속도를 줄이는 그런 빠른 눈이 (나에게는) 없다.[21] 100킬로미터를 지키며 앞만 보고 달릴 뿐이다. 일찍 출발했기 때문에 빨리 갈 이유도 없다. 옆으로 한 차선에 한두 대의 차들만 지나

---

20) 그야말로 '붓 가는 대로 쓴' 글이다. 세태의 변화를 고려하지 않은 '꼰대' 글이 되지 않았기를 바랄 뿐이다.

21) '나'라는 주어를 앞으로 빼고 어순을 정상화할 수도 있지만, 그대로 둔다고 해도 크게 멋 부린 것은 아닐 것 같다.

간다.[22] 조금 속이 트인다.

만나는 사람, 이별하는 사람, 슬픈 사람, 행복한 사람, 공항은 인간의 만남과 이별을 죄다 모아놓은 곳이다. 그들은 공항에서 그 이별과 만남의 의식을 유난히도 과장되게 표현한다. 만남과 이별의 교집합은 그리움이다. 공항은 그리움이 만나는 엑스포 행사장이다.

영종대교를 앞에 두고 가는데 쉥 하고 검은 차 한 대가 지나간다. 보통 차의 두 배 길이는 되는 차다.[23] 앞 범퍼에 풍선을 달고 여기저기 꽃다발이 위태롭게 달려있다. 그것들이 마주쳐 오는 서해 바람이 힘겨운 듯, 낯 새파래진 아이 얼굴을 하고 마구 휘날린다.

결혼은 계절이 없다. 사랑에도 계절이 없다. 사랑이 긴긴 길을 돌아 결혼이라는 결정을 했다면, 그것은 인생의 가장 높은 산 하나를 택한 셈이 된다. 그 산은 ~~아름다운~~ 스위스의 알프스일 수도 있고 안개가 걷히며 모습을 드러내는 ~~험악한~~ 히말라야 같을 수도 있다.[24]

신혼부부를 담은 리무진이 비행기 시간에 늦었던지 아니면 결혼 기분을 내려는지 차선을 넘나들며 곡예 운전을 한다. 그리고 나는 너그

---

22) 의미가 잘 전달되지 않는다. '내 옆 차선으로 드문드문 한두 대의 차들만 한가하게 지나간다.'로 고치면 조금 쉬워질까? 글쓴이에게 그지없이 쉬운 문장도 독자에겐 낯설고 어려울 수 있다. 묘사가 좀 길어지고 상황은 복잡해지더라도 문장은 누구에게나 쉬워야 한다.

23) 여기서는 '검은 차 한 대'가 아니라 '리무진'이라고 밝혀야 한다. 누가 봐도 리무진인데 정체를 숨길 필요가 없다. 그리고 '보통 차의 두 배 길이는 되어 보인다.'로 고쳐보자. '보통 차의 두 배'는 너무 과장이다.

24) 굳이 '아름다움'과 '험악한'을 넣을 필요가 없다. 사족이고 주제의 힌트가 너무 빨리 나오게 된다. 이 문장만으로 이미 글 한 편을 다 읽은 결과가 되면 안 된다. 주제는 서서히 떠올라야 하고 반전도 고려해야 한다.

러이 그들의 마음과 흥분을 이해한다. 조금 더 속도를 내도 좋겠다. 그 속도는 '우리 결혼했어.'라고 외치는 일인데 나는 그 정도의 일탈쯤엔 일찌감치 관대한 편이다.

그들은 태국 푸껫쯤으로 신혼여행을 가고 있을 것이다. 피로연에서 입었던 갑갑한 옷을 벗어 던지고, 티셔츠에 청바지 차림일 것이다. 샴페인도 한잔했을 것이다. 얼굴은 결혼의 환희를 채 벗지 못하고 붉게 상기되어 있을 것이다. 차 안에서는 그들의 기나긴 사랑을 자축하고, 오늘의 선택이 얼마나 훌륭했던가를 되뇌며 분홍빛 이야기가 그치지 않을 것이다. 틀림없이 그럴 것이다.

긴 시간의 비행에서는 코에 단내나는 잠이 밀려올 것이고, 도착하면 방콕 새벽의 초입이다. 푸껫으로 가는 비행기를 기다리려면 방콕 에어포트 호텔에서 눈을 붙여야 한다.[25] 첫날밤이다. 그러나 동구 밖 총각과 재 너머 먼 산골 마을 처녀가 합방하는 것이 아니라면 그들은 그대로 곯아떨어져 잠에 빠질 것이다.[26]

태국 민속놀이 관람 땐 연신 캠코더를 휘두른다. 꼭 관광회사를 차릴 사람들 같다. 코끼리 쇼에선 함께 등에 올라 코끼리를 괴롭힌다. 반바지에 티셔츠는 노랗고 빨간 꽃무늬의 커플티를 골랐다. 굳이 그렇게

---

[25] 세월이 많이 흘렀다. 만약 지금 인천-푸껫 간 직항이 생겼다면 '가짜뉴스'가 된다. 이미 생겼을 가능성이 크지만, 필자의 경험에 맞게 여태 직항이 없기를 바랄 뿐이다.

[26] 동구 밖 총각과 재 너머 처녀가 합방하면 왜 그대로 곯아떨어지지 않는지 언뜻 이해되지 않는다. 첫 만남이 떨리고 긴장해서 그럴 것이다. 그렇지만 결혼식 때 처음 만난 옛사람과 현대 사람을 비교했다고 하더라도, 이렇게 모호하고 불친절하게 묘사하면 독자들의 이해 흐름을 방해할 것 같다.

입지 않아도 되련만, 그들은 마치 고국에서 십자 대훈장을 받고 온 사람들처럼 티 한 장으로 자신들의 정체성을 유감없이 과시한다.

그렇다. 푸껫의 바다는 에메랄드빛이다. 그들은 어김없이 파도 놀이를 한다. 파도가 밀려 들어오면 고함을 치며 뒤로 물러나고, 또 파도가 밀려 나가면 와르르 따라 들어간다. 유치하지 않다. 유치한 놀이가 아니라 꼭 필요한 놀이다. 코끼리 타기는 해보지 않아도 이 파도 놀이는 권장한다. 서울에 들어서는 순간 푸껫에서보다 더 많은 파도가 밀려올 것이다. 에메랄드빛도 아닌 누런 흙탕물의 파도일 수도 있다. 물 맑을 때 많이 연습해 보아야 한다.

~~결혼은 20~30년간 따로 살던 두 사람이 하나로 합쳐 한집, 한 침대 위에서 장구하게 함께 살아가야 하는 기나긴 여행이다. 푸껫 여행처럼 일정이 금실로 촘촘히 짜여 있는 것도 아니다. 쉬운 일이 아니다.~~[27]

몇 년의 연애 기간이 있었다지만, 그것은 가장 좋을 때의 만남이었다. 좋은 것만 보일 때 결혼을 결심한다. 결혼의 맹점이다. 모두 그 웅덩이에 빠지고 그 불길로 뛰어든다. 10년, 20년 무작정 더 기다릴 수도 없으므로 어쩔 수 없는 일이다. 항구한 우리 모두의 결혼제도는 그렇게 되어 있다. 대강의 물을 몸에 끼얹고 바로 불길로 뛰어드는 일이다.

그토록 열렬했던 사랑은 금방 식기 마련이다. 사랑의 본질은 영속하나 결혼이라는 무게가 결혼 전의 사랑을 식힌다. 사랑이 식지 않고 연

---

27) 뻔하고 상투적인 부분, 빼거나 다른 표현으로 대체해야 한다.

애 시절처럼 계속되면 인간은 피곤해지고 성숙해질 수 없다.[28]

　친구 하나가 느닷없이 이혼했다. 황혼 이혼도 아닌데 말이다. 겉으로 자세한 이유를 모르지만, 아내의 한마디가 "그냥 사람이 싫어졌다."였다고 했다. 기르던 동물도 아니고 사람이 싫어졌다면 엄청난 이유이다. (그 순간 나는 하마터면 고개를 끄덕일 뻔했다)[29]

　그 어떤 이유보다 사람이 싫어졌다는데 어떻게 더 이상 그와 함께 살 수가 있을까. 사람이 좋아 결혼을 했는데, 십수 년 마음과 몸과 습관을 맞춰왔는데 도박, 외도, 성격 문제도 아니고 그냥 사람이 싫어졌다니 말이다. 왜 사람이 싫어질까. 사람이 싫어진다는 것은 어떤 것일까. 아마 과거의 그 사람이 아니기에 오늘의 달라진 사람이 싫어진 것일지도 모른다. 한 사람, 두 사람, 그렇게 사람이 싫어질 때 사람들은 이 긴 삶을 어떻게 통과해 나갈 것인가.

　사람 속에는 많은 것들이 들어 있다. 아름다움, 질시, 사랑, 아픔, 미움, 기쁨, 밝고 어두움들, 사람이 싫어졌다는 것은 그중에서 아름다운 것들이 다 사라졌다는 이야기가 아닌가. 어느덧 어두움만 얼굴에 나타났을 것이다. 사랑이란 때마다 오가지만 영영 사라지는 것이 아닌데도 다시 돌아올 수 없다고 지레 믿었을 것이리라.

---

28) 여기도 왜 그런지 가볍게라도 부연했으면 좋았겠다. '매일 설레야 하고, 출근도 해서는 안 되며, 날마다 영화관에 가서 사랑한다고 되뇌어야 한다.' 같은 한두 줄이 더 필요할 것 같다. 글쓰기가 추리력이나 이해력 테스트 무대는 아니다.

29) 친구 앞에서 고개를 끄덕였다면 얼마나 실례였을까. '싫어질 만도 하겠다.'라는 확인이었을 테니 말이다. 아닐 수도 있겠지만 그냥 이 정도의 표현으로 그치는 게 좋겠다.

공항 길, 삭막한 도로 위로 얼마나 많은 리무진이 달렸고 풍선들이 휘날렸을까. 그들 돌아오는 길은 또 얼마나 많은 행복을 담아왔을까.

질주하던 행복표 리무진은 그새 보이질 않는다. 그들은 꿈에도 모를 것이다. 결혼은 종착역이 아니라 출발역임을, 결혼은 평화 넘치는 봄밭이 아니라 냉철한 장군이 지휘해야 하는 낙동강 전투장임을 말이다.[30]

저 리무진에 탄 '부부'는 잘 해낼지도 모른다. 사랑이 올 땐 잘 간직하여 쌓아 올리고, 미움이 찾아올 땐 잘 모셔 내보낼 것이다. 어떠한 파도가 밀려와도 즐겨 뛰어넘으며 한세상 누구보다 잘 살지도 모른다. 그래서 손잡고 노을 진 담쟁이덩굴 뒤안길을 넉넉히 걷는 승리한 노부부가 될지도 모른다. 그러나 어떤 경우에도 그 노부부는 많은 전투에 참여했던 노병들이어야 한다. 가슴에 수많은 전투를 말해주는 훈장이 주렁주렁 달려 있어야 한다.

누구에게나 결혼이란 어려운 여행이다. 푸껫으로 날아간 그들은 서울에 돌아오면 여장을 풀기도 전에 또다시 기나긴 여행을 떠나야 한다. 커플 티도, 에메랄드빛 해변도, 코끼리 쇼도 없는 여행, 길고도 어려운 히말라야 칸첸중가산 트레킹 같은 길기만 한 여행을 떠나야 한다.[31]

---

30) '그들은 꿈에도 모를 것이다.'를 요즘 세태로 반영한다면, '이미 그들도 잘 알 것이다.'로 바꾸어도 될 법하다. 독자나 신혼부부를 과소평가하는 '꼰대식' 장황설이 될 수도 있기 때문이다.

31) 평범한 결말부이다. 꼭 픽션 같은 반전을 만들 필요는 없지만, 이렇게 처세술책 같은 뻔한 결말은 끝까지 읽어온 독자들에게 친절한 일은 아닐 것 같다. 이렇게 주제를 덧칠하지 말고, 그냥 잔잔하게 마무리 짓는 게 좋겠다. 결국 수필은 절제미의 향연 같을 때가 많다.

글³²⁾ 여행을 앞두고 먼저 동네 놀이터 산책 같은 쾌적한 여행을 떠나고 있는 행복한 리무진, 그들의 앞날에 마음으로부터의 축복을 빌었다.

---

32) '긴'으로 바꾸자. 앞 문단을 뺐으니 잊지 말고 앞뒤를 의미에 맞게 조정해야 한다.

칼럼

공포의 글쓰기, 나다운 글쓰기

살다 보면 의외로 칼럼 쓸 일이 자주 생긴다. 전문가가 되거나 조직의 관리자 위치에 서게 되면 더욱 그렇다. 비중 있는 역할을 하게 될수록 가장 먼저 맞닥뜨려지는 일이 바로 글로써 자신을 노출하는 일이다. 글로써 자기를 드러내는 일은 쉬운 일이 아니다. 차라리 길거리서 옷을 다 벗는 일이 쉬울 것이라고도 한다.

칼럼은 두려운 글쓰기 중의 하나다. 짧디짧은 원고 분량에, 엄격한 마감 시간이 정해져 있기 때문이다. 그런데 불행하게도 세상의 거의 모든 필자는 마감 시간이 임박해서야 글을 쓰기 시작하는 사람들이다. 마감 시간이 임박하면 공포가 엄습한다. 오죽하면 '데드라인'이라는 말이 있겠나.

글을 잘 쓰고 못 쓰는가가 뚜렷이 드러나는 장르 또한 칼럼이다. 정해진 시간과 짧은 분량을 두고 가장 응축된 글쓰기를 해야 하기 때문이다. 이슈를 선정해 주제를 정하고, 글의 순서와 골격을 잡는 일 등, 글쓰기의 까다로운 전 과정을 한꺼번에 드러내야 한다. 말 그대로 피를 말리는 일이다.

  내가 본격적으로 칼럼을 쓰게 된 것은 내 삶 중에서 가장 분주했던 제15대 대통령 선거의 해, 1년 동안이었다. 당시 인기 있던 한 시사주간지의 고정 칼럼난을 배정받아 매주 원고지 12매 분량을 소화했다. 원고 마감은 매주 금요일 오후 4시였는데 나에게는 매번 그 시간이 대통령 선거 출구조사 발표만큼이나 가슴 졸이는 시간이었다. 현대사에서 몇 안 되는 격동의 계절에 그 편린을 담는 일이었다. 그 작업을 12매라는 좁은 무대 안에서 증언하는 일은 늘 벅차기만 했다.

  칼럼은 글쓰기의 최전선이다. 자기 이름을 걸고 자기 의견을 가감 없이 드러내는 일이다. 그런데 시사지의 칼럼니스트가 특정 진영의 입장을 오롯이 대변할 수는 없는 일이었다. 물론 당시에도 일부 레거시 미디어들은 아예 각 진영의 대변지 역할을 마다하지 않던 시절이다.

  중립적으로 쓰면 내 목소리가 반감되고, 그렇다고 어느 일방의 논리에 편승할 수도 없는 처지였다. 그래서 그때 나는 가능하면 정치 이슈보다는, 당시 IMF하의 암울한 사회상이나 어려운 경제 환경 같은 데서 소재를 찾았다. 또 모든 것이 움츠려 있었던 당시의 문화 환경과 대중 심리의 흐름 같은 이슈들을 발굴해 우회적으로 내 의견을 펼치기도 했다. 여력이 생기면 간간이 시중의 월간, 주간 시사지들로부터 원고 청탁을 받거나, 고려대학교 교지 《고대문화》 같은 여러 캠퍼스 공간에도 내 생각을 전했던 기억이 새롭다.

  칼럼은 천차만별이지만 보통 원고지 10~15매 안팎이다. 원래 짧은 글쓰기가 더 어렵다. 차라리 500매, 1,000매를 쓰는 일이 오히려 수월하겠다고 느낄 때가 많다.

  이러한 '공포 분위기' 속에서도 칼럼을 쓰기 위해서는 몇 가지 굵은 원칙을 세워야 한다.

첫째, 우선 자신만의 문체와 글투를 고안하고 정립해야 한다. 독자가 필자의 이름을 보지 않아도 '누구의 칼럼이군.' 하고 알아볼 정도의 독립된 글투를 가지면 좋다. 특정 픽션 작가에게 고정 독자가 생기고 팬덤이 형성되듯, 자기 이름이 걸린 칼럼니스트도 마찬가지다. 비장미라든가, 감성적인, 그리고 어두움과 유머러스함 같은 독창적 '문패'가 붙을 수 있겠다.

사실만 서술한 일반 기사도 세심히 읽으며, 그 사실에다가 자신의 의견이나 정견을 풀어보는 습관을 들이는 게 좋다. 또 여러 방향으로 다른 논조들을 비교 분석 하여 그 가운데서 자신만의 견해를 도출해내는 연습도 도움이 된다.

둘째, 칼럼 쓰기에서 중요한 점은, 당연하지만 자신의 의견을 효과적으로 드러내는 일이다. 쓰는 이의 의견이 뚜렷이 드러나지 않는 칼럼은 평범한 사실 기사나 에세이와 다름없다. 특히 가치와 진영 간의 기계적 중립을 표방하며 무색무취한 글을 쓰는 경우가 많은데 그것은 칼럼의 본령에서 벗어나는 일이다.

나쁜 칼럼은 어떻게 해서든지 자신을 숨기고, 일방의 의견에 쉽게 편승하려는 칼럼이다. '사람들은~', '국민은~' 하며 다중 속에 숨거나, 손쉽게 공론으로 위장하려 한다. 짧은 단상이나 에세이 하나에도 글쓴이의 분명한 의견이 담겨 있는데 하물며 칼럼에 필자의 주장이 빠지거나 흐릿하다면 그게 무슨 의미가 있나.

글에 내 주장이 잘 담겨 있나를 점검해 보려면, 내 글을 읽을 독자들의 반응을 미리 유추해 보면 된다. 특별히 찬반양론도 없이 그냥 미지근한 반응이 예상된다면 그 글은 색채가 없다는 뜻이다. '좋아요'나 '악플'이 활발히 달려 찬반이 뚜렷하거나 첨예한 논쟁거리가 될 것 같은 글이 자기주장을 잘 드러낸 글이다.

셋째, 늘 이슈를 잘 포착하고 그 이슈나 주제에 대해 특별하거나 새로운 관점을 찾도록 노력해야 한다. 독자는 자기 시간을 들일 만한 가치가 있기를 바라며 칼럼을 읽는다. 돌아다니는 시중 여론이 아니라 참신하고 깊이까지 있는 글을 원한다.

수많은 정보가 범람하는 미디어 환경에서, 신문 한번 펼치고, 오피니언 코너 한번 클릭하는 일이 얼마나 쉽지 않은 일일까를 염두에 둬야 한다. 필자는 독자의 시간을 존중해야 할 책무가 있다.

마지막으로, 독자에게 다가가는 칼럼에서는, 이슈에 대한 해결책을 제시할 수 있어야 한다. 독자들은 칼럼을 읽으며 문제의 해결책을 찾는 데에 도움이 되길 기대한다. 필자는 이에 적극적으로 부응해야 한다.

칼럼니스트까지 해당 사안에 의문만 품거나, 해결책이 없다고 푸념만 한다면 독자들은 얼마나 난감할까. 이슈에 대해 의견은 가지고 있지만 그 해결책이 뭔지 모를 땐 차라리 그때까지 기다리는 게 옳다.

바로 여기서 관심을 끄는 칼럼을 쓰기 위한 구체적인 방법도 정리해 보자면, 첫째, 무엇보다 시선을 끌 수 있는 제목을 발굴해야 한다. 제목은 어느 글에서나 중요하다. 제목 잘 정하기도 습관과 훈련이 필요하다. 어떤 형식이든 글을 읽을 때 '나라면 어떤 제목을 달까?' 하며 직접 제목을 지어보는 버릇을 들이면 좋다. 늘 담당 편집자나 편집장의 위치가 되는 것이다. 숫자를 앞세운다든지, 재미있는 줄임말, 문제의 명료한 해법 같은 것을 제목으로 앞세워야 한다.

두 번째, 첫 문장 역시 관심을 끌 만한 내용으로 시작해야 한다. 칼럼 자체가 짧은 분량이므로 처음부터 밋밋하고 따분한 견해로 시작하면 독자는 서둘러 글에서 시선을 돌리고 만다. 감동적인 일화나, 논란거리, 유머나 역설, 그리고 새로운 연구 결과나 의외의 통계 같은 것들을 앞세워야 한다.

첫 문장과 끝 문장이 글의 전부라는 각오와 절박함으로 문장을 배치해야 한다. 실제로 바쁜 독자들은 제목과 첫 문장, 그리고 결말을 짓는 끝 문장만 훑어보는 경우가 허다하다.

세 번째, 독자의 관심을 끄는 칼럼을 쓰기 위해서는, 대화하듯 하고 능동적으로 써야 한다. 글쓰기 규칙은 지키되, 전문 용어나 기술 용어, 복잡한 문장 구조는 피해야 한다. 마치 친한 친구와 대화하고 있다는 느낌이 나도록 해야 한다. 모두의 광범위한 관심사를, 친근한 형식으로 다가가는 것이 칼럼이다. 실제로 논설위원실에 독자를 초청하여 정담을 나누고 있다는 기분으로 쓰면 된다.

마지막으로, 칼럼은 '버리기의 글쓰기'다. 열 장의 글을 써놓고 한 장으로 줄이는 기술이 요구된다. 써놓은 단어나 문장에 확신이 서지 않으면 그 부분을 지우고 다시 읽어보자. 그 부분이 없어도 내용이 변하지 않는다면 그건 정말 없어도 되는 것이다. 과감히 버린다. 버리기는 가장 좋은 글쓰기다.

칼럼은 호연지기의 글쓰기다. 날 선 검처럼 주관이 뚜렷한 글쓰기다. 독자의 수준은 매우 높다. 과거엔 중학생이 읽어도 될 만큼 쉬워야 한다며 독자를 무시했다. 하지만 디지털 시대의 미디어 환경은 생각할 수도 없을 만치 변모하고 확장되고 있다.

오늘의 까다로운 독자들은 기성 미디어의 구태의연하고 시대착오적이며 예의 계몽적 논조보다는, 참신하고 주체적이며 대안적인 관점을 요구한다. 논쟁적인 주제를 피하지 말고 늘 싸움닭이라도 되어 욕먹을 각오가 되어 있어야 한다. 칼럼은 까다로운 글쓰기이지만, 가장 적극적이고 나다운 글쓰기임이 분명하다.

〈칼럼 - 내 글 고치기 ①〉

'공산당이 싫어요'와 좌우의 잔치

"좌파는 혁명적이고 우파는 반혁명적이다."라고 말하면 불온한 좌경 냄새가 나는가. 그렇다면 "좌파는 혁신적이고 우파는 비혁신적이다."라고 하면 조금 덜 불온해지는가. 또 '좌파가 혁명적이다.'라는 게 문제가 된다면 우파가 더 혁명적인가.

지극히 당연한 이야기들이 장안의 화제가 되고 있다. 우파, 보수주의가 충분히 개혁적일 수 있고, 좌파가 얼마든지 개혁에 반동적인 경우도 비일비재하다. 이데올로기에 대한 접근법부터 분명히 세우지 않으면 좌와 우의 개념부터가 모호해진다.

좌파와 우파를 넘어 여러 '제3의 길'이 모색되고 있는 이때, 해묵은 좌우의 개념 논쟁이 나오는 것부터가 시대착오적이다.[1] 이번 일은 과

---

1) 시사 칼럼에서는 필자의 주장이 선명히 나타나야 한다. 습관적 가치중립이거나 반대로 지나친 정치편향은 지양해야 한다. 매체의 지형에 따라 달라질 수 있지만 논조는 늘 중요하고도 예민한 문제다. 사설이나 사내 칼럼이 아니라면, 칼럼은 필자의 주장이 다채로워야 한다. 또 매체의 사시나 특정 논조에 쉽게 영합해서도 안 된다.

거 제3공화국 때의 긴급조치 철폐 운동이나 5공 시대의 직선제 쟁취 운동 때의 단면이 아니다. 오늘 시점, 명문사립대 교수의 저서에서 야기된 것[2]이다.

물론 최장집 교수가 현재 '대통령 자문 정책기획위원장'이기에 정치적으로 문제시될 수는 있다. 하지만 이 문제는 그의 용공성이니 정파적 좌표이니를 떠나, 우리가 얼마나 이데올로기 운용의 변방에 있는가를 웅변하는 일이 아닐 수 없다.

우리가 최 교수의 이념적 지향을 검증하거나 또 그의 학문적 계보를 전문적으로 추적하기란 쉽지 않다. 그리고 우리 정치인들이 두터운 최 교수의 저서를 통해 지력을 쌓는 행위는 바람직하다. 다만 이런 문제가 또다시 전가의 보도처럼 정치문제로 둔갑하는 것은 낡은 영화를 다시 틀어 보는 것과 똑같다.

최 교수가 자신의 저서에서 "6.25의 최대 희생자는 북한 민중"이라고 했다거나, "개전 초반은 민족 해방 전쟁"이라고 주장했다면 학문적 논쟁거리는 된다. 그러나 이런 문제도 과거 나돌던 6.25 북침설이 얼마나 자료 빈곤으로 반격을 당했는지를 떠올리면 그리 심각한 문제가 아니다.[3]

---

2) 1998년 《월간조선》 11월호에 실린 〈대통령 자문 정책기획위원장 최장집 교수의 6·25전쟁관 연구〉 기사로 일어난 소위 '최장집 사상논쟁'. 양측이 소송까지 가는 대립 끝에 《월간조선》에 최 교수의 반론문을 싣는 선에서 일단락되었고, 최 교수는 이듬해 4월, 위원장직을 사퇴했다.

3) 학술적 접근이 아니므로 깊이 들어갈 필요는 없으나, 논쟁의 요지나 전개 과정을 압축하여 소개하는 것은 불가피하다. 이런 요약은 칼럼의 논지를 유지하고 설득력을 발휘한다.

학자들의 발언은 자료 검증에서부터 오롯이 학문적으로 평가되어야 하고, 예술가들의 작업은 미학적으로 또는 평론적으로 쟁점화되어야 한다. 히틀러의 '제3제국'에 이용되었다고 의심받는 거장 바그너가, 후대에 윤리적으로는 비난을 받을지라도 국가보안법으로 고초를 받았거나 독일 조야에 정치적으로 악용되었다는 이야기는 듣지 못했다.

이승복 어린이가 '나는 공산당이 싫어요.'를 외쳤는가 외치지 않았는가의 문제[4]도 그리 요란하게 쟁점화될 필요가 없다.[5] 20여 년 전 강원도 울진 삼척 외딴 마을의 초등학생이 '나는 공산당이 싫어요.'라고 외쳐야만 남한 체제가 우월해지는가. 또 그때 이 군이 그렇게 외친 것이 사실이 아니라면 우리는 북한보다 못한 사회로 전락하는가. 분단국가에서 안보 논리가 아무리 엄중하다고 하더라도 이건 분명히 비생산적인 소모가 아닐 수 없다.

과거 냉전체제가 무너지고 비대해진 자본주의적 보수주의가 세계를 휩쓸자, 유럽에서는 사회민주, 사회당 정권들이 광범위한 시대 변동을 보여주었다. 그러나 이런 것은 좌파의 일시적 반동이거나 세기말 시대조류에서 뒤처지지 않고 살아남으려는 유럽인의 지혜였지, 이것이

---

[4] 1968년 말, '울진-삼척 무장 공비 남파 사건'에서 당시 이승복 어린이가 어머니, 남동생, 여동생과 함께 북한 간첩에게 살해된 사건. 이후 오랫동안 안보 논리에 악용되고 오랜 좌우 논쟁의 단초가 되었으나, 결국 2009년 대법원에서 이승복 어린이가 실재하고 실제로 살해되었다는 취지의 판결이 나옴으로써 일단락됐다.

[5] '이승복 논쟁'은 아직도 현재형이긴 하지만, 흔히 '언론의 사명과 역할'이나 취재 윤리 같은 것을 다룰 때도 좋은 사례가 된다. 무엇보다 권위주의 정권이 악용하곤 하는 반공이데올로기 교육의 폐해를 희석하고 각성시키는 시금석이 되기도 했다.

100년 동안의 피비린내 나는 좌우 투쟁에서 비롯된 현상은 아니었다.

당연하지만, 인류의 행복이란 좌와 우, 한쪽에만 있는 것이 아니다. 남과 북쪽에도 분명히 존재하며, 명백히 뒤로의 퇴행만 아니면 좌고우면하면서 나아가는 것이 역사 발전이다. 더욱이 한 세기를 풍미했던 좌우의 잔치는 단연코 끝나질 않았는가.

⟨칼럼 - 내 글 고치기 ②⟩

'돌격 앞으로'의 고향

가끔 여론조사나, 앙케트를 보면,[6] 군대를 다녀온 남자들의 평소 군에 대한 시각은 대단히 부정적이다. 소망하는 더 열린 민주 사회로의 진입이 군 때문에 막혀 있다는 주장도 나온다. 과격하게 부정적인 시각이 아닐 수 없다.

전쟁이 터지고, 기존 제 질서가 허물어지는 악몽을 되풀이하지 않으려면 정예 강군이 있어야 하고, 현재의 징집 제도 이외에는 별도리가 없다는 생각도 한다.

그러나 대다수 남자가 사회로 나가기 직전에 경험하는 2, 3년의 군 생활, 이것이 우리의 사회, 문화에 어떻게 악영향을 미치는지를 정확

---

6) 첫 문장에 상징적인 수치 하나를 제시했으면 좀 더 시선을 끌 수 있었겠지만, 군에 대한 부정적 시각은 거의 일반화되어 있을 거라고 여겼다. 이 문제에 대해선 이미 많은 여론조사 자료가 있을 것이었다.

히 아는 것은 매우 중요하다.[7]

군사 문화의 폐해란 제품이 생산되기 전에 물감통에 한 번 담갔다 빼내어 똑같은 색상을 입히는 일과 같다. 그리고 이런 획일화가 지속해서 진행되는 것은 나라의 진운에 크게 지장이 된다.

지금도 큰 차이가 없다지만,[8] 우리 군대 문화는 한마디로 '요령의 문화'다. '하면 된다.'의 고향이다. '애꿎게 군에 다녀온'[9] 보통의 이 나라 남자들은 다들 공감할 것이지만,[10] 먼지 풀풀 나는 연병장에 하룻밤 만에 그림 같은 집을 지으라면 지어내야 한다. 자신의 숟가락이 없어지면 다른 내무반의 것을 훔쳐서라도 개수를 맞추어 놓아야 한다.

사례는 넘친다. 사단장, 군단장이 부대 시찰이라도 나온다고 하면 뒷산의 생나무를 잘라 와서라도 연병장 마당에 땅 파고 세워야 한다. 물론 일, 이십 분 동안의 시찰이 끝나고 나면 나무야 죽든 말든 상관없다.

부대 안에 새 건물이 들어서서 사령관과 개관 테이프를 끊고 안으로 들어가려는데 현관문이 열리지 않는다. 바닥 '갈아닦기(도끼다시)'가 문보다 높게 깔려서이다. 지정한 날짜에 맞춰 '돌격 앞으로' 한 것 때문

---

7) 흔한 주제라 하더라도 글 쓰는 이의 경험이 남다르다면 흔한 주제 자체는 별로 문제가 되지 않는다. 우리의 '군사 문화' 문제처럼 쉽게 극복되지 않는 해묵은 주제를 다룰 땐 더욱 그렇겠다.

8) 휴대전화도 사용할 수 있다는 요즘의 실태와는 다르다면 다행일 것이다. 그러나 이런 외적 변화보다 더 본질적인 퇴행이 시대를 지나오면서도 여전하다면 그것은 상대적으로 더 큰 문제가 아닐 수 없겠다.

9) 만연했던 병역특혜를 꼬집은 비아냥이지만, 너무 일반화했던 것 같기도 하다. 과하기만 한 비난도 설득력과 글의 무게를 떨어뜨린다.

10) 이 또한 과한 일반화로 볼 수 있다.

에 이런 웃지 못할 일들이 일어난다.[11]

　한창 감수성 예민할 때 이런 이십 대를 보내고 배출되는 젊은이들이 과연 사회생활을 하면서 떠올리는 것이 무엇이겠는가. 토목공학과 출신으로 교량 하나 만드는 일에도 안전성보다는 군에서 배운 공사 기간 단축만 일삼고, 우선 눈에 보기에만 좋은 허술한 구조물을 짓지 않는다는 보장이 없다.

　요령주의, 전시 행정, 보신주의, 이것들의 고향이 군대라고 하면 너무 지나친가. 운동권 논리처럼 미군 철수, 군대 해체 같은 것을 주장하자는 것은 아니다. 그러나 잇단 군 사고 소식을 들으며, 지금의 개혁 과정에서 우리 사회 깊은 곳에 똬리 틀고 있는 이런 군사 문화부터 시급히 척결해야 한다는 데에는 다수가 공감할 것이다.[12]

　다시 문제는 권위주의이다. 우리는 할리우드 영화를 통해 미국의 군대 문화를 볼 기회가 많다. 그들 역시 기강이나 훈련 과정은 우리 못지않게 엄격하다. 그러나 일단 일과가 끝나면 장교와 사병, 심지어 사병과 장군 간에도 날 선 권위주의 같은 것은 찾아보기 힘들다.

　초급 장교로서 오산 미 공군 작전 사령관의 집무실에 들어가 볼 기회가 있었다. 3성의 사령관이 직접 커피포트에 물을 붓고 커피를 끓여

---

11) 글에 소개한 사례가 너무 많지 않나 싶어도, 다양한 사례 자체가 글의 주제를 바로 나타내는 것이므로 과하지는 않다고 여긴다. 세 개 군사령부 모두를 근무해 본 필자만 유난히 많은 경험을 했는지는 모르나, 다른 군 제대자들도 이와 같은 여러 삽화들을 가지고 있을 것이다.

12) 주제가 어정쩡한 위치에 자리하고 있다. 또 이렇게 주제가 잦게 나와서 반복되는 것도 새삼스러우며 바람직하지 않다. 주제는 이미 제목에서부터 일찍 나와서 강조되고 있다.

내어주는 모습을 보았다. 우리 사령관실에는 여성 민간인이 차를 내오던 시절이었다.

그리고 인민해방군의 중국, 우리 국회의장을 수행하며 인민대회당에서 당시 장쩌민 주석을 만났을 때 놀랐던 일화[13]도 있다. 우리로 치면 국회 외무위원회 주사급쯤 되는 사람이 인민군 총사령관인 주석 앞에서 다리를 꼬고 메모하고, 호주머니에 한 손을 꽂은 채 주석 일정을 설명해 주는 게 아닌가. 적잖은 충격과 함께 많은 생각을 하게 했다.

계급장이 없는 중국 인민해방군이라지만 도대체 어느 것이 민주주의이고 어느 것이 권위적 사회주의인가. 군대 기억만 떠올리면 사람들이 고개를 내젓는 사회는 언제까지고 병든 사회다. 정말 이제 우리 군도 거듭나야 한다. 대부분이 군 출신인 우리 남자들은 두 눈 부릅뜨고 이번의 군 개혁을 지켜볼 것이다.

---

13) 사회성 있는 중수필이나, 특히 칼럼에서는 필자의 주장이 두드러져야 한다. 이때 엄선된 일화를 장치하게 되면 단순히 양념 역할만 하는 것이 아니라 필자의 주장에 사실성이나, 설득력을 높일 수 있다. 일화의 나열 자체가 주장이고 주제가 된다.

블로그 글
글쓰기 훈련의 베이스캠프

내가 아는 어떤 작가는 노트북에 허술하게 저장해 놓았던 소설 초고를 한 번에 날리고는 그 자리에서 절필 선언을 하고 말았다. 또 다른 어떤 작가는 그렇게 한번 원고를 날린 후 키보드를 던져버리고 지금도 연필과 종이만 고집하고 있다. 1,000매씩 2,000매씩이라도 좋고, 초고든 퇴고든 오로지 연필로만 꾹꾹 눌러 글도 쓰고 책도 내고 있다.

   극단적 사례가 아니다. 분명한 사실은, 종이 위든, 컴퓨터 위에서든, 글 쓰는 사람은 누구나 한 번쯤은 원고를 날려먹는 날이 있다. 짧건 길건, 글은 자신의 분신이다. 밤을 새워 고도의 몰입으로 쓴 글이 키보드 엔터질 한 번 잘못으로 펑 하고 사라지는 순간엔 정말 자식 잃은 기분이 된다.

   내가 그런 경험의 소유자다. 10여 년간 올려왔던 블로그 게시물들을 한순간에 날려먹은 일, 절필하는 사람들의 심경을 그래서 잘 안다.

   2004년부터 2018년 2월까지 존재했던 《중앙일보》 '조인스 블로그 서비스'로 처음 블로깅을 시작했다. 당시 '조인스'는 언론사 중에서는 가장 먼저 블로그 서비스를 운영했고 폭발적인 호응을 받았다.

나는 초창기부터 '블루 라이팅(Blue Writing)'이라는 문패를 달고 거의 하루 한 개꼴로 글을 올리며 소위 '폭풍 블로깅'을 했었다. 어떨 땐 직장 업무는 안중에도 없이 블로그 포스팅이 하루 중 가장 중요한 일과가 되기도 했다.

그런데 그렇게 애지중지하던 조인스 블로그가 나로서는 어느 날 하루아침에 폐쇄되고 말았다. 말 그대로 청천벽력 같은 일이 내게도 일어났고, 오랜 기간 자식처럼 소중히 올렸던 내 포스팅들이 순식간에 증발하고 말았다. 소중한 것일수록 더 허무하게 곁을 떠나가는 법이다.

나중에 허겁지겁 사정을 알아보니 이미 폐쇄 공고도 했고 각자의 원고를 내려받아 가라는 안내도 했었다는 것이다. 안타깝게도 딱 그 기간에 나는 미국에 체류하고 있을 때였고 역시 '말 못 할 병고'로 반년가량 노트북은커녕, 휴대전화 한번 제대로 열어보지 못하고 있을 때였다.

지금은 떠올리기도 싫은 일이지만, 그렇게 오래 써왔던 글과 알토란 같던 게시물들을 그처럼 황망하게 잃어버렸다. 그 후 여러 경로로 복원할 수 있는 길을 찾아다녔지만 허사였다. 아무리 사전 고지가 있었다지만, 단 한 사람의 독자를 위해서라도 어딘가에는 그 자취를 남겨두었어야 했다. 종이책도 수백 년을 이어가며 헌책방에서라도 발견된다. 그런데 문명의 총아인 디지털 수단이 어떻게 그렇게 재고품 소각되듯 허망하게 휘발되었던지 지금도 이해가 되질 않는다.

그나마 다행이었던 것은, 하늘이 무너져도 솟아날 구멍은 있었던지, 그 무렵은 잠시 블로그에 싫증을 느껴 페이스북을 함께 연동하고 있던 때였다. 블로그 포스팅 중 마음에 드는 글은 페이스북에도 일부는 교차해서 올려놓았던 것이 몇 꼭지 남아 있었다. 그게 하늘님의 동아줄이 되었고 내 게시물의 미량은 그렇게 해서라도 살아남을 수 있었다.

지나고 나니 또 이렇게 글을 쓰고 있지만, 그때의 낭패감은 이루 표현할 길이 없다. 그래서 나는 지금도 그 어떤 글이든 두세 겹 이상, 과하다 싶을 정도로 따로 저장해 놓는 일을 거르지 않고 있다.

어쨌든 그럼에도 블로그는, 많은 특장점을 지닌 최고의 SNS 글쓰기 무대라는 사실에는 틀림이 없다.

블로깅은 스스로를 성찰하고 지적 향상을 하기 위한 용도로도 쓰이고, 자기 일을 독자에 알리는 홍보 용도로도 쓰인다. 그리고 원고들을 모아 나중에 책으로 묶는 보관의 용도로도 사용된다.

그중에서도 블로그의 가장 유용한 기능은 첫째, 그것이 글쓰기 훈련에 가장 적합하다는 사실이다. 누누이 강조되지만, 머릿속의 지식을 따로 정리해 두어야만 글을 쓸 수 있는 것이 아니다. 글을 써야 머릿속의 내용을 정리할 수 있다. 머릿속의 방대한 지식 정보는 글을 씀으로써 문자화되고 가지런히 그 본질을 드러낸다.

따라서 글쓰기가 몸에 배어 있지 않은 사람, 글을 쓰더라도 남에게 보이기를 꺼리는 '샤이 작가'들은 지금 당장 블로그를 운영해야 한다. 블로그 글쓰기는 자기표현의 본능을 가장 잘 실현하게 하는 도구이기 때문이다.

블로그를 운영하면 그 자체로써 작가로 탄생하는 것이 되고, 그때 내 독자 앞에 우뚝 설 수 있다. 내 글을 발표하고 읽어주는 사람이 있다는 사실이 바로 작가가 되는 일이다. 단 한 사람이라도 내 글을 읽는다고 의식해야 글쓰기가 달라진다. 스스로는 아무리 잘 썼다고 생각되는 글도 결국 독자에게 노출되어야만 완성도가 높아진다.

두 번째, 블로깅을 하면 전체 독자의 피드백을 받을 수 있다. 수많은 독자가 친구가 되어주고 댓글로 피드백해 준다. 물론 처음엔 반응이 시원찮을 수도 있다. 그러나 하나둘씩 자료가 쌓이면 반응은 이내 찾아오게 마련이다. 그때까지 우직하게 자료를 모아가면 된다. 처음엔 일기장이라고 생각하면 된다. 공개 일기장이다.

세 번째, 블로그는 나의 감정과 경험을 표현하고 쉽게 공유할 수 있는 가장 효과적인 무대이다. 자연히 독자도 글쓴이의 감정과 심리를 마치 내 것처럼 느끼는 공감 경험을 할 수 있다. 내가 블로그 글을 하루아침에 잃어버리는 참사 중에 가장 안타까웠던 것이 바로 그때의 '친구들'을 잃어버린 일이다.

글은 언제나 다시 쓰면 된다. 그러나 게시물과 댓글을 통해 교유하고 공감하던 많은 친구와, 또 그때의 기억이 한꺼번에 다 날아가고 말았다. 글이란, 기억을 영구히 붙잡아 둘 수도 있지만, 또 안타깝게도 하루아침에 그 흔적을 여지없이 지워버리는 이중의 얼굴을 하고 있다.

그리고 블로깅을 초고 노트로도 활용할 수 있다. 내 경우 하루에 두세 편씩의 글을 올릴 때도 있었는데 그때마다 완벽히 퇴고된 완성품을 올렸던 것은 아니다. 우선 내 글을 빨리 올려 친구들의 반응을 보고 싶다는 열망이 앞서 서둘러 포스팅하는 날이 많았다. 그래서 그때 쓴 글들을 읽어보면 거의 초고 상태의 날것들도 뒤섞여 있다. 급할 땐 줄줄이 내 의식이 가는 대로 쓰고 겨우 맞춤법만 교열해 바로 포스팅해 올리는 경우도 있었다.

블로그는 이렇게 많은 이점을 가지고 있지만, 글쓰기 훈련의 무대로 쓰기 위해 한 가지 주의할 점이 있다면, '친구'들은 절대 비판하지 않는다는 사실이다. 대부분이 칭찬 일변도가 될 수 있다. 100명이 보내오는 댓글 중에 내 글을 비판하는 댓글은 겨우 두세 건에 불과하다.

특히 '친구'를 맺은 독자 중에 따끔한 비평이나 비판을 보내오는 경우는 별로 없다. 이런 공고한 '팬덤' 속에 교만과 자만이 잉태된다. 내 글이 어디가 잘못된 건지, 내 글에 상투성은 없는지, 그리고 또 나쁜 버릇은 없는지에 대해 교정받을 기회가 적다는 점이다. 내 글이 발전하고 있는 게 아님을 내가 아는데, 피드백이 없다는 것은 차라리 공포에 다름 아니다.

오히려 친구나 팬층이 아니라, 지나가다가 들르는 일반 독자들이 비판을 던지고 가는 경우가 있는데, 그것이 큰 도움이 될 때가 많다. 글쓰기에 있어서 팬덤은 독약일 뿐이다.

그 당시 나의 블로그는 '블루 라이팅(Blue Writing)'이라는 주소가 말해주듯 글쓰기에 특화된 것이었다. 블로깅은 테마를 잡는 게 중요하다. 너무 여러 가지 콘텐츠로 백화점식이 되기보다는 상호가 뚜렷한 전문점이 되어야 한다. 한쪽 분야에 특화해 선택과 집중을 해야 소기의 목적도 얻을 수 있게 된다. 먼저 블로그를 하는 목적을 분명히 하고 자기 블로깅의 정체성을 지키며 한곳으로 콘텐츠를 집중하는 것이 무엇보다 중요하다.

블로그에 글을 쓸 때는 부담 없이 글을 써야 한다. 누군가 내 글을 들여다보고 있다고 마음 졸이지 말고, 초등학교 때 반 친구들 앞에서 내 글을 발표하듯 써 내려가면 된다. 언제나 글쓰기를 두려워하는 출발은 완벽한 글을 쓰려 하기 때문이다. 완벽한 글쓰기란 세상 어디에도 존재하지 않는다. 처음엔 일기장을 공개하듯 시작하면 되고, 그렇게 점차 생각과 관념의 아지트로 삼아가면 된다. 블로그를 글쓰기 훈련의 베이스캠프로 삼으면 된다.

〈블로그 - 내 글 고치기 ①〉

그날의 가수

　81년 봄이었다. 입학한 지 갓 한 달이 지나가던 꿈결 같던 시절. 4년 내내 푹 빠져 있던 대학 신문사에도 들어가기 전이었다. 처음이자 마지막이 되었던 과 엠티.[14] '대학생이라는 사람들'과 어울리기를 배우던 때이자, 막 세상 배우기를 시작하던 참이기도 했다. 갑작스러운 뇌졸중으로 쓰러진 아버지를 고향에 뉘어놓고 올라온 터였다. 가족은 물론, 세상 모든 만남도 대개는 산허리를 감아 돌다 사라지는 뜬구름같은 것이 아닐까, 생각하던 나날이었다. 내 존재의 단서를 찾는 여정의 시작이었고, 나의 만만찮은 세상 데뷔는 그런 실존에 눈뜸과 함께이기도 했다.

---

14) 블로그에 올리는 에세이라고 해서 배경과 사실관계에 소홀함이 있어서는 안 된다. 픽션이 아니라면 말이다. 독자가 고개 갸웃거림 없이 술술 읽게 하려면 '과 엠티'가 왜 '처음이자 마지막'이 되었는지에 대한 언급은 있어야겠다. 앞줄에 '4년 내내 빠져 있던 대학 신문사'라는 힌트는 있지만, 더 친절하게 '학보사 때문에 내가 사학과인지 철학과인지 토목공학과인지도 모를 지경이어서….' 같은 설명을 넣었더라면 좋을 뻔했다.

서오릉이었다. 작은 산 같은 봉건 왕조의 무덤이 다섯 개씩이나 솟아 있고 그들 발아래 강요되었을 민중의 셈 없는 노동, 이름 없는 그들에 대한 상념이 쉽게 떠오르는 곳이기도 했다.[15] 그것은 어쩌면 역사철학 계열이었던 우리에게 가장 잘 어울리는 '역사의 현장'이었던 셈이다.

우리는 '수건돌리기', 그렇다. 그날 우리는 거기서 수건돌리기라는 것을 했다. 그러길래 80년대식이라고 했다. 나른한 봄 풍광에 몸을 맡기며 몇몇이 준비해 간 막걸리의 기운이 덮쳐올 무렵, 막 인사 튼 구 왕실과의 '눈 흘기기'도 어느덧 옅어져 갈 즈음이었다.

월광에 비쳐 역사가 될 고답적인 '수건돌리기'를 마친 우리는 차례대로 돌아가며 노래를 불러야 했다. 문화인류학적으로도 알아볼 만한 우리네의 노래 부르기, 왜 그렇게들 노래를 불러야 하는지도 모르며 그 노래라는 걸 부르는 게 우리의 민족적 숙명이다.

순서는 점점 나를 향해 옥죄어 왔고, 나는 기어코 민망한 일을 당했다. 아주 은밀하게 내 차례에 부를 노래를 점검했던 것. 그때나 지금이나 불러보라면 아주 뒤떨어질 것도 아니지만 가사가 걱정이었던 모양이었고 조심스러운 나만의 리허설일 뿐이었다.

"여기 미리 노래 연습하는 놈이 있데이!"[16]

내 옆자리의 경상도 녀석 하나가 고래고래 고함을 질렀고, 사태를

---

15) 굳이 따져보자면 글이 애잔하게 흐르는 데 대한 복선이기도 하고, 이런 도입과 '수건돌리기, 노래 부르기' 같은 대조는 글맵시를 위한 구도이기도 했다.

16) 사투리는 긴 장편 소설 같은 데서는 인물과 분위기를 받쳐주는 도구로써, 맛깔난 사투리가 일정 이상 역할을 하기도 한다. 그렇다 해도 독자들은 표준어 사용에 더 익숙하다.

파악한 친구들이 '와' 하는 폭소를 터뜨렸다. 그때 말도 못 하게 당황했던 기억은 세월을 넘어 지금도 내 귓불을 진홍빛으로 물들인다. 가사고 뭐고, 나는 노래를 입으로 불렀는지 코로 불렀는지도 모르게 불러야 했다.[17]

노래를 겨우 끝내고 가까스로 정신을 차려보니 어느덧 끝 무렵의 '다음 가수'가 일어났다. 왜소한 체구에 얼굴은 왜 또 그리 예쁘장하고 붉든지, 마치 조금 전에 내가 당한 치도곤을 제가 당한 듯 수줍게 일어섰다. 여진의 〈그리움만 쌓이네〉였다. 그때는 누구의 무슨 노래인지도 몰랐지만, 그의 노래는 이내 거만하게 서 있는 서오릉 봉분들을 압도하듯 절창이 되어갔고 점점 애절해져 갔다.

"…세월 가버렸다고 이젠 나를 잊고서, 멀리멀리 떠나가는가~"

오후 늦게 쏟아진 빗줄기를 뒤집어쓴 채 하숙집에 돌아온 우리 몇몇은 기어이 그 친구를 불러들여 그 노래를 배웠다. 모락모락 피어오르는 증기와 옷에서 뚝뚝 떨어지는 빗물도 마다하지 않았다. 비좁은 하숙방, 네 방구석에 빈 술병을 둘러가며 그 노래를 부르고 또 불렀다.

이윽고 몽롱해져 간 봄밤, 점점 '그날 가수'의 노래에는 울음기가 섞여갔다. 광주가 고향이던 그는 정확히 1년 전 봄, 그 5.18의 아비규환

---

17) 상투적인 문장의 표본이다. 어떤 장르의 글이든 어디서 한 번이라도 보거나 들어봤던 표현은 절대 사용하지 않는다는 각오가 되어야 한다. 글쓰기는 보편성보다 특수성을 그 주된 원칙으로 한다. 쓸데없이 분량을 차지하는 것도 알밉다.

속[18]에서 그즈음 막 가슴 봉곳 솟아가던 여동생을 잃었다는 것. 친구는 애써 웃으며 그 이야기를 하고 부르고 또 불렀다.

우리네의 '노래 부르기 숙명'은 결국, 모든 오지 않는 것의 이름이다. 그날 우리는 노래에 울고 오누이의 이야기에 울고, 또 노래를 그냥 노래로 부르게 하지 않는 이 땅의 숙명을 울며 불렀다.[19] 그날 모두의 그리움, 그 분량만큼 나는 지금도 그때의 얼굴들이 사무치게 그립다. 그리고 그날 우리 젊은 날의 서곡이 되었던 그 노랫말처럼 온통 쓰라린 그리움만 쌓여간다.[20]

---

18) 바로 앞에 '정확히 1년 전 봄', '광주'라는 단서가 있고 도입부에도 시간 배경이 나왔기에 굳이 5.18이라는 부분은 사족이겠다. 에세이는 경량급으로 헤비급 타이틀 매치를 뛰는 경기다. 주렁주렁 장비를 달고 뛰어선 힘겹고 볼썽사납기까지 하다.

19) 그날 모두가 매우 비감했던 건 사실이겠지만, 사실도 일단 글에 올려진 이상, 이렇게 스스로 많이 울면 글이 값싸진다. 감동을 구걸하는 것이 되지 않도록 담백한 접근을 해야겠다. 실제로 '그날의 가수'도 눈물은 애써 아꼈기에 더 애틋했을 것이다.

20) 진한 그리움을 감상 없이 적어 내려가기란 애초에 어려운 일이다. 하지만 노랫말은 육자배기 남도창이어도, 쓰는 이는 최대한 감정을 절제해야 한다. 고향의 그리운 이의 부고를 듣고도 다시 연극 무대에 올라야 하는 피에로가 되어야 한다. 그렇긴 해도 필자는 지금도 이 노래만 들으면 하염없이 봄 실비 내리던 창경궁 담 옆 하숙집이 그립다. 고불고불하고 늘 최루탄 냄새 매캐하던 그 골목길을 찾아 퍼질러 앉아보고 싶다. 지금은 사라졌을지도 모르는 하숙집 내 방도 한번 들여다보고 싶다. 또 지금은 어느 하늘 아래 있는지도 모르는 그날의 가수 오누이의 가슴에도 들어앉아 보고 싶다. '가슴의 글쓰기'에서 이성적인 제 글 고치기는 애초에 그른 경우가 많다.

⟨블로그 – 내 글 고치기 ②⟩

그대, 나 죽어도 모르겠네
– 조용필의 ⟨Q⟩

한 여자를 사랑했다. 젊은 날의 홍역, 몸살 같았던 여자. 광풍의 계절에 나의 위안이었고 무지개였다. 세상과 싸울 때조차 그녀를 생각했다.[21] 전당포에 시계를 맡기고 술을 마시고, 6월의 캠퍼스 잔디밭에서 악다구니처럼 장맛비와 노래에 취할 때도 그녀가 노래고 가사였다. 그 아이가 다니던 여대 앞에서 그달 치 하숙비를 헐어 '노블와인과 맥시컨사라다'를 시켰다. 그녀가 나의 사치고 실존이었다.

그러나 그녀는 9시 기숙사 입실 시간[22]에 늦지 않으려고 20분 전에

---

[21] 보통 작가는 사랑의 종결자쯤으로 취급된다. 작가 자신이 '사랑학 개론'의 저자를 자처하는 때도 있다. 그러나 사랑이란 표현하려고 애쓸수록 손안에 쥐어지지 않는다. 사랑 묘사에 서툰 필자도 그것을 섣불리 부리려 하지 않고 그냥 멀리서 바라보기만 잘할 뿐이다.

[22] 요즘은 어떤지 모르나 그때 그 여대의 기숙사 입실 마감 시간은 밤 9시가 틀림없다. 다른 세대의 독자들은 이 부분이 숫자의 오기로 여겨지거나, '대학 기숙사에 입실 시간이 다 있었나?' 할지도 모를 일이다.

는 어김없이 교정을 뛰어 올라갔다. 매번 빼꼼 고개를 기울여 미안한 표시를 하던 빠알간 뺨의 그 애, 떠나보내고 나는 애써 고개를 끄덕 끄덕이며 혼자 술을 마셨다.

그녀는 나의 연인이었지만 우리 모두의 여자이기도 했다. 만날 때도 여럿이 떼 지어 만나고 술을 마셔도 우르르, 사랑 고백은커녕 둘이 함께는 영화 한 편을 따로 보질 못했다. 그녀의 기숙사 입실 시간처럼 나 역시 매일 편집장으로 있던 학보사 편집회의 시간에 맞춰야 했다. 이런 것들이 그녀에게 믿음을 주지 않았나 보다.

어느 날, 그 애는 마치 불륜을 고백하듯 조심스레 '남자가 생겼다.'고 했다. 고향 초등학교 동기인 그녀가, 이제 나와는 다시 그 시절의 '그냥 친구'로 돌아가기로 했단다.

견딜 수가 없었다. 하늘이 운행을 중지하고 봄빛도 굴절되기를 거절하는 듯했다. 그녀는 제 새로 사귄 그 남자 친구에게도 내 이야기를 참 많이 한다고 했다. 언제 한번 같이 만나자고도 했다. 생글생글 웃으며 그렇게 말했다.

그럴 수는 없었다. 쏟아붓듯 비 내리던 날 밤, 아현동 그녀의 아파트 공터로 그녀를 불러냈다. 처음 내놓은 나의 고백이 쉽사리 애원이 되고 떼쓰기가 되었다.[23] 사랑한다고, 시작해 보자고, 그녀는 왜 진작 붙잡지 못했냐고 했다. 그리고 이미 정답을 알고 있는 우등생처럼, 기꺼이 낯선 포옹과 키스 한 번 해주는 것으로 마지막 이별 의식을 다해주

---

23) 자크 라캉은 인간의 실존을 상상계와 상징계, 그리고 실재계로 나누었는데, 그중 상상계는 해피엔딩만 있는 유아기적 성향을 말한다. 작가는 사랑 문제에도 기꺼이 상상계의 네버랜드를 누비는 피터 팬이 된다.

었다.

"…너를 용서 않으니 내가 괴로워 안 되겠다.

나의 용서는 너를 잊는 것

너는 나의 인생을 쥐고 있다 놓아버렸다…."

어떻게 그럴 수가 있는가. 뿌연 새벽, 홀린 듯 경춘선 가을 기차에 올랐고 강이 보이자 그제야 눈물이 터져 나왔다. 여자 때문에는 처음으로 눈물이란 것을 흘려보았다.

"나의 용서는 너를 잊는 것"

잊힌 여자로 만드는 것. 나의 용서이자 그녀를 혼내는 일이라 마음먹었다.[24]

지금도 가끔 그녀가 생각난다. 그녀도 나를 생각할까. 남편 따라 미국으로 공부하러 간다고 했었다. 선한 아이였으니 남편에게도 잘할 것이다.

세상 어느 것 하나 달라짐도 없던 날, 그녀의 결혼식 하루 전 아침, 아래층에서 한가한 하숙집 아주머니가 전화 왔다고 나를 불렀다. 나는 많이 축하한다고 했고 그녀는 나의 그 말을 듣고 싶어 전화한다고 했다. 축하한다고 해야지 다른 무슨 말을 할까. 또 생글거리는 그녀의 빨간 뺨이 수화기 속에서 보이는 듯했다.

조용필이 내 이야기를 해주는 것이다. 마치 '램프가 켜져 있는 작은 찻집에' 앉아 밤새 내 이야기를 들어준 뒤 불러주는 것 같았다. 유행가

---

[24] 그때나 지금이나 필자는 그녀를 용서하기 싫다. 어차피 잊히지도 않을 기대는 하지도 말고, 언제까지고 그녀를 혼내고 싶다. '사랑하기'와 비슷한 말은 언제고 '미워하기'이다.

가 전부 제 이야기 같을 때가 있다고는 하지만 이 노래만은 진짜 내 노래다. 그래도 잘 듣지 않는다. 조용필의 〈Q〉도 이제는 그 시절처럼 금지곡이 되었으면 한다. 필요 없이 과거로 되돌아가게 하고 많이 아프니까.

"…사랑 눈감으면 모르리

사랑 돌아서면 잊으리

사랑, 내 오늘은 울지만 다시는 울지 않겠다."

언제부터인가, 아주 오래전부터 친구들끼리도 사랑 타령은 하지 않는다.[25] 이제 조용필과 이 노래만 남았다. 조용필만은 나와 이야기가 될지도 모른다. 남남이 된다는 형벌. 이젠 내가 죽어도 그녀는 모르겠지, 언젠가 그녀 죽더라도 난 모를 것이다. 한껏 작심한 노랫말처럼 그러나, 그러나, "…. 이제는 그대를 내가 보낸다."

---

25) 후일담은 늘 사족이지만, 아직도 그녀의 소재를 안다는 친구 여동생의 존재가 술자리에서 횡횡하기는 한다. 그러나 필자는 그때마다 장엄하고 훌륭하게도 그 여러 허튼 제의들을 번번이 뿌리치는 멋을 부려오고 있다.

⟨블로그 - 내 글 고치기 ③⟩

내 방을 공개합니다

'혼자 있기'도 엄연한 일이다. 청소하거나 책을 쓰거나 커피를 내리거나 하는 그 어떤 일에도 버금가는 게 혼자 있는 일이다. 그리고 혼자 있기라는 일이 일어나는 나만의 방이 고즈넉하면 할수록 더 많은 할 일이 기다리고 있다. 톨스토이의 고전이나 30권짜리 대하소설이 탄생하며 한 시대를 뒤엎는 혁명도 꿈꿔진다. ~~하루라는 짧은 시간에 항공모함 한 척도 거뜬히 건조되어 물에 띄워진다.~~[26]

혼자 있기란 결코 만만한 일이 아니다. 청년 율곡의 『자경문』에도 '혼자 있는 일'이 언급된다. 만악은 혼자 있을 때 일어나니 이를 경계하라는 것이다. 평생 면벽 공심으로 세상을 도모하신 분이니 그의 정

---

[26] 글을 쓸 때 과장이나 농담 문제에는 신중해야 할 것이다. 글도 인격체다. 글도 부티가 아니라 귀티가 나야 한다. 가볍고 무거운 글, 경쾌하고 진중한 글 등 그 소요에 잘 맞게 운용해야 한다. 글이 자신의 유머 실력을 뽐내는 무대가 될 필요는 없다. 그렇다고 이 부분은 우습지도 않아 무조건 빼야 한다.

색에도 이유는 있을 것이다.[27]

[28] 이렇듯 스스로 경계하는 마음을 다잡고 앉은 방에서 나의 주된 일은 읽고 쓰는 일이다. 어느 정도 쌓여 있는 책은 겨우내 마당 한편에 쟁여놓은 장작더미다. 광대무변한 진리, 숨 막히는 연정, 지혜로운 친구들, 그리고 역철과 천문의 지경까지 팔 한번 뻗으면 되는 자리에서 나를 기다리고 있다.

슬기가 필요하면 고금의 현자를 부르고, 세상이 어지러우면 시대별 사관을 부른다. 부조리에 몸 떠는 밤에는 오히려 농염한 상념을 초치하고, 실존에 회의하며 몸을 떨 때는 차라리 먼 곳의 여주인공을 불러 사랑을 해버린다. 언제 누구라도 내가 부르면 눈 흘김 한번 없이 찾아오고, 그들은 내게 순종하기까지 한다. 이럴 때 나의 행복은 완전하고 영속적이다. 책 읽고 글 쓸 때만 행복했다는 작가들의 토로는 과장이

---

[27] 물론 '혼자 있기'에 대한 자료를 찾다가 이이의 『자경문』이 나온 것이 아니다. 언젠가 스쳐서라도 읽었을 이이의 생각 중에서 공명이 된 구절이었을 것이다. 무의식의 깊숙한 곳에 저장되어 있다가 불현듯 솟아나온 것이다. 이것을 글쓰기에서 '영감'이라고도 하지만 글쓰기의 황홀한 보상 중 하나다.

[28] 그런데 여기 문단이 이어지는 부분에서 율곡이 '혼자 있음'을 경계하라는 데에 이유가 한 줄이라도 나왔으면 했다. 그 이유는 어느 정도 예상되고 독자는 유추해서도 읽겠지만 작가는 가능한 한, 독자에게 친절해야 한다. 혼자 있기가 삼라만상 상념을 집중하는 데 지장을 준다는 의미일지, 어쨌든 독자들이 이 기회에 『자경문』을 한번 읽어보았으면 하는 권유도 될 것 같긴 하다.

아니다.[29]

혼자만의 방에서 글쓰기와 읽기에만 목매는 것은 아니다. 마감에 쫓기는 원고가 있다면 모를까, 하세월의 초고라면 앞부분 한두 꼭지의 한가한 퇴고 작업이 될 것이다. 읽을거리라면 또 대개 앞머리 몇 쪽을 넘기며 어느덧 도입부의 강 안개가 걷힐 즈음이다. 비로소 주인공의 머리가 빼꼼 나올 때까지기도 하다.

무엇보다 혼자 방에는 '외로움'이라는 방세가 있다. 혼자만의 지평을 여는 데 소요되는 절대 싸지 않은 방값, 혼자 있기에서 큰 눈금 한 마디만큼의 비중을 차지하는 텃세이기도 하다.

그러나 애써 만든 혼자 방에서 외롭다, 외롭다고 할 수만은 없다. 군중 속에서 몸 떨며 피해 온 주제에 이 무슨 망발인가. 고독은 배냇병이다. '나는 지금 조금 외롭다.'라고 하는 대외용 알림일 뿐이다. 그것은 또 그저 방문에 붙어 있는 고색창연한 문패이며 통행세 같은 것이기도 하다. 우선 그렇게만 생각하기로 한다, 고독의 문제는.[30]

이처럼 까탈스러운 외로움의 문제가 어느 정도 극복되고 나야, 그제야 내 방의 동료들이 몰려온다. 우선은 꿈같은 휴식이라는 일이다. 창밖에 주적의 노동1호, 대포동1호 미사일이 날아다닌다 해도 나만의 참

---

29) 윤대녕 작가의 인터뷰집에서 읽고 공감한 구절이다. 풀기 어려운 문제가 있거나 열악한 환경에 처해 있을 때라도 책을 읽거나 글을 쓰면 깡그리 잊을 때가 있다. 독서나 글쓰기는 몰입과 공감의 연속이고, 심지어 그 속에서 생각지도 않았던 해결책이 나올 때도 있다. 수많은 작가가 스스로 글감옥에 들어가는 이유이기도 할 것이다. 거기에다가 글쓰기에는 치료제가 없는 치명적인 중독성까지 있다.

30) 혼자 있기에 대한 글에서 고독의 문제를 피해 갈 수는 없다. 그러나 철학적 사변보다는 가볍고 경쾌하게 건드릴 수도 있다.

호 같은 의자에 푹 잠겨 쉬는 일이다. 나만의 이런 안전하고 쾌적한 공간을 위해 내가 그동안 수고하며 일해왔다. 이런 안식과 평화가 곧 나에겐 부귀영화와 입신양명이다. 불이 나도 아내보다 이 방 한 칸 떠메고 나갈 거세다. 대통령이 바뀌었다고 인사하러 왔대도 나는 나가지 않을 것이다. 이 생이 아니면 저 생에서라도 만나고 싶어 했던 내로라하는 고전의 여주인공들. 그녀들이 무리 지어 찾아와도 나는 몸도 일으키지 않은 채 정중히 외면할 수 있다.[31]

작가나 예술가들에게 혼자 있는 일은 정말 말 그대로 엄연한 일 중의 일이다.[32] 작가들은 이런 몇 평의 공간 안에서 먹을 게 나오고 입을 게 나오는 사람들이다. 그 방 한 칸 안에 온갖 나라가 나오고 모든 유형의 사람들이 돌아다닌다. 전쟁도 터지고 싸움하고 사랑을 하고 이별도 한다. 그 방 안에 세상 사는 처세술이 다 들어 있다. 사람을 미워하는 이유, 사람을 사랑하고 배신하는 일까지, 동서고금의 사상과 철학이 높이 천정에까지 쌓여 있다.

책은 모든 것을 가능케 하는 만물 상자다. 위대한 멘토들이 줄지어

---

31) 아무리 가볍게 풀어보는 글이라지만 글 쓰는 이가 해학꾼이거나 만담가를 자처할 필요는 없다. 이 부분은 말하기와 쓰기 중에서 말하기의 영역이다. 차라리 좀 재미없는 글이 되더라도 부실한 양념은 과감히 버린다. 보이지 않는 손, 무의식에 이끌려 종횡무진 초벌 쓰기를 하다 보면 그럴듯한 것들이 무수히 쏟아진다. 그러나 퇴고는 의식의 영역이다. 군더더기라고 분류되는 부분은 말끔히 들어내는 게 좋겠다.

32) 역시 중복이고 뻔한 표현이다. 다른 글에서 이미 나왔거나 익히 알 만한 사실은 사족이다. 강조하지만 상투성이나 중복은 둘 다 '글쓰기의 범죄'다. 죄다 버려야 한다.

내 앞에서 기다리며 언제라도 호명해 면담할 수 있다. 셰익스피어와 무대가 시연되고, 로미오의 자살 이유, 안나 카레니나의 사랑도 규명될 수 있다. 포탄이 작렬하는 전장에서 톨스토이와 헤밍웨이와 함께 위대한 사유 과정에 동참할 수도 있고 또 그 좌절도 지켜볼 수 있다. 가와바다 야스나리의 미학적 연원과 허무, 개츠비의 무모한 염원도 유추해 볼 수 있다.[33]

혼자만의 방이지만 여러 혼이 몰려다니기도 한다. 혼자만의 방이 혼자만의 방이 아닐 때도 이럴 때다. 고대복을 입은 병정들, 사랑 때문에 우는 연인들, 심지어 치정으로 동반 자살 한 시신까지 쌓인다. 이미 그 방은 중세 유럽 도시마다 있는 시청 앞 광장과 같은 곳이 된다.[34] 내 방이 늘 고요한 심해 같은 곳이 되지 못하는 이유다.

또 나는 그럴 때 도무지 왜 내 연인이 떠나갔는지를 모르겠고 그래서 죽고 싶다는 섬뜩한 호소도 들어야 한다. 어김없이 낙엽을 찬양해야 하고 봄꽃의 향기도 미리 맡아야 한다. 그러다 보면 내 방은 어느덧 욱적북적 여러 사람의 신세 한탄으로 메워진다.

비싼 방이다. 나도 그들보다 더 많은 속내가 있는데 내 이야기는 토로할 겨를도 없다. 내가 오히려 그들에게 사정해야 한다. 내 지적 사유

---

[33] 글이 줄줄 저절로 나올 때를 경계해야 한다. 그리고 오히려 글이 자꾸 막힐 때 더 좋은 글이 나온다. 글쓰기는 산고이며 고통을 먹는 노동이기 때문이다. 내면 깊숙한 곳에서 분출되는 진실에는 불순물과 군더더기도 함께 나온다. 눈 부릅뜨고 제련해야 한다.

[34] 이런 구절도 '보이지 않는 손'이 쓴 것. 혼자 있는 방과 대비됨 직한 비유가 난데없이 떠올랐다. 이럴 때 글을 쓰는 재미가 쏠쏠해진다. 어김없는 유럽 시청 앞 광장은 실제로 여행 때마다 확인해 본 것으로 이미 취재 여행을 다녀온 셈으로 쳐도 된다.

가 내 깊숙한 곳에 있을 날것의 진실을 억압하지 말라고.

　내 방이 고즈넉하고 외롭고 한가한 곳이라고? 사실 나의 모두를 비우고 나의 모든 것을 내다 버리기 이전에는 나 혼자만의 방이란 없다. 켜켜이 쌓인 세상사가 매번 내 방으로 먼저 들어와 점령해 버리기 때문이다.[35]

---

35) 상투적이고 무거운 결론은 필요 없지만, 빈약한 마무리이긴 하다. 그러나 전체 분위기가 가벼운데 결말이 무거워도 우스꽝스러울 것이다. 결말이라고 해서 늘 선비처럼 의관을 정제할 필요는 없다.

⟨블로그 - 전문 ①⟩

굳이 줄을 서보라면,
저는 진보입니다만

솔직히 저는 복거일 선생을 잘 몰랐더랬습니다. 그저 몇몇 작가의 시심과 문학관 정도만 얼핏 귀 기울여 겨우 흠향하는 사람입니다. 하지만, 평소 제가 좋아하는 《동아일보》 허문명 기자가 쓴 복 선생님과의 인터뷰 기사는 저로서는 놀라움의 연속이었습니다.

『비명을 찾아서』 같은 그의 작품을 한 권도 읽어보지 않은 저로서는, 그가 말기 암이라는 사실을 듣고 '아, 어느 노 보수주의자의 죽음' 같은 감상적인 생각만 했었습니다.

그러나 거기서 그의 죽음을 대하는 태도를 읽고 여태 없던 울림을 느꼈습니다. "암 치료를 하면 소설가는 작품을 쓰지 못하는데 어떻게 약물 치료를 하고 방사선을 쬐겠는가.", 그래서 오늘도 약 한 첩 먹지 않고 신들린 듯 글을 쓰고 있다는 것입니다.

저도 글을 쓴다는 사람입니다만, 이제 얼마나 세상을 배웠다고 '다음은 죽음의 문제다.'라며 건방을 떨 수 있겠습니까. 그저 죽음을 저렇게도 맞을 수가 있구나 하고 숨죽일 수밖에 없었습니다.

저는 굳이 운동장에 긴 금을 그어 두 진영을 나누고 갈라서 보라면 분명한 진보입니다. 그러나 그 진보란, '역사는 발전하고 인생은 아름답다.'에서 나오는 정도의 진보일 뿐입니다. 그리고 소위 극단으로 치닫는 수구에 대한 경계심은 그 누구보다 강한 이데올로거라면 이데올로거입니다. 그런데 그런 제가 복 선생의 책과 사상을 잘 알지도 못하면서, 그가 죽음을 향해 있는 태도 하나만 보고서도 이미 전향을 결심한 장기수가 된 것 같은 심경이었습니다.

모르겠습니다. 복 선생에 관한 공부는 지금부터가 시작이겠습니다만, 저는 이미 그분의 사슬에 묶인 순한 모범수가 될 수도 있을 것 같습니다. '어느 노 보수주의자와 죽음'과 같은 주제는 정말 그 어디에도 없는 감상적인 주제가 아니겠습니까.

일분일초가 소중할 지금, 보수 여당의 '보수혁신위원회'라고 하는 기괴한 이름의 위원회 위원을 맡으시는 것을 보고 적잖이 당황도 했습니다. 그렇지만 다른 건 몰라도 그가 '그들' 앞에서 죽음에 대한 소중한 일갈이라도 할 것 같기에 저는 기꺼이 그를 양해할 생각도 되어 있는 것입니다.

"남들에게 잊히고 기억되는 것이야 내가 통제할 수 없지만, 적어도 위엄을 지니고 죽음을 맞는 것은 내가 통제할 수 있다."라고 한 그를 어찌 연모하지 않을 수 있겠습니까. "작가란 어차피 이기적"이라는 평소 선생의 말과, 평생을 인세와 원고료만으로 가족을 먹이셨다는 사실 또한 저 자신을 부끄럽게 만드는 일이었습니다.

말기 암 환자가 건필을 핑계로 병 다스리기를 피한다는 것도 일종의 큰 이기심이겠습니다. 그리고 죽음까지도 마지막 자존으로 만들고, 또 불치의 병마도 이제껏 누려보지 못한 마지막 사치로 만든 일은 모두에게 부러움을 자아내기에 충분할 것입니다.

  그래도 이제 막 선생의 책을 찾아 읽기 시작하고 또 선생의 사상을 기웃거려 보고자 마음먹은 저로서는, 그저 무념 무상한 가운데 죽음으로 향하는 선생의 마지막 이기심이 너무 빨리 발현되지 않기만을 바랄 뿐입니다.

〈블로그 - 전문 ②〉

이런 가족

"'…엄마랑 동생도 가고, 나도 이렇게 가나…. 감옥 안에서 자기 탓하면 안 될 텐데 어떡하냐.'며 눈물지었다. 하지만 막내에게 남긴 편지는 강인했다.

'네가 나올 때까지 나는 무조건 살아 있을 거다. 그간 살아오며 약한 자들에게는 진 적은 있다. 정에 이끌린 탓이다. 하지만 강한 자에게는 한 번도 져본 적 없다. 무서운 암이지만 이겨낼 수 있다고 나도 믿는다. 꼭 건강히 만나자. 보고 싶다.'

…이석기 씨의 죄가 무엇인지는 별론으로 하자. 그저 이 가족을 덮친 거대한 비극을 내버려둘 것인지 묻고 싶다."

-《한겨레신문》〈세상읽기〉,
박진 다산인권센터 상임활동가의 칼럼(2020. 8. 12.) 중에서

노모와 넷째 누나가 통한 속에 죽었다. 이제 셋째 누나마저 암 수술 후 목소리를 잃고 음식물 섭취나 호흡도 옆구리와 가슴을 통해서만 가

능하다. 다 막내 때문이다.

　칼럼의 필자는 이렇게 절절히 전하면서 기막혀한다. 전 통합진보당 의원 이석기 씨가 벌써 8년째 감옥살이 중이구나. 그의 가족사를 접한 건 나도 처음이다. 몇 줄 도입부를 읽을 때는 어느 미전향 장기수나, 노조위원장, 아직도 미제인 대기업 노동 피해자들 가족 이야기인 줄 만 알았다.

　미혹과 원시의 시대, 박근혜 정권, 그때 내란음모라는 어마어마한 이름이 횡횡했다. 이윽고 '미스터 국가보안법'이라 불렸다던 당시 법무장관이 직접 법정에 서서 그 해산을 요구했다. 드물게도 개명 국가의 정식정치결사체 하나가 풍비박산나던 시절이었다.

　나는 아들, 막내아우 하나 때문에 전 가족이 단장의 길을 걸어왔구나. 아, 아직도 이 나라의 현대 진보사가 이런 어머니, 누나들, 이런 기막힌 가족의 연대기를 써내려 오고 있던 중이었구나 생각했다.

　언감생심 국가전복을 꾀했는지, 어떤 과정을 거쳐 정당 하나가 그처럼 소멸돼야 했었는지, 칼럼의 필자처럼 나도 일단 '별론'으로 제쳐두자. 나보다는 시뻘건 역사가 살아 있으니, 우선은 말이다.

　다만 이 지점에서는 그 어느 때보다 성숙한 역사의식과 주인 의식이 요구된다. 이미 우리는 수많은 독립운동가와 그 비운의 후손들에게 대대로 빚지고 있는 차마 '살아남은 자'들이다. 댕기 머리 곱던 수많은 어린 성노예자와 나라 잃은 죄밖에 없는 까까머리 징용자들이 이역만리 이름도 모르는 열대의 땅으로 끌려가고 죽어가며 나라를 원망했다. 우리는 그들이 온갖 오욕과 고통을 당하는 것을 멀뚱히 지켜볼 수밖에 없었던 무력한 눈의 후예들이다.

　불과 두 세대 전 동족상잔의 전쟁까지 감당해야 하는 가운데 서로는 좌우 불문, 무리를 지어 오르내리며 애들에서 부녀자들까지 학살했었다. 우리는 그런 자들의 가깝고 먼 가족, 또는 그 동시대인들이다. 그렇게 어떻게 어떻게 해서 이제 소득 3만 불을 넘기는 기적의 '나라 만들기'와 '꿀 국민'을 이뤄낸 자들이다.

막내아들 하나의 운동 투쟁 바라지를 하느라 어머니와 누나가 끌려가 구토와 하혈을 하여 죽어갔다. 또 지금도 또 다른 누나가 아우의 석방 운동을 하다가 죽어가야 한다. 이런 유의 상흔도 이제 백일하에 규명하자. 그래야 진정 새로운 시대에서 역할을 다하는 향도 국가가 될 수 있다.

정말 이런 어머니와 누나들을 가진 자가 사제폭탄을 만들어 가스충전소를 폭파하려 했는지, 또 가족과 꼬맹이들까지 대동한 국가전복모임을 주도했는지 아닌지는 잘 모르겠다. 그러나 나라에 원귀가 많고 아직도 못 푼 갖은 원한이 장안 곳곳, 방방곡곡에서 음습하게 떠돌아다니면 구만리 같은 나라 진운에 좋을 리 없다.

재조산하도 좋고 개혁도 절실하고, 국운 융성도 긴요한 시간이다. 그리고 우리는 물경 그 당사자들이다. 이제는 이런 한의 가족사를 쓰게 하지 말자. 그 시절 내 어머니, 내 누님들의 일생도 다 이런 하나 이상의 상처를 장착하고 있음에랴.

칼럼은 이렇게 끝맺고 있다.

"…(셋째 누나) 이경진 씨는 작은 가톨릭 봉사단체를 이끌며 미혼모·장애인 시설, 보육원 등에서 평생 일해왔다. 그는 '만약 일어날 수 있으면 가장 먼저 동생 석방시키고 환경, 청소년 일 하다가 죽고 싶다.'라고 말한다. 막내의 길고 긴 복역 기간이 얼마 남지 않았다.

그러나 남은 옥살이를 기다리기에 이경진 씨에게 남은 시간이 많지 않다. 그의 막내가 빨리 집으로 돌아와야 하는 이유다."

〈블로그 – 전문 ③〉

술을 끊으며

　나의 단주 선언은 마치 올 것이 오고야 말 암 진단보다 더 큰 울림이 될 것이다. 참 많이도 마셨다. 내가 지금 술을 끊겠다고 하는데 그 누가 뭐라고 할 것인가. 또 지금 술을 끊는다고 세상에 알리는 일이 나에게는 얼마나 숙연하고 장엄한 일이기까지 한가. 친구, 친인척, 그리고 옛 동료들, 그들은 지금 나의 느닷없는 단주 소식에 나라를 빼앗긴 듯, 한숨의 담배를 피워대고 있을 것이다. 틀림없이 술과 함께 말이다. 그래도 할 수 없다. 나는 술을 끊는다.

　술을 끊는 일은 '대한독립 만세'처럼 하면 백이면 백, 실패하게 되어 있다. 나의 단주는 세상 그 어느 것보다 부드럽게, 그리고 사랑스럽게 나를 어루만지는 것이 되어야 한다. 나의 영혼과 감성, 그리고 함께 살아온 친숙한 내 육체를 한없이 위무하는 것이어야 한다. 술은 그동안 나와 고락을 함께했던 애슬픈 연인이었으니까. 마음 다치지 않게, 그리고 눈물도 보이지 않고, 그렇게 아름다운 작별을 해야 한다.

　술을 끊고 보니, 정말 하늘 아래 아무 할 일이 없고, 우주 바깥 저 멀리 혼자 멀어져 있는 기분이었다. 아무리 생각해 봐도 허허롭기 짝이 없었다. 아이들이 잘 자라고 있으며 아내도 선하다. 그러나 그래도 당장 내일은 어떻게 살아가야 하나, 나 혼자 마음이 급해졌고 맥박이 빨라졌다. 집에 불이 나 하루아침에, 길바닥에 나앉은 것처럼 막막하기만 했다.

내 입으로 말해졌던 수많은 사연, 나와 함께했던 숱한 지인, 그들의 장한 용기와 믿음. 그리고 술과 함께 귀 기울였던 쇼팽의 〈녹턴〉, 술 마시며 나의 오감을 휘두르던 잔잔한 감성과 아름답기만 했던 세상의 풍광들. 비, 눈, 바람 소리들. 고운 사람들의 눈가에 맺히던 미소와 또 거기서 분명히 보았던 눈물방울들.

그러나 술이 우상이 되고 있었다. 나는 정작 텅 빈 학교 운동장 한구석에서 따로 놀고 있었고, 나 아닌 다른 내가 세상을 활개 치며 돌아다니고 있었다. 오후 6시, 고요히 내려앉는 어둠 속에 촘촘히 메웠던 나의 시심과 음반 속 천상의 음률이 술자리에서 이내 짓찢겨 나갔다.

시를 짓고 글을 쓸 때도 술을 불러들였다. 창조의 발현은 깊은 내면에서 올 텐데, 날 선 검처럼 벼려 있어야 할 나의 감성이 흐려지고 있었다. 그들 모두 천둥번개처럼 올 텐데 술에 젖은 내가 어떻게 그들을 안을 수 있단 말인가.

무엇보다 지금 나는, 사랑을 하고 싶다. 나는 사랑을 할 때면 더 많은 술을 마셨다. 그러나 나는 그날의 밀어들을 기억하지 못한다. 진정한 사랑 한번 못 해봤다는 나의 항변은 지구가 해를 따라 돈다는 것보다 진실이다. 내가 그녀에게 사랑한다고 말했던 기억도, 또 그녀의 "그래, 나도 널 사랑해." 같은 동의도 나는 기억하지 못한다. 좋은 영화를 보고 마주 앉았던 술자리에서도 나는 그 공명을 기억하지 못한다. 모든 것이 술 아래에 놓였고 모두가 모의해서 모두가 나를 기만했다.

　나의 단주는 다시 이 세상을 사랑하고 싶어서이다. 그날의 여인에게 묻고 싶다. 사랑은, 모든 것의 이름인 그리움은 어떤 것이었냐고, 그러나 정녕 사랑을 위해 술을 마실 필요는 없다. 술로 배운 사랑은 언제나 취약하다.

　나는 강을 건넜다. 나의 단주는 잃어버린 지난날을 되살리기 위한 몸짓, 지난 사랑을 껴안고 싶은 몸부림이다. 이제 나는 그날의 맑은 감성, 되살아 오는 청정한 육체, 그리고 더없이 설레는 마음으로 달음박질칠 것이다. 애달프게 그냥 스쳐 지나간 그날의 말간 얼굴로 다시 돌아가고 싶은 것이다. 더 늦지 않게, 더 이상 술의 힘 없이.

〈블로그 - 전문 ④〉

논산훈련소를 나서는 아들에게

　본격적인 훈련을 받기 시작했다면 지금이 가장 힘들고 고독한 시간이라 짐작만 해본다만, 처음 맞는 낯선 환경에서 어떻고 지내고 있는지 궁금하구나. 훈련소 입소 며칠 전에 엄마가 함께 따라가 주자고 하는 걸 나는 시큰둥해했지. "나는 스물여덟 나이에 입대하면서도 나 혼자 버스 타고 나 혼자 머리 깎고 털털 입대했는데 뭘 그래.", 너도 듣는 데서 그렇게 거절했던 게 마음에 걸리는구나.
　그러나 애야, 그것도 멋이거든. 네가 이때까지 즐겨 듣던 김광석의 멋진 입대 송을 이제 당사자로서 들어보는 경험, 기차나 먼짓길 버스를 타고 혼자서 네 젊은 날의 푸른 산 하나를 즐거이 넘는 것도 인생의 묘미가 아니겠느냐.

　아들아.
　아빠는 지금으로부터 꼭 30년 전, 가장 나이 많은 축의 빡빡머리 훈련병으로 네 살씩, 다섯 살씩 어린 후배들과 함께 훈련을 받았다. 서서히 꽃 피어오르던 아름답고도 낯선 경남 진주 땅이란 곳이었다. 꼬박 4개월 훈련을 거쳐 중위로 임관하고도 또 3년 동안 학사 장교라는 이름으로 아빠 나름의 청춘의 강을 건넜다.

아들아, 아빠는 "군대를 다녀와야 인간이 된다."느니, 또 "그래야 참된 남자가 된다."라느니 하는 말들을 혐오한다. 아직도 남아 있는 우리네 군사 문화라고 하는 괴물이 지금 갈 길 바쁜 우리나라, 우리 사회를 가로막고 있다. 그 독소가 얼마나 여전한지 매일 실감하는 아비로서 그런 소리는 정말로 싫더구나.

우리는 이미 태초로부터의 자유의지가 있다. 또 이미 하늘로부터 천부 인권까지 얻어 지니고 태어났다. 이런 우리를 원시적 문화 하나로 재단하고 배양한다는 것이 얼마나 어불성설이고 또 인간 실존에 반하는 일인가 말이다. 너희들 세상에서만큼은 이런 한심한 문화가 사라지는 날을 기대해 보자.

얘야 그래도, 이런 것 하나는 있더구나. '아, 내가 그때 군 복무라고 하는 청춘의 강 하나를 나 혼자 건널 때, 그때 무슨 무슨 힘든 일도 겪었는데 지금 이까짓 어려움쯤이랴.' 하는 그것 말이다. 아빠는 간혹 삶이 곤할 때마다 떠올리곤 했다. 땀이 비 오듯 쏟아지는 가운데 거의 무의식으로만 뛰었던 마지막 기지 구보, 그리고 훈련 마지막 3박 4일의 행군 때 발바닥 피부가 벗겨져 시뻘건 속살로 뜨거운 아스팔트 위를 걸을 때의 기억들 말이다.

그리고 무엇보다 가장 기억에 남아 있는 것은 바로 훈련소 산꼭대기에서 받던 유격 훈련 때의 일들이었다. 이리저리 구르고 넘어지며 이 나라 젊음의 의무를 다할 때, 바로 그때, 이 아빠가 30여 년 동안 밟고 다녔던, 세상에서 가장 하찮게 여겼던 바로 그 시뻘건 흙더미가 아빠의 뺨을 사정없이 때리며 덮칠 때였다. 그리고 땀과 흙과 눈물이 범벅이 된 시야에 눈 시리게 펼쳐지던 조국의 산하, 그 가운데 내 어머니 얼굴이 동그랗게 맨 먼저 떠올랐다. 또 그때 지병으로 쓰러져 계시던 아빠의 아빠, 네 할아버지의 여윈 오른팔, 오른 다리도 희뿌옇게 보이더구나. 그리고 영원한 이방, 서울의 하늘 아래 남겨두고 온 아빠 첫사랑의 그리운 실루엣도, 그 눈물도 말이다.

아들아.
이달 말 열리는 네 늠름한 수료식 때는 아빠도 꼭 함께 가마. 가서 검게 그을렸을 네 얼굴을 바라보며 내 아들이 이제 막 건넌 젊은 날의 그 소중한 의미를 벅찬 가슴으로 함께 느껴보고 싶구나.
네 할머니와 지금 미국에 있는 고모가 와주었던 이 아빠의 30년 전 임관식 때 아빠는 눈물을 보이지 않았다. 한평생 고생만 하시던 내 어머니나, 쓰러진 아버지를 두고 서울로 떠난 오빠 대신 힘겨운 집안 짐을 도맡았던 오빠의 여동생에게 거수경례하면서도 아빠는 애써 눈물을 참았다. 내가 뭐 한 게 있다고, 내 넉 달의 훈련이 뭐 그리 길고 서러웠다고 네 할머니와 고모 앞에서 눈물을 보일 수 있었겠니.

아들아, 수고했다.
엄마 아빠의 인생에 더없는 기쁨과 삶의 의미까지 부여해 주던 우리 아들의 자랑스러운 거수경례를 받을 때, 이번에도 아빠는 울지 않을 생각이다. 오직 이 아빠만의 꿈과 젊은 날의 욕망만을 위해 사느라 우리 가정에 돌 하나 얹어놓은 게 없는 이 아빠가 언감생심 무에 한 게 있다고 말이다.

그날 우리는 부족하게 한 생을 지나온 한 사람의 청춘 선배이자 군 선배, 그리고 앞으로 기나긴 길을 혼자 뚜벅뚜벅 걸어갈 우리 인생의 후배인 내 아들과 서로 늠름한 모습으로 기쁘게 만나자. 그리고 네가 엄마 아빠에게 감격의 경례를 하고, 또 우리가 흐뭇하게 답례할 때도 절대 눈물 따위는 보이지 말자. 그런 정겹고 믿음직한 훈련 수료식을 함께 맞이하자.

애썼다. 얘야.

아빠가

페이스북 글
치열한 글쟁이들의 놀이터

블로그 등 관계 기반 SNS는 거의 다 그렇지만, 페이스북 이용자들의 심리 기저에는 타인에게 인정받고 사랑받고자 하는 기본 욕구가 녹아 있다. 문제는 이런 욕구와 현재 삶과의 균형이 깨질 때 생긴다. 이럴 때 '놀이하는 동물'인 우리 '호모루덴스'는 시대와 환경에 맞는 놀이터를 찾게 된다. 문명은 놀이 속에서 생겨나고 관계 속에서 가능하다. 페이스북의 세상은 이런 관계 속에 나를 자유롭게 표현하고, 삶의 긴장을 풀어주는 이완의 무대이자 놀이터이다.

　최근 연구 결과에 따르면, 페이스북 이용자들이 포스팅하는 가장 큰 이유는 자신의 이미지 관리 때문이라고 한다. 즉 페이스북을 통해 남들에게 보이는 자신의 이미지를 가꾸는 동시에, 남들이 이런 나의 이미지에 어떻게 반응하는지를 점검한다는 것이다.

　나는 오랫동안《중앙일보》조인스 블로그 활동을 하면서도 그 후반부엔 페이스북을 만나 함께 연동했다. '조인스 블로그 서비스'의 폐쇄로 자연스럽게 넘어온 것도 있지만, 블로그에 대한 피로감 때문이기도 했다. 즉 나의 블로그 활동이 주로 글쓰기를 포함한 다양한 문화 활동에 그쳐, 보다 시사적이고 사회성 있는 목소리를 내보고 싶다는 바람이 한몫했다.

SNS 활동은 관음과 관종의 기질이 맞아떨어져야 한다고 한다. 남의 세계를 들여다보고, 또 나를 내세우고 싶은 열망이다. 나 역시 관종의 기질은 있지만, 굳이 넓은 교우 관계가 필요한 사람은 아니다. 그래서 친구 관계의 도모를 기반으로 하는 페이스북의 본래 기능은 사실상 나에게는 불필요한 것이고 관심 분야가 아니다. 따라서 나에게 있어서 페이스북 활동은, 글쓰기나 문예적 함양을 위한 블로그 기능과 페이스북의 다양한 사회 참여의 기능을 접목한 것이라 할 수 있다.

활동 초기에는 블로그처럼 일상의 단상을 올리거나 에세이 같은 문예적 글쓰기에 치중했다. 그러다가 점차 삶과 관련된 미시적 담론이나 시사 비평 같은 데로 관심을 옮겨갔다. 조인스 블로그의 폐쇄에 따른 트라우마로 게시물의 관리에 예민해졌고 글 길이도 짧아졌지만, 그래도 가벼운 단상이 아닐 땐 긴 글도 마다하지 않았다.

페이스북은 놀이터 같은 여러 다양한 기능이 있지만, 나에게는 치열한 글쟁이들의 싸움터 같다고 느낄 때도 많다. '친구'들과 논쟁하기도 하고 시사적 포스팅을 통해 시사 비평가나 언론인들과의 글 싸움도 마다하지 않았다. 블로깅 때의 소극적이고 자기애적 글 경향이 적극적이고 이타적인 세계관으로 이동했다고 볼 수 있다.

페이스북에는 사실, 기성 미디어의 칼럼이나 기사보다 더 양질의 정보와 깊이 있는 지식도 많다. 그리고 이런 지식 정보와 함께 재미와 감동을 구하는 기능도 충분해, 많은 독자와 교감할 수 있다.

나는 주로 댓글을 통해 시사적, 진영 간 싸움을 할 때도 있었지만, 단상이나 에세이 같은 감성적 포스팅도 병행했다. 그래서 '친구'들은 물론, SNS를 오가는 불특정 다수와의 공감대도 끊이지 않았다.

　페이스북 활동에 있어서 중요한 것은 자신의 캐릭터를 만드는 일이다. 그리고 그 캐릭터는 일관성에서 나온다. 블로그도 마찬가지지만, 여러 가지 관심사를 가볍게 건드려 보는 것이 아니라, 집중과 선택을 통해 소재나 목적, 표현의 일관성을 유지하는 게 좋다. 단거리 선수와 같은 트위터나 긴 호흡이 요구되는 블로그의 중간지점이 페이스북이다. 블로그가 고향집 같은 푸근함 속에 안정성을 준다면, 페이스북은 투명한 창문을 가진 분주한 회사 사무실 같을 때가 많다.

　페이스북도 젊은 세대들의 외면 속에 사양길을 걷고 있다고는 하지만, 당분간은 조인스 블로그처럼 황망하게 사라지는 일이 없기를 바랄 뿐이다.

〈페이스북 내 글 고치기〉

대통령은 국민에게 호통치지 말라

　버락 오바마 전 미국 대통령이 한 추도식에서 청중과 함께 추도식 찬양곡을 부르는 감동적인 장면이 세상 전파를 탔었다. 3선의 기회가 없는 오바마로서는 8년의 임기를 함께해 온 국민과 뜨거운 이별 의례를 다한 것 같아 보기에 흐뭇했다. 그리고 엄숙한 자리에서 전해지는 따뜻한 연대가 돋보이기도 했다.[1]

　사실 엄숙주의는 군중집회 같은 대규모 집체 활동이나, 이를테면 군대조직의 사열식에서 보듯이 종종 비장미를 자아낸다. 그러나 이 엄숙주의가 늘 바람직하다거나, 그렇다고 단순한 문제가 아니다.[2]

---

1) 이 칼럼을 쓰게 된 모티프가 된 일화다. 사물이나 사실이 특별한 감흥을 일으킬 땐 그것이 무엇이건 글로 표현해 놓는 습관을 지니는 게 좋다. 그래야 다양한 글쓰기가 가능하다. 간단한 메모만 하기보다는 짧더라도 문장으로 남겨놓으면 그때의 감흥이나 심상이 고스란히 자기 것이 될 수 있다.

2) '바람직하다.'와 '단순한 문제'가 병렬되기 힘든 비문이다. 뒤 구절을 '그렇다고 아름다운 일만도 아니다.' 정도로 고쳐 '바람직하다.'와 병치시켜야 한다.

언젠가, 김종필 전 국무총리 부인 장사에 이 나라 원로들이 모여 환담을 나누던 TV 장면이 떠오른다. 김 전 총리가 김기춘 당시 비서실장에게 대통령의 안부를 물으며 "곁에서 보니 대통령의 심성이 어떠하시든가요." 했다. 그때 김 실장은 한껏 비감한 목소리로 말했다. "그분은 단 한 순간도 나라와 국민밖에 생각하시지 않는 분입니다."

짧은 순간이었지만 내 눈앞으로 뭔가 불길한 낭패감 같은 것이 스쳐 지나갔다.[3] 지도자나 그 주변이 지나친 엄숙주의나 애국주의에 빠지면 안 되는데, 또 권부가 늘 그렇게 고요하거나 경건해서는 안 되는데 라는 생각 때문이었다.[4]

박근혜 대통령이 자나 깨나 나라와 국민만을 생각하고 밤새 보고서를 읽는다면 그것은 따뜻하고 바람직한 모습이다. 개혁왕 정조도, 성청대(盛淸代) 옹정제도 건강을 잃을 정도로 만기친람[5]했다고 한다. 어느 지도자가 나라 장래를 위해 노심초사하지 않을 수 있겠나.

그러나 우리는 바늘 하나 떨어지는 소리까지 들리는 장엄한 대형 교회의 예배에도 참석하지만, 가끔은 시끌벅적하고 장삼이사가 멱살잡이도 하는, 그래서 거래가 돌아가는 재래시장을 구경하고 싶을 때도

---

3) 길고 어색한 문장이다. '내 눈앞으로~ 스쳐 지나갔다.', '뭔가', '같은 것이' 등의 조합이 영 부자연스럽다. 퇴고 때 걸렀어야 했다. 칼럼도 이럴 땐 보통의 기사문같이 쉽게 표현되어야 한다. 그래야 전달력이 향상되고 문장의 본질에도 가까워진다. '불길한 예감이 들었다.' 정도로 충분하다.

4) 독백의 위치 설정 같은 게 문법에는 다소 어긋나더라도, 칼럼에선 전달력이 우선이다. 친구와 대화하듯 쉽게 풀어가야 한다.

5) 萬機親覽, '직접 모든 정무를 세세하게 관장했다.'를 풀어 쓰거나 한자를 병기하기보다는, 잘 알려진 사자성어 그대로 사용하는 것이 앞뒤 내용의 의미를 더 잘 살린다.

있다. 사실 세상은 원래가 그렇다. 싸움하는 자도 있고 밥 먹듯이 배신하는 자도 있으며, 머리채를 잡고 드잡이질하며 싸우는 동네 아낙들의 악다구니 소리도[6] 들리는 곳이 바로 세상이고 그것이 세상사이다.

대통령이 엄숙주의에 갇히다 못해 국무회의에서 책상을 치며 있는 대로 성정을 드러낸다. 전쟁이 나도 의연해야 할 군 최고 통수권자가 자당 원내대표의 잘잘못에 대해 얼굴을 붉힌 채 언성을 높이는 일들이 일어나고 있다. 국무회의 석상에서나, 비서들을 모아놓은 자리를 가리지 않고 늘 국민을 향해 호통치고 가르치려 들고 있다.

국민이 자신의 참정권을 행사하여 자기 대신 뽑아 올린 국회의원은 아무리 못나도 국민의 대표다. 대통령 앞에서 고개 숙이고 무릎 꿇을 일이 아니다. 오히려 권위와 권력은 구성원으로부터 존경받지 못하거나, 그 누림에 있어 무능할 때는 힘을 행사할 수 없다. 따라서[7] 대통령 자신부터 최고 공직자로서 본분과 금도를 잘 지키고 있는지 늘 돌아봐야 하며 국민은 이를 수시로 감시해야 한다.

그래서 김기춘 비서실장의 엄숙한 토로와 오바마의 찬송 곡 제창은 중요한 키워드가 된다. 오바마는 시도 때도 없이 골프를 쳐서 빈축을 사기도 하지만, 골프를 칠 때는 치더라도 소통과 통합의 노래 한 곡

---

6) 이 정도라면 초보자의 문장 실력이다. 머리채를 잡고 싸우는 것이 이미 '드잡이질'이고, '악다구니 소리'에서도 '소리'를 빼야 한다. 문법뿐 아니라 어휘 선택도 쉽지 않다. 그러나 우선 몇 번 소리 내어 읽어보아 어색하면 보통은 틀린 문장이거나 비문이다. 익숙하지 않은 단어는 반드시 일일이 검색하여 바르게 사용해야 한다.

7) 늘 분량이 아쉬운 칼럼에서는 평범하고 한가한 소리다. 글을 경제적으로 운용해야 한다. 과감히 버리고 다음 문장과 이어서 연결되게 하자.

으로 분열된 국민을 하나~~의 가슴~~으로 잇는 ~~훌륭한~~ 리더십을 보여주었다.[8] 그러나 우리 박 대통령은 침 삼키는 소리까지 들릴 만큼 ~~고요한~~ 청와대 본관 회의실에서[9] 나랏일이 여의치 않다고 호통을 치거나 깊은 한숨을 거푸 내쉬는 리더십이다.

~~사실 엄숙주의는, 다양성이 더 높은 가치를 점하고 있는 이 시대엔 어쩌면 시대착오적이고 성가시기까지 하다. 정제되지 않은 엄숙주의는 독단과 불통과 연결되기 때문이다. 청와대는 수도원이 아니며, 대통령은 짐짓 고해성사를 받는 사제나 제사장이 아니다.~~[10]

대통령의 설익은 국가주의와 조급한 애국심, 여기에 불필요한 엄숙주의 같은 것은 이 나라와 국민의 미래에 해가 될 수 있다. 박 대통령만큼이나 우리 국민 한 사람, 한 사람도 이 나라를 사랑한다. 국민도 대통령만큼 충분히 배웠다.

---

8) 숨차다. 특별히 표현되어야 할 내용이 아니라면 긴 문장은 두 부분으로 나누어야 한다. 칼럼에서 꼭 단문만 선택할 필요는 없다. 하지만 읽는 독자를 숨넘어가게 만들면서까지 복문을 사용하는 것은 불친절하다. '오바마는 시도 때도 없이 골프를 쳐서 빈축을 사기도 한다.'와 '골프를 칠 때는 치더라도~'로 깔끔하게 나누자. 그리고 '하나의 가슴으로 잇는'에서 '가슴'을 빼고, '훌륭한 리더십'에서도 '훌륭한'을 뺀다. '분열된 국민을 하나로 잇는 리더십'은 대개 훌륭하게 행사된 리더십이다.

9) 필자는 '침 삼키는 소리까지 들리는 고요한 청와대 본관 회의'까지는 참석해 보지 못했다. TV를 통해 대통령은 원고를 읽고, 참석자들은 받아적는 데 몰두하는 분위기에서 유추해 본 것이다. 엄격하게는, '고요한'을 '고요해 보이는'으로 고치는 게 옳다. 이럴 때 글쓰기는 곳곳에 지뢰를 묻어놓고 우리를 기다린다.

10) 도입부에서 언급됐다. 중복되고 장황하다. 상식적이기도 해서 삭제하는 게 경제적이다.

국민을 향해 호통치는 정치는 이제라도 그만두어야 한다. 국민은 나라의 주인이다. 우리 국민은 그래도 열심히 살아남아서 이만큼이라도 '나라 만들기'에 힘써왔다. 박정희 전 대통령의 치적 역시, 이러한 전체 국민의 헌신 없이는 생각할 수 없다. 언감생심 나라의 주인인 국민을 겁박하거나, 국민을 높은 곳에서 내려다보며 계도하려 해서도 안 된다. 지도자는 정략을 떠나고, 이념을 떠나서라도 국민의 자존감에 상처를 주어서는 안 된다.

(대통령은 지금이라도 정치 엄숙주의에서 벗어나야 한다. 세상은 더 이상 지난 근대화 시대의 철 지난 도롱뇽 꼬리 같은 세상이 아니다. '잘 살아보세'를 내건 국가주의, 전체주의 체제로 국민을 끌고 가는 시대는 엄연히 지나갔다. 대통령은 벨벳처럼 부드러운 감성적 선진 정치가 오늘의 시대정신임을 빨리 자각해야 한다)[11]

박 대통령은 하루속히 국민의 포장마차, 국민의 가슴속에 들어와서 무거운 짐일랑 잠시 내려놓길 바란다. 그리고 이 좋은 초여름 밤의 공기 아래서 고단한 국민과 함께 푸근한 대화를 나누어야 한다.[12]

---

11) 엄숙주의의 폐해에 대해 다시 한번 강조한 부분이고 결론으로도 필요한 대목이다. 그러나 또 없다고 해서 서운해할 것도 없다. 이럴 땐 원고의 분량에 맞게 빼거나, 그대로 살리거나 유동적으로 판단해야 한다. 물론 원고를 들어낼 때는 앞뒤 전후 관계가 이어지는지 세심한 주의가 필요하다.
12) 당연하지만 이런 형식의 칼럼에서는 자기주장이 최대한 드러나야 한다. '이 글은 회사의 의견과 일치하지 않을 수 있습니다.' 같은 특별한 고지가 없는 한, 사설 다음으로 매체의 주장에 부합되는 글이 올려진다. 이렇게 '내려놓길 바란다.'나 '대화를 나누어야 한다.' 같은 식으로 마무리하는 게 좋다. 칼럼이라면 무엇보다 원고량을 고려해서 적절하게 글을 선택하고 배치해야 하며 뚜렷한 결과물로 마무리돼야 한다.

〈페이스북 - 전문 ①〉

두 아버지의 나라

오늘 아침 《한겨레신문》에 실린 김상봉 전남대 교수의 칼럼(〈미국을 설득하기 전에 우리 아버지들을〉, 2019. 12. 24., 현 국제 정세 속의 경직된 안보 논리보다는, 세대 간 이데올로기 격차를 해소하는 게 시급하다는 내용)은 분명 지난밤 산타의 선물이라고 생각한다. 지금 정쟁으로 '필리버스터 성탄 국회'를 열고 있는 여야 의원들도 잠시 한숨을 고르고, 추운 아스팔트 위의 태극기 어르신들도 이 김 교수의 글 하나를 읽으며 잠시 평안에 잠기길 기대한다. 마음을 내려놓기에 좋은 시기 아닌가. 격정의 시간은 의외로 단순한 심리 기제에서 출발할 때가 많기 때문이다.

칼럼을 쓴 김 교수는 진정한 한반도의 평화를 위해서는, 주변 강대국이 아니라 6.25 세대인 자신의 아버지 같은 분, 나아가 진영으로 나뉘어 있는 우리부터 서로 설득해야 한다고 했다. 우리가 골머리를 앓는 진영논리에는 생각보다 독특한 대중요법이 있는 것처럼도 들린다. 가족사 또한 이런 해묵은 난제를 푸는 의외의 실마리가 되기 때문이다.

김 교수처럼 나 역시 분단선을 넘어온 이북 출신 '38 따라지' 아버지를 가졌었다. 김 교수네와는 달리, 내 선친은 젊은 날 이미 진보 쪽에서 기웃대던 아들과는 단 한 번도 이념적으로 부딪친 적이 없었다. 단 한 번도 정치 성향을 드러내지 않으시다가 돌아가셨다. 다만 평생을 대표적 보수 일간지를 구독하신 일로 당신의 정향을 짐작해 보는 건 역시 아들의 경도된 외눈 탓일까. 그러나 김 교수 못지않게 우리 가족사도 만만치만은 않다. 세기를 넘어 종횡무진한 우리 집 '삼대 이야기' 말이다.

오래전에 돌아가셨을 내 아버지의 아버지, 얼굴도 모르는 내 친할아버지는 해방과 함께 만주에서 식솔들을 이끌고 귀국했다고 한다. 그러나 할아버지가 독립군 쪽이었는지, 왜정 쪽이었는지는 분명히 전해지지 않았다.

할아버지는 귀국 후 이내 재산을 불려, 함경남도 함주 땅에 49칸이나 되는 큰 집을 지은 '악질 반동'의 신분으로 등장했다. 그런가 하면 곧바로 좌로 선회해 거만의 부와 집을 도당 인민군 청사로 쓰라고 유감없이 넘기기도 했다. 과연 현란했던 그 전설은 시류에 따른 처세였을까 아니면 내 선친 같은 무념무상한 정치 성향 때문이었을까.

시대의 계단을 성큼 한 칸 내려와 그 아들, 내 아버지 역시, 비탈진 역사의 구릉을 타고 넘다가 '남반부 군인'의 옷을 입게 된다. 그의 전쟁 증언에 따르면, 인민군들이 까까머리의 어린 국방군 포로들이 도망가지 못하게 도끼로 무릎을 척척 쳐내던 엽기를 바로 눈앞에서 보기도 했단다. 그리고 그 아비규환의 현장에서 당신 혼자만 구사일생으로 탈출했다.

이 자애로운 성탄절 아침에 굳이 역사의 가학 취미를 새삼스레 고발하자는 게 아니다. 단지 우리는 틀림없이 그런 '엽기의 시대'를 살아온 민족이고, 또 한 자, 한 획 틀리지 않게 '가학적 역사'의 실제 증인들임을 환기하기 위해서이다.

그다음 또 한 세대가 흐른다. 스무 살이던 나는 지난 세기의 젊은이로서 또 한 번 격동의 강에 뛰어든다. 전쟁보다 더하면 더 했을 잔혹함으로 동족을 학살했던 군인 정권의 시대였다. 이에 항거하여 '레프트'의 진영에 경도된 것을 그 누가 의아해할까. 나는 그때 그것만이 내 청춘을 담보하는 것이라고 굳게 믿었다.

이렇게 '아버지들' 대대로 내려오며 도도한 레프트, 라이트가 어떻게 어지럽게 휘둘러졌는지는 진정 월광에 적셔진 역사만이 판독해 낼 수 있을 것이다. 그리고 나는 우리 아버지, 고단했던 월남민의 눈엔 당신 아들이 험한 세상에서 찧고 까부는 모습이 어떻게 비쳤을지 지금도 궁금한 것이다.

물론 이야기는 이어진다. 나는, 또 진영을 넘어 이번엔 약소국 공군 정훈 장교로 등장하기도 했다. 그때는 반공 이데올로기와 반미주의의 극성기였다. 소위 '좌경 세력의 준동'을 막는 게 정훈 특기 중위의 주 임무였다. 그리고 이런 다채로운 이력의 아버지가 된 나는, 마침내 주한 미군과 계약을 맺고 카투사에 입대한 키 185센티의 아들을 갖게 되기도 했다.

역사의 롤러코스터는 그 어느 대하소설보다 현란하다. 칼럼을 쓴 김 교수의 가족사는 또 어떤 현대사를 따로 기록했을지 궁금하다. 그리고 이념의 조우를 피했던 우리 부자와는 달리, 그분들은 또 어떻게 시대와 불화하고 화해했을지도 역시 궁금하다. 내 꼭 한 번은 광주로 김 교수를 찾아가 값싼 술이라도 한잔 대접하고 싶다. 금남로 포장마차에서 두 분 아버지 생전에 나누지 못했을 회한의 가족사는 물론, 코에 단내마저 나는 우리네 현대사를 밤새워 한번 읽어내고 싶다.

보수라고 다 같은 보수가 아닐 것이며, 좌나 진보 역시 무심한 시간과 함께 충분히 빛바랜 깃발이 될 수가 있다. 나는 지금처럼 좌우 진영 간의 대립이 날카롭고 주변 국제 정세가 엄중할 때면, 이런 아버지들의 시대를 떠올려 보려고 갖은 힘을 다 써본다. 아버지 두 분은 지금 어디에서 어떤 생각에 잠겨 있을까. 나는 그분들이 각고의 몸으로 부대낀 만큼, 그만큼 역사도 발전해 오고 있는가를 묻고 싶은 것이다. 또 그것을 교과서에서 찾기보다 두 아버지로부터의 생생한 육성으로 들어보고 싶은 것이다.

〈페이스북 - 전문 ②〉

나라 욕만 하는
A 신문사 B 논설위원께

B 논설위원님,

　인사는 생략하겠습니다. 기자와 독자의 관계는 어차피 이미 오래전부터 아침마다 만나온, 친숙한 관계임이 분명하니까요. 위원님은 이번 코로나 사태 이래 시종일관 정부 공격만 하시는데, 이제 그런 거니 하고 억누르려 해도 정말 너무하시는 것 같습니다. 오늘 지금, 이 시각에도 코로나에 항거하며 내 형제자매, 수많은 사람이 위원님 같은 분들이 어디 좋은 방안 하나 내놓지 않나 하루하루 지켜보고 있습니다.

　그러면, 이렇게라도 대처하지 않으면 도대체 어쩌라는 것입니까? 생때같은 사람들이 죽어나가고, 질병 본부와 전체 공무원들이 격무에 격무를 거듭하고 있습니다. 전 국민이 발을 동동 굴리며 너나 간에 애국 성금을 거둔다, 그걸 나눈다고 하고 있습니다. 각지의 민간 의사와 간호사들이 목숨을 걸고 현장으로 달려가고 있습니다. 하루속히 추경도 짜고 코로나 법도 만들어야 하질 않겠습니까.

　그러면 이런 아수라판에 정권 다 내려놓고 이제까지의 모든 대책도

다 원점으로 돌리고, 도리없이 전부 자멸이라도 하자는 것입니까?

 아무리 정파와 진영이 나뉘어 있다고 하더라도, 설마 지금 정권을 잡고 있는 이들이 일부러 모의라도 하여 나라 망하게 하려고 저런답니까? 서로의 의견은 다르게 마련이고, 틀림보단 다름일 때가 많은데, 자신과 견해가 다르다고 이렇게까지 이 악물고 싸울 일은 아니질 않습니까?

 B 위원님!
 귀 신문의 사시가 불편부당인 것으로 알고 있습니다. 아무리 언론의 사명이 권력 감시와 비판 기능에 있다고 하지만, 부디 인간 실존의 선함과 천부의 양심도 한번 믿어보십시오. 지금의 위기는 눈앞의 진영 갈등이나 특정 정파만의 이해가 걸린 문제만이 아니질 않습니까? 미래를 향해 나라와 국민은 평강해야 하질 않겠습니까?

 정말 오로지 현 정권 때문에 유독 코로나가 이렇게 극성이라고 보십니까? 도대체 위원님께서 이렇게까지 집요하게 모든 글을 정치적이고 정파적으로 쓰고 계시는 이유가 도대체 무엇입니까? 이런 글들이 정말 나라에 도움이 되고 국민에게 희망을 줄 수 있다고 생각하십니까? 제발 생산적 대책과 아이디어 하나라도 함께 내놓아 달라는 것입니다.

 중국인 다 막으면, 양국에서 수만 명씩 교류하고 있는 사람들은 대체 어디로 가야 합니까? 중국 하나 바라보고 먹고사는 기층민들이 이래 죽으나 저래 죽으나 마찬가지라고 하며 좌절하면 또 어떡하란 말입니까?

 이제 나라의 위상과 민도가 위원님 예전에 활동하실 때처럼 그렇게 우매하고 낮질 않습니다. 지금 국민은 심훈의 소설 『상록수』에서처럼 몽매한 나머지 계몽이라도 받아야 할 대상이 아닙니다. 신문사, 방송사의 논설위원, 해설위원급은 되지 않겠지요. 그러나 다들 충분히 나라 앞길에 대해 충심을 가지고 고민하고 있습니다. 물경 GNI 3만 불이 훌쩍 넘는 국격으로 아카데미상까지 받는 국민이 아닙니까?

제발 시대정신과 시대변화에 귀 기울여 주십시오. 뭔가 어제와는 하나라도 다른 참 애국 언론의 모습을 보여주십시오.

위원님,

의견 개진에 있어 다소 거친 부분은 제 본의가 아니고 인격적으로 위해를 가할 생각 역시 추호도 없습니다. 그러기엔 지금 이 나라의 전도가 너무도 위태로운 시점이기 때문입니다. 이럴 땐 5천만이 다 똑같은 충정이 아니겠습니까? 정파와 정견, 언론은 유한하나 국가와 국민은 영영 세세 무한해야 하질 않겠습니까. 제 말은 그런 말씀입니다. 부디 정론으로 나라 살리는 참언론의 금도를 지켜주시길 간곡히 호소합니다.

다시 A 신문사 B 논설위원님께

B 위원님!

다시 긴 말씀 드리지는 않겠습니다.

이미 전제한 대로, 제가 위원님 견해에만, 또 위원님 회사의 논지에만 억하심정 가지고 있는 것이 아님은 부디 알아주십시오. 보수와 진보의 원천이나, 장삼이사의 상이한 진영논리는 누구에게나 부여된 영역이 있기 때문일 것입니다. 저희 국민도 여러 언론인처럼 이런 국난에 이 정도의 비판은 충분히 할 수 있다고 봅니다. 국론은 언론인만의 특권으로 형성되는 게 아니기 때문이겠지요.

  비판은 어느 시대, 어느 언로만의 전유물이 아닙니다. 위원님처럼 고유의 비판 의무와 책임이 있는 언론인들께서도 어떨 땐 또 다른 언로, 즉 저희 같은 민중의 비판에도 경청하는 자세가 필요하지 않겠습니까? 왜 나라 위한 단심의 '신문고'가 신문 종이나, 채널권을 가진 언론인 여러분만의 독점물이겠습니까.

  사족이겠지만, 박근혜 시대에서의 역할을 말씀하셨는데, 그런 수천 년 종사에 누를 끼친 무리들의 전횡을 허용했다는 자체만으로도 언론이나 국민인 저 같은 개인 모두가 부끄러워해야 할 사안 아닙니까? 누구 하나 그때의 '노고'를 내세울 것은 아니라는 말씀을 드리고 싶습니다.

  B 위원님,

  저는 한 줄 댓글난에 욕이나 해대고 달아나는 파렴치한은 아닙니다. 내세우거나 뚜렷이 가진 것은 없으나, 저도 오래 이뤄온 제 나름의 성취와 몇 권 책으로 제 이름을 걸고 사는 사람입니다.

  나라의 명운마저 걸려 있을 수 있는 아침입니다. 저도 나름대로는 한 사람의 국민으로서, 또 위원님 글의 독자나 시청자로서 제 자그마한 역할을 하고 있는 것뿐입니다. 부디 저의 충정을 받아주시고 건필하시길 기원합니다.

〈페이스북 - 전문 ③〉

내 꿈은 오로리 이장이지요

함흥차사 할 때의 함흥, 〈굳세어라 금순아〉의 흥남 부두와 흥남 철수 할 때의 흥남과 함께 함경남도 중부의 3대 지역인 함주군. 그 상기천면의 일곱 리 중 하나라는, 이름도 낯선 이북 고향, 내 원적은 함경남도 함주군 상기천면 오로리(伍老里)입니다. 이렇게 제법 아는 척은 하지만, 사실은 대학 다닐 때 제 돌아가신 아버지와 함께 고색창연한 족보를 뒤져 마침내 얻어냈던 원래의 고향이지요. 이름이 맨날 바뀌는 무슨 당의 국회의원이 남북 수교라도 되면 평양 대사 하는 게 소원이랬는데, 나는 그냥 소박하게 이장, 이북의 오로리 이장입니다.

코로나 때문에 대구의 이모댁이나 처형댁도 걱정입니다만, 오늘 아침 개나리 수줍은 아파트 옆 달맞이 봉을 올려보다가 문득 떠올랐습니다. 이북 함주군 오로리, 내 작은아버지네, 고모네, 얼굴 모르는 사촌들 생각이 났습니다.

우리 아버지, 마흔아홉 칸 집 8남매 중에 장남이면서 혼자 이남으로 도망쳐 내려오느라 나머지 일곱 형제자매 그렇게도 뼈 빠지게 고생했

답니다. 아버님 작고 전에 어찌어찌해서 북한에 사는 남동생과 통화를 했는데 그렇게 지난 일들 고해바치며 계속 울기만 하더랍니다. 전쟁통에 몇은 죽고 한 동생은 나중에 저수지 관리 하다 그나마 아오지 땅으로 보내지고, 또 자신은 곡물간 쌀 검수하며 근근이 살았다는데 전화 말미엔 은근히 달러 이야기도 비치더랍니다. 이웃 마을 살던 숙부네 삼촌은 머리 좋아 북한 의사 되었는데요, 오매불망 러시아로 전근 가고 싶다는 청탁을 하더랍니다. 하릴없이 중풍 든 남한 형님한테 어쩌라고요.

 허구한 날 미사일 쏘아대는 만년 허풍쟁이들이고, 수백만이 굶어 죽어 나가도 눈 깜짝 안 한다는 내 아버지의 먼 나라, 그래도 이제 마침내 내 고향입니다. 내 친척들의 고단한 나라엔 코로나 확진자, 사망자가 정말로 한 명도 없을는지. 난 집에 있느라 필요도 없는 마스크, 대구 보내다가도 이북 내 사촌들은 고작 그 면 마스크 한 장 있을까 그런 생각 들었지요. 통일부니, 적십자사가 있대도 한 줄 북한 소식을 알 수가 없고, 그 대명천지 이탈리아도 하룻밤에 저렇게 수백이 죽어나간다는데 말입니다.

 이래 저래도 내 남은 하나 꿈은, 내 아버지, 내 삼촌, 내 고모 뛰어노시던, 푸른 시내 하나 흐른다는 북의 고향 오로리, 그 오로리 환갑 지난 이장이지요. 이장도 정년이 있는지는 몰라도 통일되고, 생때같은 우리 친척들이 이 난리 통에 살아만 있다면 그들 모아 선거 운동 하고 마침내 당선되고요.

 다시 한번 내 꿈은, 내 돌아가신 아버지 혼자 도망 나오느라 그 밑 일곱 동생, 또 수많을 내 사촌에 육촌, 그리도 고생시켰다는데요, 하도 미안하고 속상해서, 저 함경남도 땅 함주군 오로리, 나이 들고 한없이 미안한 이장되는 욕심 하나 부려보지요.

〈페이스북 - 전문 ④〉

앞마당에 찾아온 박정희 시대 1~3

1

 박정희, 도예종, 그리고 조용수, 그들이 한꺼번에 우리 집 앞마당으로 들어와 버렸다. '박정희 시대'라고 하는 이름을 한, 한국 현대사의 큰 봉우리 하나가 지금 막 내 앞에 우뚝 서 있는 것이다.
 나는 박정희 전 대통령을 코흘리개 동네 친구로 두었던 외삼촌을 가졌고, 70년대 소위 '인혁당 사건'으로 목숨을 앗긴 도예종은 내 모친 친구의 남편, 그리고 지난 1961년 5.16쿠데타로 비명에 간《민족일보》의 젊은 사장 조용수 역시, 내가 30년을 함께해 온 이만섭 전 국회의장의 고향 단짝이자 학교 동기가 된다.
 카메오가 아니라 어느새 극의 비중 있는 배역이 되어 있는 내가 나 스스로도 놀라는 순간이다. 땅만 파면 나오는 경주의 신라 기왓장처럼 박정희 시대는 오늘도 여전히 진행형이고 또 그래야만 한다. 하룻밤의 총성으로 박정희 본인은 사라졌지만, 그의 집권 18년사는 지금, 이 순간에도 어김없이 누구의 가슴속에, 혹은 차가운 형장의 땅 아래 시퍼렇게 살아 있다. 하나씩 발굴되고 있는 그 시대의 잔해는 최근 전해진 조용수 전《민족일보》사장의 가족사 못지않은 원시의 시대, 그것이다.

'박정희 시대'에 벌어졌던 수많은 학생과 민족 민주 통일 인사들에 대한 탄압이 백일하에 드러났다. 수없이 획책되던 교포 유학생 예술인 어민 등에 대한 무차별적인 용공 올가미와 간첩단 조작 사건들이 세상에 드러난 지도 이미 많은 시간이 흘렀다. 그것은 역사의 법정에서뿐만 아니라 실제 사법적 재심을 통해 속속 현재화되고 있다. 그리고 이제는 어느새 내 이야기, 우리 집안, 바로 이웃의 현재사가 되고 있다.

목숨은 다 같은 목숨이고 죽음 또한 똑같은 죽음이다. 박정희 시대에 희생된 그 목숨들은 바로 이어진 5.18 광주의 집단 학살과 다르지 않은, 똑같은 크기의 이름이다. 그런데 아직도 미완성인 이 나라 현대사 노트 안에 또 다른 괴물 하나가 버젓이 그 모습을 드러내고 있다. 역사를 어지럽히고 왜곡하며 추하게 덧칠하는 가장 음험한 괴물, 즉 망각과 타협이라고 하는 이름의 그것이다.

마르크스식 문장을 하나 빌리자면, "하나의 유령이 나라 안에서 지워지려 하고 있다. '박정희 시대'라는 이름의 그것이…."

언젠가부터 이 나라 현대사의 정점인 박정희 시대를 '승계와 단절' 정도로 일단락 짓고, 어서 다음 단원으로 넘어가자고 하는 시대적 묵인, 나아가 합의 같은 게 어슬렁어슬렁 돌아다니고 있다. 좌우를 막론하고, 더욱이 진보 지식인과 과거의 운동권 진영까지, 심지어 대통령 후보자 토론회 같은 데서도 이미 박정희의 시대는 유감없이 그 순서에서 밀리고 있다. 그 시대는 공과 과가 있는데 그중에서 공은 계승하고 과오와는 단절하자는 것이다. 언젠가부터의 이런 타협이 어느덧, 복잡한 나라의 성문법만큼이나 그 모양을 갖추고 있다.

얼마 전, 우연히 어느 유명 정치 평론가가 한 TV 프로그램에 출연해 토론하는 것을 보았다. 자본주의와 사회주의 경제 체제에 관해 대화였다. 유익한 시간이었지만 그날 그 역시 초기 박정희 시대의 국가 주도형 계획 경제 같은 문제에 대해 "뭐, 그런 건 잘한 것 같아요." 같은, 지나가는 말을 흘리고 있었다.

잘한 건 마땅히 잘했다고 해야 하고 역사는 '본래 있는 그대로의 역사'이긴 하다. 다만 그날 그들의 발언 가운데서도 은연중 이제 박정희 시대는 짐짓 마무리 짓고 싶어 하는 뉘앙스가 진하게 풍겼다. 혹은 여태 그 레퍼토리냐는 식의 나른한 '권태' 같은 것이 느껴졌다고나 할까.

'모든 역사는 오늘의 역사'라고 했는데, 이제 불과 반세기의 '현재사'가 이렇게 망각되고 있는 게 과연 어떤 의미인가. 역사에 단절이란 없다. 유유한 장강처럼 휘어지되 끊어짐이 없는 게 역사다. 어제와 오늘은 내일과 서로 대화하며 간단없이 이어져 간다. 역사는 늘 왜곡과 망각이 획책되고 횡행하긴 하지만, 결코 묻히거나 건너뛰는 일은 있을 수 없다. 낯설고도 편리해 보이는 '승계와 단절론'으로 참역사 서술이 눈 흐려져서는 안 된다.

공과에 대한 이음과 극복이란, 그것들의 함량이 어느 정도 비슷할 때 사용되는 것이다. 굳이 비유를 해보자면, 평생 가족들에게 주먹을 휘두르고 갖은 패악을 떨면서도 가끔 돈뭉치를 던져주어 곤궁은 면하게 해주는 가장이 있다. 대체 그의 무엇을 잇고 또 무엇을 잊자는 것인지의 문제다. 1차 세계 대전 후 피폐한 독일 국민을 일시적으로 격동시켰다고 해서 히틀러를 다른 그 어떤 이름으로 불러야 하는지, 또 당시 독일인들이 갈구했다는 그 '빵'이 어떤 경로를 거쳐 또 한 번의 끔

쩍한 전쟁을 불러왔는지가 바로 엊그제의 교훈이다.

역사 기술에도 금도가 있어야 하며, 암묵적 태업과 왜곡이 허용되어서는 안 된다. 가난은 전쟁보다 무섭다고는 하나, 그렇다고 해서 한 끼 밥을 위해 폭력을 택해서는 안 된다.

더욱이 지금의 이런 박정희 시대에 대한 묵인이나 담합 같은 것이 바로 오늘 직면한 '현재사'를 풀기 어렵게 만드는 원인이 되고 있음에랴. 사관은 무심한 가운데서도 구성원들의 보다 냉엄한 각성을 요구하는 중인지도 모른다. 〈계속〉

2

박정희, 도예종, 그리고 조용수는 원래 내 소설의 조역들이었다. 이 세 배우를 다시 본무대에 올려 그들의 공력과 심지어 그들 스스로가 스토리텔러임을 증명하는 작품 하나를 연출해 보자는 것이다.

이번 작품의 작가이자 연출가를 겸한 나는, 결국 이들 박정희 시대의 사람들을 마침내 주인공으로 캐스팅해야겠다는 결심을 한다. 손만 뻗어도 잡히는 현대사, 구성원들의 치열했던 한 시대가 이렇게 어이없이 묻히려 하는 판에 그들을 한가한 배역으로 방치할 수는 없기 때문이다.

이 작품 속의 박정희는 바로 '그 박정희'이고 도예종은 이제 많은 사람들도 알게 된, 소위 '인혁당 재건위 조작 사건'의 희생자이다. 그리고 늘 한국 언론사에서 비운의 주인공인《민족일보》사장 조용수, 이들 셋은 암살되거나 무고하게 형장의 이슬로 사라진 그들이다.

박정희는 오래 그래 왔듯이 독재의 화신으로 이 나라 현대사에서 악역과 메시아 행세를 넘나드는 역할이다. 도예종은 늘 애잔한 눈빛을 한 지방의 퇴역 '레프트'. 그리고 조용수는 60년대 초 혜성처럼 우리 앞에 나타났다가 피어보지도 못한 채 스러진 '비극의 언론인'이다. 무엇보다 이들 셋 모두는 결국 역사에 의해 살해되거나 희생되고 마는 새드엔딩의 주역들이다. 그러니 지난 60, 70년대에 사라져 간 숱한 무명씨들의 주검으로도 분장해야 하는 운명이다.

박정희 정권 18년 동안 도대체 무슨 일이 있었던가, 대체 누가 죽고 얼마나 죽이고 또 마침내 누가 살아남았는가. 소설과 영화는 따분해도 마무리가 있지만, 역사는 늘 매일매일이 크랭크인일 뿐이다.

나 같은 '베이비부머'는 6.25 전쟁이 일단락된 지 10년 안팎으로 태어나고 또 5·16쿠데타 1주년을 보름 앞두고 돌상을 받았다. 내가 초등학교를 졸업하던 즈음인 1974년, 소위 '인혁당 재건위 조작 사건'이 발생했다. 1972년의 10월 유신 체제에 항거한 '민청학련 사건' 등의 배후로 조작된 소위 '국내 공산 비밀 조직'이 바로 인혁당이다. 이들 연루자 중 도예종을 비롯한 8인은 사형선고가 난 지 불과 18시간 만에 전격적으로 사형이 집행됨으로써 국내는 물론 세계를 경악시켰다.

60, 70년대에 발생한 수많은 용공, 간첩 조작 사건들처럼 '인혁당 사건' 역시, 30여 년이 흐른 다른 세기 2000년대 초에야 교정되었다. 이 사건 역시 당시 정권과 수사 당국의 가혹한 고문에 의해 저질러졌음이 드러났다. 그래서 마침내 법원은 그 사건들이 '민주 헌정질서 회복을 위한 민주화 운동'이었다고 재심판했다. 역사의 붓이 그제야 관련자 16명 모두를 민주와 통일의 운동가로 고쳐 적은 것이다.

그때 '나라를 뒤집으려 했던 간첩단의 수괴' 도예종의 부인 신동숙이 내 어머니의 친구 '신 선생'이다. 당시 내 어머니와 같은 초등학교에서 교편을 잡고 있었던 신 선생은 남편을 묻은 후 곧바로 친구 아들인 나에게 『백범일지』 한 권을 선물했다. 그리고 그 자리에서 책의 맨 앞 장에 "나라의 참된 민주 일꾼이 되길"이라고 적었다.

신 선생 부부는 자식이 없었다. 친구의 아들이자 바로 이웃에 살던 나는 그때 '민주 일꾼'이란 뜻은 잘 몰랐다. 하지만 신 선생이 간첩 마누라라는 동네 사람들의 오랜 소곤거림은 지금도 똑똑히 기억한다. 얼마나 고독했을까. 신 선생의 일생은.

언제나 그렇듯, 우리의 현대사는 어지럽게 휘굴려 그때의 '초등학생'이 나이 서른을 지나 처음으로 세 권짜리 소설을 내놓았다. 그리고 나는 마침내, 평생을 '간첩 아내'로 오해받으며 살아온 신 선생의 이야기를 몇 장이나마 소설에 삽입할 수 있었다.

모두가 주인공이고 모두가 '간첩 아내'였던 시대를 살며 유년기에 어머니 친구를 '빨갱이 간첩 부인'으로 잘못 알아온 데 대한 미안함의 표현이었을까. 이제는 내가 제대로 책 한 권을 선물할 차례이다.

단원을 바꿔 박정희와 내 외삼촌의 스토리는 훨씬 더 시대를 거슬러 올라가지만, 오히려 더 가까워 보이고 신묘하기까지 하다. 현대사가 얼마나 가까우며 왜 결코 업신여김을 받아서는 안 되는지가 증명되기 때문이다.

어머니의 맏오빠인 내 큰외삼촌은 박정희와 구미공립보통학교 동기이자 한 동네의 코흘리개 친구였다. 외삼촌과 박정희가 유년을 보낸 상모리, 지금의 경북 구미시 상모동은 금오산을 뒤로하고 매년 봄이면 진달래가 만발하던 아름다운 풍광이었다고 했다.

그러나 외삼촌이 기억하는 고향의 봄 동산은 전혀 낭만적이지 않다.

춘궁기 보릿고개를 넘을 때마다 주린 배를 달래려 진달래 꽃잎, 찔레 순을 따다 먹고 감꽃 필 무렵이면 떨어진 감꽃을 주워 먹어야 했던, 생각하기도 꺼려지는 고통의 현장이었다.

'영웅담'을 통해 익히 들어온 대로, 90호 되는 상모리 가구 중에서도 제일 가난했던 '정희'는, 매일 내 외삼촌네를 찾아와 외로움을 달랬단다. 한번은 추운 겨울에 무명 저고리의 옷고름도 떨어진 상태로 상의를 펄럭이며 마실 왔더라는 게 우리 외할머니의 증언이다. 그게 불쌍해 외할머니는 마당에 있던 철사로 우선 저고리를 꿰어 급한 대로 섶만 여며주었다고 한다.

노산한 어머니 젖을 얻어먹지 못해 늘 병약하면서도 40리 거리의 학교를 걸어 다녔다는 정희 소년은, 마침내 5.16 후 국가재건최고회의 의장으로 극적인 신분 상승이란 걸 한다. 그 박 의장이 하루는 사람을 보내 철도 공무원이던 외삼촌의 희망 승진 자리를 물어 오더란다. 무슨 생각이었던지 내 외삼촌은 이를 마다했고 그 이후 '대통령 친구'와는 연락이 끊겼다.

생전의 외삼촌은 '정희'가 고향에 살 때부터, 늘 책을 끼고 살며 박학하던 박정희의 바로 위 형 박상희를 많이 따랐다고 한다. 그 박상희는 나중에 북한 밀사역을 하다가 사형당한 친구 황태성과 남다른 교분이 있었고, 그 정도로 마을의 좌익 분위기는 짙었다고 술회한 적도 있다.

오랜 몽양 계통이었던 박정희의 친형 박상희는 1946년 10월, 당시 '조선의 모스크바'로까지 불리던 대구의 '10.1항쟁' 때 주동자의 한 사람으로 시위 진압 과정에서 죽었다. 그런 전후의 영향이 한때 박정희를 좌익에 몸담게 했었다는 것도 내 외삼촌의 전언이다.

고향 사람 황태성이 친구 박상희의 중매를 서기도 하고 박상희는 작고 한 김종필 전 총리의 장인, 인간 간의 관계나 사상 계보 역시 역사처럼 현란하다. 한국 현대사의 정점이 바로 우리 외가 뜰 안에서 회오리쳤을지 내가 어떻게 알았으며, 그 박정희가 절친의 여동생도 잘 아는 도예종을 사형시킨 장본인이 될지 그 누가 알았겠나.

'정희'의 막역한 친구였던 내 외삼촌이 박정희, 박상희, 그리고 역시 박정희가 죽인 황성태와 상모리에서 함께 보릿고개를 넘기던 사이였다는 사실은, 내가 소설을 쓰고 있을 때는 죽었다 깨도 알 수 없는 불가항력의 영역이었다. 〈계속〉

3

작가인 내가 불가피하게 비중 있는 출연자로 가담하게 되는 마지막 장면이 바로 조용수 단원이다.

역사는 다시 한 판의 어지러운 춤판을 벌인다. 1961년 5·16쿠데타가 일어난 지 5개월 후, 또 한 사람이 형장의 이슬로 사라지는데, 그가 조용수다. 오히려 통일 운동을 하고서도 박정희의 사상 세탁의 제물로 희생된《민족일보》의 젊은 사장이다.

박정희는 자신의 좌익 경력을 숨기고 그의 사상을 의심하던 미국을 무마, 교란하기 위해 안간힘을 썼다. 박정희는 5·16쿠데타 바로 사흘 후 당시《조선일보》,《동아일보》등 보수 일색의 언론들을 제치고 장안의 최고 인기 신문이던《민족일보》를 지령 92호 만에 폐간시켰다. 송지영, 안신규 등 간부들이 구속되고 조용수는 사형이 집행되었다.

한국 현대사가 얼마나 난해한지, 또 어떤 소설이나 시나리오도 그런 곡예를 부릴 수 없다는 사실을 극명하게 보여준다. 그리고 박정희 시대가 왜 또 그렇게 만만히 지워질 수 없는지가 조용수를 둘러싼 인물 관계도에서도 잘 그려진다.

일견 단순하기 짝이 없는 관계도의 면면은 이렇다. 박정희는 이미 예전에 작고한 내 외삼촌의 한 마을 친구, 박정희는 역사를 비틀어 민족 민주 통일 운동가였던 도예종과 조용수를 비롯한 수많은 사람을 빨갱이로 몰아 죽였다. 그리고 그중 도예종은 박정희 고향 친구의 여동생이자, 내 어머니의 친구 남편이다.

조용수는 대구 대륜학교와 연세대학을 졸업했는데 그의 단짝 친구가 이만섭 전 국회의장이고 나는 그를 따라 30년 동안 정계를 지나왔다. 또 이만섭 전 의장은 대륜중학교 3학년 시절 김재규라는 체육 선생에게서 체조 등을 배웠는데 바로 그 김재규가 1979년 10월 26일 밤 박정희를 사살한다. 김재규는 학교에서 농구 잘하던 이만섭을 가르친 은사이자 그가 죽인 박정희의 육사 동기이기도 했다. 또 굳이 사족 한 가지를 더한다면, 32살에 박정희에게 죽임을 당한 《민족일보》 조용수가 사형 언도를 받을 당시 대법원 민간 배석 판사가 한때 국무총리를 하고 대통령 후보를 두 번이나 지낸 이회창 씨였다는 사실이다. 그러나 그런 것은 이제 그리 중요한 에피소드에 끼지도 못한다.

조용수의 친구였던 이만섭 전 의장은 생전에, "조용수는 조총련 자금으로 신문사를 세웠다는 구실로 억울하게 죽었는데, 그것은 날조이고 사실은 거류민단 지부에서 출발하여 죽는 날까지 통일 운동에 심취했었다. 참 열정적이던 아까운 사람이었다."라고 증언했다.

억지로 꿰맞춘 현실성 없는 어젯밤 드라마가 아니다. 그리고 이 극의 '작가'이자 연출자인 나는 젊은 시절, 기자가 꿈이었는데 우연한 기회에 『민족일보 사장 조용수 평전』을 읽고 하도 기가 막혀 끝까지 그 책을 지니고 다녔다. 그리고 관련 자료들도 뒤져 가지런히 정리해 놓고 있었다. 그리고 내가 처음 펴낸 세 권짜리 소설의 도입부에서 조용수는 주인공의 아버지로 부활한다. 여기서도 작가인 나는 그것으로 분단된 남북의 교류와 통일을 노래했던 이 땅의 젊은 한 운동가의 넋을 나름대로는 위무했다고 여기기로 했다.

소설은 늘 그렇듯 작가의 각색을 거친다.

> "'내 너거 아부지 글씨 보고 반해 시집 안 왔나.'
> 어머니는 남편이자 재민의 아버지인《민진일보》사장이 쓴 자신에게로 향한 하염없는 연모, 그 유려하고 단정한 필체의 연애편지들을 수줍은 듯 아들에게 건네 보여주었다.
> '편지와 너거 아버지 신문 기사 원고들이 '하꼬(상자)'로 여러 수십이 었는데 다 뺏기고 이제 이거 몇 장 안 남았나. 나는 이게 바로 너거 아부진기라…'
> 아버지는 이제 어머니가 자랑하던 그 아름답던 글씨도, 또 열정적인 기사 한 줄 쓸 수 없는 깊은 방으로 다시 숨어 버렸다. 재민은 그날로 아버지를 두 번 잃은 셈이 되었다."
>
> – 소설『그들 81학번』제1권 중에서

내가 한국 현대사에서 이들 기막힌 주인공들과 한 뼘씩 두 뼘씩 이어져 있다는 사실은 참으로 신기하다. 그러나 아무리 소설은 영원히 소설가 본인의 이야기라지만 소설가는 소설로 말할 뿐, 이처럼 직접 군데군데 기웃대는 경우는 바람직하지 않다. 역사는 시대와 함께 뒤척이고 이리저리 구르기를 좋아한다. 역사라는 이름의 용광로는 얽힌 듯, 정연한 듯, 등장인물들과는 생각보다 가깝고, 놀라울 정도로 단순하게 관계 맺어져 있다.

나는 평화주의 가정의 일원이었고, 치열의 시대에 흔한 감옥 한 번, 따귀 한 번 맞아본 적이 없는 '흰 손'이다. 그런 나도 이렇게 한 바퀴만 구르면 역사의 주역들과 불과 20, 30년, 또는 한두 세대를 두고 얽히고 만다. 그런데 이 나라 현대사를 직접 몸으로 부대껴 온 이들 주인공들과 그 가족, 그리고 주변인들은 오죽할까. 역사와 세월은 이렇듯 무심하되 잔혹하다.

이윽고 촘촘한 시놉시스가 준비되었고 또 이렇게 캐스팅까지 마친 듯하니 책과 극은 주저 없이 세상에 나올 것이었다. 그러나 역사는 이번에도 쉽게 그것을 허락하지 않는다. 한국 현대사는 또 한 번의 곡예를 준비하고 있다는 것이다. 이 생생한 시대사를 이제는 그만 건너뛰자는 시도가 장안을 돌아다니고 있단다. 잊히고 묻히며 지나가고 있다는 것이다. 수많은 관객이 비로소 그 개봉을 기다리고 있는데 정작 흥행 당국은 이 난해한 주제를 건너뛰고 다음 시나리오, 더 최신의 시놉시스들을 수없이 쟁여놓고 있다는 것이다.

사람들은 역사가 구르다 보면 그 바퀴에 깔리는 사람이 있고, 저 대단한 만리장성을 쌓다가 죽어간 수많은 민중의 이야기도 장성의 높이만큼 쌓이게 마련 아니냐고 제풀에 털어놓기도 한다. 정치라는 이름의 이런 기막힌 합리화가 늘 역사를 덧칠해 왔다. 박정희 시대가 교묘히 변명 되고 있다는 것이다.

정치란 죽어가는 사람을 살리는 행위지 마냥 사람을 죽이고 사형시키고 사실을 왜곡해 민중을 탄압하는 사술이 아니다. 근현대를 내려오는 끊임없는 인본적 노력은 다름 아닌 이런 원시의 시대를 극복하자는 몸부림들이었다.

외세와의 항쟁이나 나라의 독립, 더욱이 이 땅의 민주화나 인권을 위해 돌 하나 얹은 게 없는 박정희의 딸은, 아버지의 이름만으로 다시 대통령에 올랐었다.

도예종의 '간첩 마누라' 신 선생, 그리고 역시 '빨갱이 언론인 조용수'의 신원을 위해 평생을 바친 가족들은 누구인가. 그리고 이 땅에서 조작된 수많은 '간첩들'과 그 부인들과 동생, 식솔들의 한이 이윽고 알려지려 하는데 이제 지난 시대는 그만 잊고 그만 묻자고들 한다.

누가 뭐래도 역사의 강은 흐르듯, 이 이야기는 반드시 출간되고 또 개봉되어야 한다. 비록 캐스팅된 배우들은 이리저리 치이고 이젠 고단하기 짝이 없지만, 역사는 늘 날것의 모양을 요구한다.

우리는 모두 저마다 피할 수 없는 귀중한 사료들이고 또 명백히 모든 역사는 현재의 역사이다. '박정희 시대' 역시 끝내는 지워질 수 없는 '오늘의 역사'가 되어야 한다. 그렇지 않으면 역사는 되풀이되고 더 비극적인 작품이 태동한다.

역사는 결코 건너뛸 수 없으며, 마침내 엔딩 크레딧이 내려오기까지는 누구도 무대의 그 질긴 막을 감히 감추거나 훼손할 수 없다. 〈끝〉

연설문

존경하는 여야 의원 여러분

정치는 말과 글의 향연이다. 그리고 글로 써서 말하는 게 연설문이니 연설문은 정치 행위의 요체라 하겠다. 나는 '전방위 비서관'으로 30여 년을 지내왔다. 정무 분야가 주된 역할이었지만, 정책, 공보, 어떨 땐 총무까지 담당해야 했다. 그러나 나의 본업이자 가장 의미 있고 기억에 남는 것이 연설문 비서관의 역할이었다.

'연설문' 하면 가장 떠오르는 기억이 80년대식 언론 탄압이다. '6월 항쟁' 이전의 80년대는 그야말로 군사 정권으로 말미암은 '동토의 왕국'이었고 원시의 시대였다. 나는 4년간의 대학 학보사 시절을 시작으로, 글마저 제대로 쓰지 못하고 일일이 당국의 검열을 받던 시대를 건너왔다.

지금 생각하면 정말 그랬을까, 얼른 믿어지지 않지만, 12.12 군부 쿠데타 이후 비상 계엄령 체제와 이어진 군사 정권은 말과 글을 묶는 언론 탄압에서부터 시작했다. 당시의 대학신문도 캠퍼스에 상주해 있던 정보기관의 감시와 사전 검열과 이를 따돌리려던 학생기자들과의 숨

바꼭질이 거듭되었다. 겨우 인쇄된 신문이라 하더라도 끝내 배포하지 못해 포장 덩이째 소각되는 일이 허다했다.

나의 정치 초년병 시절이라고 해서 다를 바 없었다. 서슬 퍼런 제5공화국의 언론 탄압은 오래 지속되었고, 야당 당보는 물론이고, 야당 총재의 국회 대표연설문까지 죄다 검열하려고 들었다.

어떻게 그런 무도한 시절이 있었을까. 당시 국가안전기획부에서는 이 총재와 밤새워 완성한 대표연설문을 사전에 보자고 요구했다. 깊은 밤까지 퇴고하느라 누더기가 된 원고를 당 필경사가 정서하기 전에 검열하자는 것이었다. 어느 국가에서 야당 총재의 연설문을 사전 검열하는 일이 있을 수 있을까.

그러나 이만섭 총재는 그때마다 저항했다. 원고 따로, 연설 따로 했던 것이다. 즉흥 연설에 능한 이 의장의 순발력과 임기응변으로 연설은 늘 원고와 달랐다. 그럴 때마다 안기부의 항의가 빗발쳤지만, 글은 이미 말로 기화해 날아가 버린 이후였다. 그래서 연설 후 자료로 보관할 땐 늘 국회 속기록을 찾아야 할 정도였다.

또 당보에 실릴 총재의 원고 경우에도, 안기부의 야당 주재관이 일일이 인쇄소까지 따라다니며 문제 부분이 없나 눈을 부릅뜨던 기억이 어제 일처럼 떠오른다. 무도한 시대였다.

정치연설문은 대통령의 국회 시정 연설문에서부터 국회의장, 정당 대표연설문, 그리고 의원들의 대정부 연설문까지 이루 말할 수 없이 다양하다. 이 중에서도 국민의 대표가 모인 국회, 또 그 대표인 국회의장의 연설문은 연설문 중의 꽃이라 하겠다.

이러한 국회 안의 정식 연설문뿐 아니라, 정치판 전체를 둘러싼 각종 행사문, 그리고 선거 때의 지원 유세용까지 더하면 연설문 없이 정치 행위를 논할 수 없다.

 국회가 개원되거나 정기회, 임시회, 특히 선거철이 찾아오면 여의도 주변은 늘 글과 말의 잔치가 펼쳐지고, 그것을 준비하느라 모두들 북새통을 이루게 된다. 의원회관마다 정치판의 모든 글쟁이가 밤을 새워가며 글과 씨름하기 때문이다.

 사실 나는 대학 졸업 후 곧바로 야당 총재의 연설문부터 접했기 때문에 일반 평의원의 대정부 연설문은 써본 일이 없다. 국회 생활을 30년 가까이 했다고 하지만, 비서관 고유 업무에는 취약한 채 세월을 지내 왔다. 특히 이 의장은 장구한 의정 활동의 대부분을, 상원이라 불리던 국회 외무통일위원회에서만 활동했었다. 그래서 나도 외교, 통일 문제는 신물 나게 다뤄봤지만, 예산 관계나 입법과정에 대해선 경험이 많지 않다. 그래서 의원 입법과정이나 예산, 결산 분야 등 정책 분야의 자문을 받으면 늘 부족하다고 손사래를 치곤 했다.

 연설문을 쓰는 데에도 당연히 형식과 방법이 있다. 짧든 길든, 정치 행위나 각종 행사를 하기 위해서는 연설문을 준비하는 게 원칙이다. 연설문은 연설에서 권위 있고 절제된 어조로 자신의 정견을 전달하는 바탕이 되기 때문이다.

 다만 정치연설문은 전적으로 연설자의 역량에 따라 달라진다. 전적으로 연설문에만 매달리는 경우와 임기응변과 전달력이 강해 주로 즉흥 연설을 잘하는 정치인이 따로 있는 것이다.

 국회 안에서 다뤄지는 연설문, 그것도 국회의장, 정당 대표 같은 정치 수뇌부의 연설문도 마찬가지지만, 정치연설문은 그야말로 임기응변의 마술이다. 순발력이 우선이다. 그리고 당연하지만, 그 능력은 경험치에 좌우한다. 그렇게 정치경력이 쌓임에 따라 익숙해지기도 하지만 당 대표, 국회의장단이 되어도 준비된 원고 없이는 단 한마디도 할 수 없는 정치인도 수두룩하다. 체질적으로 눌변인 경우도 많다. 물론 천하의 눌변가도 대통령이 되고, 소문난 명연설가도 초선의원에 그치기도 한다.

정치인의 연설은 다채롭기 그지없다. 오전에는 김구 선생 묘소에서 추도사를 낭독하고, 오후에는 국회 어린이집 개원 축사도 해야 한다.

정치연설은 그 첫 1, 2분이 처음이자 마지막인 경우가 많다. 특히 복잡다단하고 어수선한 청중을 상대해야 하는 대부분의 경우엔, 첫인사 때부터 좌중을 휘어잡아야 한다. 그래서 연설문도 강력하고 관심을 끌 수 있는 주제로 시작해야 한다.

처음부터 청중들의 관심과 호응을 끌어내기 위해서는, 본인이 아니라 청중이 관심을 가질 만한 내용이어야 한다. 흥미롭되 무게와 권위가 있어야 하며, 무엇보다 그 누구를 앞에 두고서라도 감동을 주는 것이 연설문의 본령이다.

또 자신의 관점을 사람들에게 효과적으로 설득하려면 주제와 청중에 따라 적절한 설득 방식을 기조로 잡아야 하는데, 고대 그리스 시절부터 연설가들은 세 가지 설득 방법을 사용했다.

첫째, 에토스(Etos), 청중의 도덕적 사고와 양심에 호소하는 방식이다. 두 번째는 로고스(Logos)로, 논리와 지성에 호소하는 방식이며, 청중의 감정에 호소하는 방식인 파토스(Pathos)가 그 세 번째다. 대개 이 셋 중에서 연설문의 특징이 드러나며 이 중 몇 개를 조합하는 경우가 많다. 그렇지만 근본적으로 정치연설문은 청중의 가슴에 다가가는 것이 최우선이다.

이만섭 의장은 우리 헌정사에 몇 안 되는, 타고난 연설가였다. 서른

둘의 나이에 6대 국회의원으로 처음 입성해, 곧바로 박정희 대통령 선거 유세에 투입될 정도였다. 그 당시 그 유명한 대구 수성천 변 군중 연설회와 그 후 여러 대규모 대통령 선거 지원 유세 때의 명연설은 지금도 기억하는 이들이 많다.

특히 두 번의 국회의장 시절에는 국회 내의 의장 연설은 물론, 하루에도 몇 차례씩이나 다양한 행사를 소화해야 했다. 모두가 앞다투어 국가 의전 서열 2위인 국회의장을 초청하고 싶어 하기 때문이다.

그런가 하면 잦은 외국 순방도 늘 말과 글의 성찬이다. 한중 수교 후 국회의장으로서는 처음 중국을 방문했을 때, 그 바쁜 일정을 쪼개 한밤까지 북경 조어대 영빈관에서 이 의장과 함께 장쩌민 주석과의 면담록과 행사문들을 다듬던 기억이 특별하다.

그렇지만 내가 오랫동안 그 숱한 정치판 글쓰기에 파묻혀 살아오면서도 대과 없이 그 많은 글을 혼자 다 소화할 수 있었던 것도 이 의장의 타고난 능력 때문이었다.

당 대표나 국회의장으로서의 공식 연설문은 밤을 새우며 퇴고를 거듭했지만, 하루에도 몇 개씩 초대받는 다양한 행사나 연설 때는 거의 원고 없이 진행되는 경우가 많았다. 각종 선거 때마다 전국을 누벼야 하는 지원 유세 역시 마찬가지였다.

어떤 행사 참석 일정이 잡히면 나는 우선 주최 측으로부터 행사 개요, 성격, 요구 사항들의 자료들을 받는다. 그리고 내가 먼저 충분히 숙지하고 한두 장짜리 요약 내용을 작성해서 의장께 건네는 과정을 밟았다.

그러나 한창 행사 수가 많거나 정신없는 선거철에는 명함 크기의 메모지만 있어도 충분했다. 작은 메모지에 적힌 요점을 가지고 이 의장은 30분이면 30분, 1시간이면 1시간 청중을 휘어잡는 연설을 할 수 있었다. 그만큼 늘 유능한 스타플레이어였던 것이다.

　연설문은 연설자의 일관된 정견이나 소신이 드러나야 한다. 아무리 화려하게 미사여구를 동원하더라도 진실이 전해지지 않으면 청중들에게 다가갈 수 없다. 청중은 낮은 무대 아래에 자리 잡고 있지만, 그 수준은 단상의 연설자보다 항상 우월하다는 마음가짐이 필요하다.

　군중은 연설자의 말 한마디에 환호도 하고 갈채를 보내지만, 한 사람의 개인으로 돌아가면 매섭게 연설자를 평가하는 엄격한 비평가가 되기 때문이다.

　명연설가는 박수 소리에 묻힌 청중들의 진정한 목소리를 들을 줄 아는 사람이어야 하고, 명연설문 또한, 매 행간에 진실을 담아내는 것이어야 한다. 연설문 쓰기도 결국은 가슴의 문제다.

〈연설문 다듬기〉

"국회를 명예로운 민의의 전당으로"
– 이만섭 국회의장 제16대 국회 개원식 연설문

친애하는 국민 여러분!

존경하는 최종영 대법원장, 김용준 헌법재판소장, 이한동 국무총리 서리를 비롯한 내외귀빈 여러분!
그리고 이 자리에 함께하신 여야 의원 여러분![1][2]

---

1) 우리나라에 공식적인 권력 서열 같은 것은 없다. 보통 외교부「의전 실무 편람」에 의존하는데, 관행으로 굳어진 의전 서열은 대통령 이하 입법, 사법, 행정 수반의 순이다. 행정부의 수장이자 국가 원수인 대통령도 국회에 와서 연설할 때는 국민의 대표인 국회의장 좌석의 단하에서 한다. 그리고 대통령 유고 시 권력승계 순위 1위인 국무총리도 의전 서열에선 국회의장, 대법원장, 헌법재판소장 다음의 5위가 되어 관용차 번호도 한동안 서울1가 1005번이었다.

2) 연설문이나 수많은 행사문을 쓸 때 의전 서열 정하기는 골머리를 앓는 문제다. 서로 한 줄이라도 더 앞에 나서려고 하므로 온갖 신경전을 벌이고 옥신각신하기도 한다. 하지만 정부 공식 행사 같은 데에선 대개「외교부 편람」을 준용한다.

21세기 첫 국회, 우리는 오늘 그 어느 때보다 무거운 책임을 통감하며 이 자리에 모였습니다.[3)]

지금 모든 국민의 시선은 이곳 국회의사당으로 향해 있습니다. 세기를 넘으며 역사와 국민이 우리에게 요구하는 것은 새로운 정치, 새로운 국회로 다시 태어나라고 하는 것입니다. 역사는 이제 더 이상 우리 정치가 과거로 회귀하는 것을 보고만 있지는 않을 것입니다. 새로운 세기, 새로운 국가의 틀을 만드는 일에 소홀히 한다면, 훗날 우리 역사는 이 나라 정치를 과연 어떻게 기록할 것입니까. 국민이 외면하는 국회가 나라를 위해 과연 무슨 일을 할 수 있단 말입니까.[4)]

국민은 이제 더 이상 정치가 국가 진운의 걸림돌이 되어서는 안 되며, 정쟁으로 나라의 동력이 소진되어서도 안 된다는 준엄한 경고를 내리고 있습니다.[5)] 싸움만 하는 국회는 더 이상 안 되며, 당리당략에 얽매이는 정치도 더 이상 용납하지 않겠다는 것이 우리 주권자들의 엄

---

3) 정치연설에서는 '통감' 같은 화려한 수사가 유감없이 동원된다. 정치인들은 늘 비감하고 엄숙한 분위기를 연출하고 싶어 한다. 너무 잦으면 귀에 거슬리지만, 정치연설에서는 독점적으로 허용되는 정치 어투가 있기 마련이다.
4) 정치연설문의 주요 경향인 문답체. 청중의 호응을 얻기 위해 묻고, 청중이 이에 호응하며 연호한다. 젊었을 때부터 명 웅변가로 역시 한 시대를 풍미했던 고 김대중 대통령은 '저는 ~이렇게 생각하는데 여러분의 생각은 어떻습니까.'라는 식의 연설 화법을 자주 사용하기도 했다.
5) 진운, 동력, 소진, 준엄 등, 연설자의 지위나 작성자의 성향에 따라 사용되는 단어나 문구도 다양하다. 정치연설문은 여전히 어려운 단어로 포장해야 좋은 원고로 치는 경향까지 있어 비장미를 풍기기도 하나, 근래에는 대통령 연설문에서부터 쉽고 친근한 용어나 문장으로 대체되어 가고 있다.

숙한 요구입니다. 새로운 국회로 다시 태어나는 일, 이것이야말로 바로 오늘 우리가 이 자리에서 다짐해야 하고, 또 앞으로 4년 동안 우리의 가슴속 깊이 담아 두어야 할 시대적 명제인 것입니다.

〈중략〉

존경하는 국민 여러분!

이제 우리 국회는 뼈를 깎는 각오로 거듭나, 지난 시절 국민으로부터 받았던 모든 질책과 불신, 그리고 치욕스러운 통법부의 오명을 바로 이 새로운 의사당의 불빛 아래 녹여 내리겠습니다.[6] 그리하여 진정 역사와 국민 앞에 부끄럽지 않은 자랑스럽고 믿음을 주는 새로운 입법부로 다시 태어나겠습니다.

여야 의원 여러분!

우리 모두 우리의 입법부를, 행정부를 견제하고 국민 앞에 봉사하는, 명실공히 명예로운 '민의의 전당'으로 만들어 나갑시다. 바로 이 국회가 정치의 본산이 되도록, 새로운 의회사를 써나가는 일에 우리의 모

---

6) 화려체의 극치이고 정치연설문 특유의 과장 화법이다. 특히 '분골쇄신'을 풀어놓은 '뼈를 깎는'이라는 표현은 그야말로 문구 자체가 정치판에서 가루가 될 정도로 애용된다. '새로운 의사당의 불빛 아래 녹여 내리겠다.' 운운도 당시 정치 상황에서는 적합한 묘사였는지는 모르나, 지금으로선 지나친 표현이다. 왜 더 적합하고 담백한 문구를 찾지 않았던지 모르겠다. 아마 시간이 촉박했던 이유 같은 게 분명히 있었을 것이다.

든 것을 다 바칩시다.[7]

　당리당략과 권력은 유한하나, 나라와 국민 앞에 바치는 희생과 봉사는 당당하며 영원할 것입니다. 이제 모든 갈등과 단절의 벽을 허물고, 화해와 전진의 대로를 열어나갑시다. 그리하여 의원 여러분 한 분, 한 분이 바로 이 나라 입법부의 역사를 새로 쓰고, 또 새 세기 나라의 진운을 밝게 열어나간 자랑스러운 일원으로 기록되게 합시다.

　정녕 이 나라 국회는 여당의 국회도, 야당의 국회도 아닌, 바로 국민의 국회인 것입니다.[8] 저는 앞으로 이 자리에서 의사봉을 칠 때, 한 번은 여당을 보고, 한 번은 야당으로 보며, 또 마지막으로는 국민을 바라보며 '양심의 의사봉'을 칠 것입니다.[9]

　감사합니다.

---

7) '민의의 전당', '정치의 본산'도 국회를 대표하고 가장 애용되는 표현이다. 다만 점점 이런 표현은 사라지고 있고, '통법부', '동물, 식물국회'라는 오명에 가릴 때가 많다. 그래도 2012년 5월 개정된 이른바 '국회 선진화법'을 기점으로 정치 문화의 변화에 따라 그 용어나 행위도 많이 순화되는 추세다.

8) 이만섭 의장은 첫 번째 국회의장 시절이던 1993년 14대 국회에서 소위 '날치기 사회'를 거부함으로써 연임에 실패했던 이력이 있었다. 그래서 2000년 두 번째 의장으로 취임하자마자 제1성으로 의장의 완전 중립을 강조하고 임기 내내 이 문제에 천착했다. 그리고 실제로 임기 중 국회의장의 당적 이탈이 합의되자 헌정사상 처음으로 무당적 국회의장이 되기도 했으며, 이후 국회의장의 중립성과 폭력 국회를 없애는 데에 일조한 의장으로 회자하기도 한다.

9) 이 의장이 직접 만들어 원고에 꼭 넣으라고 주문했던 구절로, 의장 개인적으로도 가장 애용하던, 국회의 상징적 표현이다. 나중에 '한 번은 여당을, 한 번은 야당을 보며, 또 마지막으로는 국민을 향해 '양심의 의사봉'을 칠 것입니다.'로 수정되어 사용되기도 했다.

〈연설문 발췌〉

"문화와 과학이 창달된 나라, 아름다운 선진국으로"

– 임채정 국회의장 백범 김구 선생 57주기 추모사

존경하는 김신 백범기념사업회 회장님, 김국주 광복회장님을 비롯한 애국지사 여러분, 그리고 박유철 보훈처장님과 내외 귀빈 여러분!

민족의 영원한 스승 백범 김구 선생님께서 서거하신 지 벌써 57년의 성상이 흘렀습니다. 그리고 오늘 우리는 간절한 그리움으로 선생님을 추모하기 위해 이 자리에 다시 모였습니다.

57년 전 선생님께서 홀연히 겨레의 곁을 떠나실 때, 3천만 온 겨레는 어버이를 잃은 심정으로 슬퍼했습니다. 그러나 선생님의 높은 이상과 불타는 민족애는 세월의 무상함을 뛰어넘어 우리 민족의 가슴 속에 영원히 살아 있습니다.

민족의 영원한 사표이신 백범 김구 선생님!
평생을 조국의 완전한 독립과 민족의 통일을 위해 헌신하셨던 선생님의 고결한 삶과 투철한 애국애족 정신이 다시 가슴 뜨겁게 떠오릅니다. 그것은 우리가 현재 당면한 나라 안팎의 상황이 결코 가볍지 않기 때문입니다.

선생님께서는 옥에 갇히셔서도 "저놈들은 이미 빼앗은 나라를 삭이기 위해 밤을 새우는데, 나는 조국을 찾으려는 일로 몇 번이나 밤을 새웠던가."라고 하시며 결의에 찬 고백으로 조국 광복의 의지를 다지셨습니다.

그런데 최근 일본은 독도를 국제 분쟁지역으로 만들어 독도 영유권을 주장하려는 의도를 노골적으로 드러내고 있고, 교과서 왜곡과 신사참배 등을 통해 침략 역사를 미화시키는 망언과 행동을 되풀이하고 있습니다.

더욱이 날이 갈수록 노골화되는 일본 집권 측의 우경화 경향이나, 과거에 대한 참회와 반성 없이 유엔안보리 상임 이사국 진출을 노리는 모습 등을 볼 때, 일본과의 '21세기 전면적 동반자 관계'를 어떻게 유지해 나갈지 우려하지 않을 수 없습니다.

우리는 독도 문제를 포함해 날로 우경화하는 일본 집권층의 패권적 야욕을 결코 방관하지는 않을 것입니다. 저는 선생님의 영전에서 독도는 대한민국 영토라는 자위권과 의지를 다시 한번 천명하며 독도 문제는 어떠한 상황이나 이유로도 타협할 대상이 아니라는 점을 분명하게 선언합니다. 또한 독도 문제에 대한 근본적인 해결 없이는 한일관계의 복원도 어려울 것이라는 입장을 밝혀드립니다.

〈중략〉

백범 선생님!

선생님께서는 평생의 삶을 통해 큰 목표가 같으면, 생각이 달라도 협상과 연합을 통해 포용하고 협동하는 큰 통합력을 발휘하셨습니다.

부끄럽게도 지금 우리의 정치는 대동(大同)보다는 소이(小異)가 강조되고, 갈등과 반목이 증폭되는 현실에서 벗어나지 못하고 있습니다. 국회가 국민통합이라는 본질적 기능을 최대한 발휘하고 국민의 신뢰를 회복할 수 있도록 선생님의 가르침을 다시 한번 마음 깊이 새기고 실천하겠습니다.

백범 선생님,

우리 민족에게 선생님과 같은 큰 스승이 계셨다는 것이 얼마나 큰 영광인지 모릅니다. 선생님께서는 일제 식민 지배라는 암울한 상황 속에서도 세계평화와 아름다운 문화 국가를 꿈꾸셨습니다. 저희는 세기를 앞서 내다보는 혜안으로 민족정신 배양과 문화의 중요성을 강조하셨던 선생님의 가르침을 잊지 않고 있습니다.

이제 이 나라는 2차 세계대전 이후 독립된 국가 중 드물게 정치발전과 경제발전을 동시에 이룩한 국가로 평가받고 있습니다. 세계 각국이 한국의 저력과 한국인의 우수성을 칭찬하고 배우려고 하고 있습니다.

이제 저희에게 남겨진 과제는 세계가 도덕적으로 칭송하는 인권 도덕 국가를 건설하고, 문화 예술과 과학기술이 창달된 나라, 아름다운 선진국을 만들어 가는 것이라고 생각합니다. 민족의 화해 협력을 이끌어 통일의 실현을 앞당기는 데서 더욱 매진 하겠습니다. 그것이야말로 선생님을 진심으로 추도하고, 선생님의 유지를 잇는 길이라고 생각합니다.

백범 김구 선생님!

선생님께서 못다 이루신 꿈과 남겨진 과제는 저희 후손들에게 맡겨 주시고, 부디 평안하게 영면하시길 비옵니다.

자서전
"내 인생 의미 있었다",
대필에 1억 제의받기도

자서전을 쓰려는 사람들이 늘고 있다. 심지어 미국인 절반 가까이가 자서전을 쓰거나 준비 중에 있다는 믿기 어려운 조사 통계도 있다. 개인의 자서전이 모이면 그것이 시대사가 되고, 또 그것의 총합이 바로 역사다. 모든 이의 인생에는 타인과 나눌 만한 멋진 이야기들이 반드시 존재한다. 자신만의 이야기를 문학 작품 속의 이야기처럼 써보는 것이 자서전이다. 자신이 주인공이 되어 인생이라는 무대를 종횡무진 다시 한번 뛰어다녀 보는 일이다. 다시 살아보는 일이기도 하다. 한 편의 소설처럼, 어떨 때는 장편의 서사시처럼, 또는 화폭의 수채화처럼 원고지를 메워가면 된다. 설레는 일이다. 전기 작가 슈테판 츠바이크는 "자신의 삶을 서술하는 것이 곧 모든 사람을 위해 사는 것이다."라고까지 했다.

　소설 같은 인생 드라마의 주인공은 오직 나다. 그리고 그 긴 스토리는 나만이 쓸 수 있다. 모든 '나'의 이야기는 어떤 문학 작품보다도 극적이고 재미있다. 내가 여러 사람을 경험해 봤지만, 자서전을 쓰고 있는 사람들의 눈빛은 늘 빛났고, 그 눈동자는 언제나 마치 꿈속처럼 영롱했다.

자서전이란, '나의 인생은 누가 뭐래도 의미가 있었다.'라는 사실을 고백하고 스스로 평가하는 일이다. 행복했건 불행했건 상관없다. 의미 있었던 내 이야기를 내가 나에게 들려주고, 타인과도 공유하고 싶으며, 또 나아가 세상에 남기는 역사서가 되는 것이 자서전이다.

우리는 지독한 격동의 시대를 건너왔다. 나의 이야기는 곧 한 치의 어긋남도 없이 한국 현대사에 다름 아니다. 험난했던 '나라 세우기(Nation Building)' 과정과 산업화, 민주화의 시대를 지나왔고, 더 올라가서는 식민과 전쟁의 시대까지 겪었다. 그래서 내 이야기를 세상에 남기는 일은 당연한 권리이자 엄연한 의무다. 한 시대를 풍미했던 역사의 구성원으로서 경험과 기록을 남기고 증언해야 하는 일이기 때문이다.

그렇다고 자신의 이야기를 전하는 일에 너무 부담감을 느낄 필요는 없다. 그냥 지난 이야기가 적혀 있는 일기를 뒤적이고, 해묵은 편지를 정리하듯 다가가면 된다. 세상에서 가장 쉽고 편한 글쓰기가 자서전 쓰기다.

자서전 쓰기도 특별한 비법이나 규칙은 없다. 모든 글쓰기의 출발은 첫 획 하나, 처음의 문장 한 줄이다. 자서전도 가장 중요한 것은, 첫 글자와 첫 문장을 적어 넣고 보는 일이다. 일단 첫 줄부터 써 내려가기만 하면 오랫동안 켜켜이 쌓여 있던 기억들이 고구마 줄기처럼 저절로 뽑아져 올라온다. 여기서도 일은 무의식이 다 해준다. '보이지 않는 손'에 지난 세월을 맡겨놓고 나는 그 시절을 음미하고 즐기기만 하면 된다.

자서전 쓰는 순서는 이렇다. 우선 인생을 연대기 순으로 나열해 놓고 본다. 출생과 10대, 20대, 직장 생활과 결혼, 이런 식으로 굵은 가닥을 잡는다. 그리고 그 뼈대에 10대 시절의 중학교 시절, 고등학교, 결혼, 직장 시절처럼 시간별로 나누어 채워 넣으면 된다. 다만 이때, 무조건 기억의 파편들을 무미건조하게 나열하는 것만으로는 목적에 이를 수 없다. 그 시절 무슨 사건이 있었나, 그 사건이 나에게는 어떤 인생의 변곡점이 되었던가. 그때 나에게 영향을 준 사람은 누구였나, 하나씩 하나씩 기억을 의미화해서 나가면 된다. 다시 한번 확인하지만, 우리의 인생은 절대 소소하지 않았다. 하루하루 의미가 있었다.

어린 시절, 청소년기, 연애 이야기, 정체성의 혼란이 온 중년의 위기, 또 나를 괴롭히는 갈등이 존재하는 오늘 현재까지, 그 이야기를 담담히 기록하자. 하나씩 순서와 체계를 가지고 빈칸을 채워나가면 된다.

이런 식으로 과거와 여행을 하다 보면, 전혀 예상 밖으로 기억 속에서 사라졌던 사건이나 일화가 속속 떠오른다. 그리고 그때 느꼈던 진한 감정들도 무더기로 함께 떠오르는 신비한 경험을 할 수 있다. 내 이야기로 10권짜리 전집도 엮을 수 있겠다고 하는 자신감이 붙는 단계이다.

자서전을 쓰는 두 번째 방법은, 주요 인물들을 통해 과거를 불러오는 일이다. 내 삶에 가장 영향을 끼쳤던 부모님, 배우자, 가족 친지들뿐 아니라, 직장 동료, 헤어진 애인과의 이야기 같은 것이 제 차례를 기다리고 있을 것이다. 남자 친구, 여자 친구와의 기억만으로도 수십 장의 원고지가 필요할지도 모른다. 원수 같았던 직장 상사를 떠올리다 보면 자연스럽게 내 생의 긴 부분을 차지했던 직장 생활이 주마등처럼 떠올라 복원된다. 그 과정에 내가 어떤 길을 밟아왔는지가 생생히 증언되며, 그 기억 밑으로 깨알 같은 작은 사건들이 연이어 떠오를 것이다.

　자서전을 쓰는 세 번째 요령은, 말하듯 쉽게 풀어 쓰는 일이다. 믿을 만한 친구에게 마음을 털어놓듯 쓰면 된다. 자서전 역시 혼자만의 일기가 아니라 읽는 사람, 독자가 있는 결과물이다. 너무 격식을 차리고 내용이 딱딱해선 읽는 사람들 가슴에 다가갈 수 없다. 과제물이나 보고서는 살아오며 이미 신물이 나듯 써왔다. 내 인생 마지막 글은, 나와 편하게 대화하듯, 내 인생과 화해하듯, 그렇게 쉽고 다정하게 써 내려가면 된다.

　네 번째, 자서전을 쓸 때는, 무엇보다 나 자신을 있는 그대로 솔직히 전부 드러내야 한다. 이름난 소설가도 자기 자서전을 쓸 때는 솔직해진다. 가장 겸허한 논픽션 작가가 되는 일이다. 자서전을 쓰면서까지 거짓을 쓸 순 없다. 진실을 써야 하고 그 진위를 나만은 잘 알고 있다.
　잘못한 일, 후회한 일 같은 부정적인 모습은 다 숨긴 채 성공한 일, 이뤄낸 업적만 나열할 필요도 없다. 그러고 싶으면, 잘 쓰인 위인전 한 권을 읽으면 된다. 스스로를 속이지 말아야 한다. 거짓으로 얼룩진 기록은 내 가족부터 알아본다. 부끄러운 위선으로 대대손손 내려가며 손가락질받을 수는 없다.

　마지막으로 자서전을 쓰는 방법으로는, 내 이야기를 시대 상황과 연결하는 일이다. 내가 대학교 1학년 때 만났던 6월 민주화 항쟁, 내 아이가 중학생일 때 벌어진 세월호 참사, 또 중년의 위기 때 참여했던 촛불혁명, 이런 굵직한 시대 상황과 나의 역사를 교차해서 풀어나가는 일이다. 그 일이 다 그대로 현대사의 단편이 되고 그런 수많은 개인사가 묶여 도도한 현대사가 된다. 스스로 사관이 되는 일이다.

또 그런 시대사와 조우했을 때의 나, 그때의 내 생각과 가치관, 그리고 그때의 감동이나 분노를 떠오르는 대로 기록하면 된다. 겸허하되 당당하게, 그리고 비록 내용은 궁핍하더라도 솔직하게 써 내려가는 것만이 자서전 쓰기의 목표이자 유일한 방법이다.

여러 차례 이만섭 의장의 자서전 작업에 참여했다. 이 의장은 자서전이라고 할 만한 책을 여러 권 펴냈다. 이를테면 그는 자서전 쓰기가 취미라고 할 만했다. 그러다 보니 그의 자서전들은 중요한 시국마다 조금씩 첨삭되는 비망록의 형태를 띠기까지 했다.

기억이란 한때 솟았다가 고갈되고 마는 메커니즘이 아니다. 이미 써놓은 글도 읽을 때마다 추가할 부분과 수정할 부분이 계속 솟구친다. 5년 전 발간했던 자서전 여백에 그때그때 메모를 해두었다가, 5년 후 새 자서전을 쓸 때 보완하고 첨삭하는 식이다.

나는 이런 식으로 이 의장의 자서전 작업 과정에 처음부터 끝까지 참여했다. 그 작업이란 대필이 아니라 전형적인 구술의 형태였다. 그는 언론인 출신이었다. 구술하다가 보면 말이 오롯이 문장이 되는 본인 특유의 능력이 고스란히 발휘되었다.

본인 스스로가 뛰어난 글쟁이였다. 다만 격동의 시간 속에서 펜을 잡을 여유가 없었을 뿐이었다. 그래서 그의 구술은 직접적인 집필보다도 오히려 더 정교하고 뛰어났다.

당신이 정해진 틀에 따라 소정의 분량을 구술해 주면, 내가 정리하고 자료를 보태어 다음 날 함께 읽어보고 퇴고해 가는 과정이었다.

또 하나 내가 맡은 역할은 그의 다채로운 기억을 둘러싸고 있는 역사적 사료와 글감의 자료들을 준비하는 일이었다. 아무리 뛰어난 기억력과 해석력이 있다고 해도, 정밀함이 요구되는 수치나 날짜까지 전부 떠올릴 수는 없다.

인터넷이나 포털 검색 기능이 없을 때였다. 나는 아무리 국회 일로 바빠도 자서전을 손보는 시즌에는 그야말로 신발이 닳도록 국회도서관을 오고 갔다. 의원 열람실의 좌석 하나도 늘 내 차지였다. 도서관 이용도 의원급이었던 시절이었다.

필요에 따라 〈정치 연표〉를 찾고 방대한 〈국회사〉를 뒤졌으며, 각 언론사의 신문철은 정말 종이가 해지도록 넘기고 또 넘겼다. 내가 한창 병으로 들쑥날쑥할 때는 이 의장 스스로 직접 펜을 잡기도 했다. 그 유명한 악필로 초고 여백에 빽빽이 내용을 써넣거나 메모를 추가하기도 했다. 그럴 때 나는 사관의 역할에 더해 암호 해독사의 역할까지 했다. 그의 악필을 해독하는 사람도 나밖에 없었기 때문이다.

자서전을 쓰는 데 있어서 그 형태는 구술이든 대필이든 중요하지 않다. 어떻게 하면 가치 있는 기억을 진솔하게 구현해 내는가가 관건이다.

한번은, 이름을 대면 다 아는 모 중견 기업의 홍보실장이라는 사람이 의원회관으로 나를 찾아온 적이 있다. 회장의 자서전 작업을 도와 달라고 하며 다짜고짜 대필료 1억 원을 제안했다. 이 의장의 회고록을 연재했던 모 신문사로부터 소개를 받았다는 것이다. 싫었다. 나는 잠시 차 한잔 마시는 시간이 흐른 뒤, 그가 무안하지 않을 정도의 표현으로 그 일을 거절했다.

나는 원래가 '싫은 일은 죽어도 싫은 일'인 사람이다. 비서관 생활 거의 30년 동안 단 한 사람의 주군만을 상대했다. 그 한 사람 이외에는 대통령이든 누구든, 내가 싫어하는 일을 시킬 수는 없다고 생각했다. 돈이라고 예외는 아니었다.

그즈음 한창 바쁠 때였기도 했지만, 내게 그 대필 제의가 '싫었던' 이유는 두 가지였다. 우선 누구의 자서전이든 회고록이든, 그것을 대필한다는 것은 그 사람의 인격과 인생에 대한 호감이 있어야 했다. 책을 원하는 회장의 인격 그대로인지, 찾아온 그 아랫사람의 무례 때문이었던지는 상관없다. 그날 그 '아랫사람'은 처음부터 마치 상업적 거래 계약서를 내밀 듯 대필료 이야기부터 꺼냈고, 무슨 선심이라도 쓰듯 뻣뻣하게 굴었다.

두 번째, 내가 그 제의를 거절한 데는 자서전을 대하는 그들의 그릇된 접근법 때문이었다. 당연하지만, 자서전은 위인전과는 다르고 영웅전과도 다르다. 홍보실장은 묵직한 사진첩과 여러 종류의 기업홍보 자료를 잔뜩 들이밀었다. 이미 자신들이 만든 목차도 정해왔다. 훑어보니, 한국 경제의 기적은 오로지 그 한 사람만의 힘으로 달성되어 있었다. 사람의 인생을 시골 영화관 간판처럼 총천연색으로 분칠해 달라는 것이었다. 싫은 일은 하늘이 무너져도 싫은 일이다. 그때는 그 일이 그랬다.

자서전도 나만의 비밀 일기가 아니다. 내 지난 이야기를 타인에게도 들려주고 또 세상에 남기는 일이다. 어찌 보면 공적인 일일 수도 있다. 또 인생의 영욕은 정확히 반반이다. 욕됨과 잘못, 그리고 아픔이 없는 인생이란 없다.

자서전 쓰기는 권장되어야 한다. 그리고 중요한 업적이나 가치 있는 사료들이 여러 가지 이유로 사장되는 것은 안타까운 일이다. 그래서 시간과 여력이 못 미치는 경우, 대필이건 구술이건 형식은 아무런 문제가 되지 않는다.

　다만 자서전이라는 이름으로 날림의 역사나 왜곡된 사료가 횡횡하는 세태는 바람직하지 않다. 자서전은 역사책이다. 나의 온갖 시행착오와 뼈저렸던 실수들, 그리고 깊은 밤마다의 고뇌가 포함돼 있어야 교훈이 있다.

　교훈 없는 역사란 존재하지 않는다. 살아 있을 때의 가면이 죽어서까지 거짓과 위선으로 회칠되는 일은 없어야 한다. 도도한 역사를 위해서나, 하나의 우주로 다녀간 한 인간의 겸허한 좌표를 위해서도 자서전은 정직하게 기록되어야 한다.

⟨자서전 다듬기⟩

"각하, 후계자가 잘하면
다시 하실 필요도 없잖습니까?"

 6월에 들어서자, 헌법을 무시하고 박정희 대통령을 세 번째로 옹립하려는 '3선개헌' 작업이 더욱 표면화되었다. 대통령의 측근인 이후락 대통령 비서실장, 김형욱 중앙정보부장, 길재호 공화당 사무총장, 김성곤 재정위원장, 백남억 정책위의장 등 권력의 주류들은 3선개헌을 반대하는 국회의원들과 개별적으로 접촉해 개헌 지지를 설득하고 아예 찬성 도장을 받아내기 시작했다. 특히 김형욱 정보부장은 개헌을 반대하는 의원들에게 온갖 회유와 협박, 공갈로 찬성 도장을 받아내려고 혈안이 돼 있었다.[1]

---

1) 이만섭 의장은 이 대목에서 그 유명한 '18시간 청와대 영빈관 의원총회'에 대해 기억을 더듬어 나갔다. "내가 이후락, 김형욱의 동반 퇴진을 요구하자, 김형욱은 실제로 '이만섭이가 우리를 쫓아내려 한다. 내 이만섭이를 죽여 버리고 말겠어.'라고 했다는 말을 비서실 관계자들로부터 전해 들었지. 그땐 정말 등골이 오싹했다고." 이 의장은 또, 그날 영빈관 의원총회가 끝나고 신변이 불안해 당시 취재하던 《중앙일보》 심상기 기자(전 서울문화사 사장)의 차로 빠져나와 지인의 집에서 하룻밤을 지냈다는 비화를 일러주기도 했다.

그날은 1969년 6월 29일이었다. 오후 3시쯤이었는데, 몹시 무더운 날이었다. 나는 청와대에 들어가기 전부터 단단히 마음을 먹었다. 내가 직접 대통령을 설득해야겠다고 다짐하고 들어갔다. 본관 서재로 들어선 나는 박 대통령의 얼굴이 많이 굳어져 있음을 느꼈다. 차를 한잔 권한 대통령은 먼저 3선개헌을 하지 않을 수 없는 당위성을 말하며 나의 협조를 당부했다.

그러나 단단히 마음을 먹고 간 나는 단호한 어조로 말했다.

"5.16이 아무리 구국의 혁명이었다 하더라도, 무력으로 정권을 잡은 것만은 사실입니다. 이 때문에 이 군사 혁명을 국민 혁명으로 승화시키기 위해서는 대통령께서 직접 만든 헌법을 스스로 지켜, 평화적으로 정권을 이양해야 합니다. 그것이 순리입니다."

내 말에 대통령은 그저 듣고만 있었다. 나는 계속 말을 이었다.

"4.19 때《동아일보》정치부 기자로 역사의 현장을 생생하게 지켜본 바 있습니다. 이승만 대통령이 장기 집권을 함으로써 학생 혁명을 유발했고, 결국 학생들이 이 박사의 동상을 넘어뜨려 새끼줄로 목을 매단 채 광화문 거리를 질질 끌고 다니는 광경을 제 눈으로 직접 목격한 바 있습니다."

이 말은 '각하도 장기 집권을 하게 되면, 나중에 학생들이나 국민의 심판을 받게 됩니다.'라는 말을 함축적으로 표현한 것이었다. 나로서는 하고 싶은 말을 다 한 것이다.[2]

---

2) 이 부분에서 이 의장은, '내가 그땐 참 당돌하고 겁도 없었지, 쿠데타를 일으킨 천하의 박 대통령에게, 계속 고집부리다간 당신의 최후도 끔찍하게 될 거라는 엄포를 놓다니.' 하며 그때를 생각하면 진땀이 난다고 거듭 토로했다.

그제야 대통령이 입을 열었다.

"그런데…. 내가 나서지 않으면 정권을 야당에 빼앗기고 말 텐데…."

"그건 그렇지 않습니다. 각하께서 물러나시면서 '내가 못다 한 일을 바로 이 사람, 나의 후계자에게 맡겨주십시오.'라고 한 말씀만 하신다면, 그 사람은 당선될 수도 있습니다. 그 정권이 남은 일을 하면 됩니다."

"그렇다면 후계자가 될 사람은 있는가?"

박 대통령은 짜증스러운 투로 내게 물었다.[3]

"각하께서 김종필 씨가 후계자로 내키지 않는다면 다른 사람도 있잖습니까? 이효상 의장이나 백남억 씨 같은 분도 좋지 않습니까. 그분들 중 한 분에게 4년간 맡긴 뒤, 4년 후에 다시 정권을 잡으시는 방법도 있지 않겠습니까?"

박 대통령은 그제야 내 말에 버럭 화를 내면서 소리를 질렀다.

"그렇지만 대통령이 된 사람이 자기 조직을 짜고 군대조직까지 다 장악할 텐데 4년 후에 '정권 여기 있습니다.' 하고 내놓을 사람이 어디 있겠어!"

나는 이 말에 다소 반발심 같은 게 생겼다.

---

3) 이 의장의 이 부분에 대한 기억은 어제 일처럼 뚜렷하다고 했다. 그리고 "그때 벌겋게 상기되던 대통령의 얼굴과 특유의 날카로운 눈빛까지 기억난다."라고 회고했다. 회고록 구술 작업 때 당사자들이 유독 뚜렷이 기억하는 시점과 사건들이 있다. 그때가 바로 회고록의 진실을 포착할 수 있는 분수령이다.

"각하! 만일 후계자에게 나라를 맡겨서 그분이 일을 잘하면 꼭 각하께서 다시 하실 필요는 없잖습니까?"[4]

이 말에 박 대통령의 얼굴은 백지장처럼 창백해졌다. 허리에 권총이라도 차고 있었다면 금방이라도 빼서 쏠 듯한 기세였다. 그러나 나는 바로 말을 이었다.

"그럴 때는 나라의 큰 지도자로서 후배 대통령을 뒤에서 도와주시고, 또 나라의 갈 길을 잘 인도해 주시면 되지 않습니까?"

그러자 대통령은 굳게 입을 다물고 아무 말이 없었다. 방 안의 분위기는 한동안 찬물을 끼얹은 듯 조용하기만 했다. 아마 그때 박 대통령은 좋은 의미에서는, 한 4년 더 국정을 맡아 벌여놓았던 일을 마저 마무리 지었으면 하는 집념이 강했다고 할 수 있었고, 또 달리 생각하면 나 말고는 이 나라를 이끌 사람이 없다는 독선에 사로잡혀 있었다고도 여겨진다.

그러나 나는 끝까지 3선개헌은 안 된다고 계속 주장했다.

"저는 이 나라가 민주주의를 꽃피우려면 두 가지 일은 반드시 해야 한다고 생각합니다. 그 하나는 평화적 정권교체입니다. 그리고 또 다른 하나는 결코 정권이 바뀌더라도 정치 보복이 있어서는 안 된다는 점입니다. 이 두 가지가 민주주의 요체라고 전 굳게 믿고 있습니다.

---

4) 2시간 40분 동안 이어진 대통령과의 독대에서의 클라이맥스다. 이 의장은 그 순간의 분위기와 박 대통령의 노기를 한참 동안 설명했다. 이 의장은 그때 자신도 모르게 그런 말을 했지만, 미리 준비해 갔던 말도 아니었고 박 대통령으로서는 당시 그 어디에서도 들어보지 못한 말이었을 것이라고 스스로 주석을 달기도 했다. 역사의 전개는 예견치 않았던 지점에서 촉발되는 경우가 많다.

사실 각하 주위에서 3선개헌을 해야 한다고 말하는 사람 중에는 진정 나라를 위하는 마음보다는, 정권을 내놓게 되면 자기들이 죽는다고 생각돼 자기들이 살기 위해 개헌을 하자는 사람들도 있습니다."

말을 마친 나는 조용히 입을 다물었다. 나를 설득하는 데 실패한 박 대통령의 얼굴은 초췌해 보여 인간적으로는 안타깝기까지 했다. 사실 박 대통령은 군에 있을 때부터 정의감이 강하고 바른 소리를 잘한 것으로 알려져 있었다. 그런데 정의롭지 못한 3선개헌을 하려고 하니 자신도 괴로웠을 것이다.[5]

나는 그 마음을 읽을 수는 있었다. 그렇기에 대통령은 나를 논리적으로 설득하기보다는, 나만큼은 자신을 밀어주어야 하지 않느냐고 정에 호소하는 방식으로 대했던 것이다.[6]

서로 평행선만 달리는 무려 2시간 40분의 면담을 끝냈지만, 청와대

---

5) 이 부분에서 이 의장은 다른 측면의 심리 분석을 하기도 했다. "원래 자신이 스스로 강하고 독한 사람들은 자신처럼 소신이 있고 쓴소리 잘하는 사람을 좋아할 것 같지만 오히려 그 반대야. 특히 그런 강직한 사람들이 권력을 쥐면 바른말 듣기가 싫어져, 오히려 그런 사람들을 더 경원시한다고. 극한 에고이스트라고나 할까? 나만 강직하니 당신은 나 따라오지 마. 그런 심리일까?"

6) 이 부분을 구술하던 이 의장은 당시 박 대통령의 깊은 속내를 좀 다르게 해석하기도 했다. "사실 그때 박 대통령은 내가 왜 이렇게까지 하는지 자네도 잘 알면서 눈치도 없이 그래. 동향이고 내가 정치를 시킨 자네가 이럴 때 나를 한번 도와야지, 그렇게 곧이곧대로 나오면 섭섭해."라고 하는 듯했다고 풀어주었다. 이런 박 대통령의 인간적 서운함에도 이 의장은 한 치도 부응하지 않았다는 것이다.

를 나오면서도 나는 소신을 절대 굽히지는 않았다.[7]

"…각하께서는 3선개헌을 하지 않는 방향으로 빨리 결단을 내려주셔야 합니다. 아니면 이 나라는 극도로 혼란스러워질 겁니다."

후일 김성곤 의원에게 들은 얘기로는 박 대통령은 내게 상당히 서운해했다고 한다. 나의 독대가 끝난 후 김성곤 의원이 청와대로 올라가 나와 면담한 결과를 묻자, 대통령은 짜증부터 냈다고 한다.

"고집이 얼마나 센지, 내가 아무리 얘기해도 듣질 않아."[8]

– 『5·16과 10·26 – 박정희 김재규 그리고 나』, 이만섭, 2009, 나남출판사

---

[7] 강 대 강의 부딪침이었을까. 훗날 어떤 사람들은 그날 상황을 이렇게 경상도 사투리로 표현하기도 했다고 들었다. "둘 다 똑같은 사람들끼리 참 '오직이도(어지간히도)' 만났군 그래."

[8] 그날 이후 박 대통령은 이 의장을 한 번도 부르지 않았을뿐더러 제8대, 9대 국회의원 공천도 주지 않아 이 의장을 8년간 정치 낭인으로 만들었다. 그러나 이 의장은 이 부분 뒤에 박 대통령에 대한 일단의 애증을 나타내기도 했다. "공천은 주지 않았지만 그래도 그때 일본으로 도피성 유학을 떠나려는 나를 주저앉히고, 당 상근 정책위 부의장으로 발령을 내려 월급은 받게 했어. 원래 정이 없던 양반은 아니었지."

〈이만섭 자서전 발췌 ①〉

박정희 대통령 시해
김재규가 중학교 은사

　내 마음의 고향은 대구 달성공원이다. 세상에 나와 내 우렁찬 첫울음을 달성공원 옆 시장북통(지금의 시장북로)에서 터뜨렸으니, 몸과 마음의 고향 모두 달성공원인 것이다. 1932년 2월 25일 달성공원 근처에서 태어난 나는 공원에서 불어오는 바람을 호흡했고, 어린 시절에는 내내 달성공원에서 뛰어놀았다. 학창 시절에는 또한 그곳에서 『젊은 베르테르의 슬픔』을 읽으며 깊은 사색에 잠기기도 했다. 그러니 달성공원은 진정 내 몸과 마음의 고향임이 틀림없다.
　3남 1녀의 차남으로 세상에 얼굴을 내민 나는 갓난아기 때 무척 순했다고 한다. 얼마나 순했으면 잠잘 때 숨소리도 없어 어머니께서 혹 죽지나 않았는지 깜짝 놀라 내 코에 귀를 갖다 대기까지 했다는 것이다.
　그러나 걸어 다니기 시작하면서부터 활발한 성격이 되었다고 한다. 어린 나는 아버지의 큰 자전거를 몰래 끌고 나가 하루 종일 타고 다니다가 양쪽 무릎이 상처투성이가 되어 돌아오기도 했고, 잠자리채를 갖고 나가면 해가 저물어 캄캄해지도록 돌아오지 않아 가족들이 찾아다니기도 했다고 한다. 또 친구들과 어울려 동네 싸움을 할 때는 언제나 앞장서기도 했다는 것이다.

초등학교에 들어가 잊을 수 없는 기억은 동생을 잃은 일이다. 지금까지도 어머니와 내게 한을 심어준 사건이었다. 본래 나에게는 천섭이라는 세 살 아래 동생이 있었다. 학교도 같았으니, 난 4학년 때부터 동생과 함께 통학한 셈이다. 그러나 내가 5학년, 녀석이 2학년 때였다. 녀석이 교실에서 좀 떠들었던 모양인데, 젊은 일본인 선생이 무자비하게 몇 번이나 업어치기로 마룻바닥에 때려눕혔다는 것이다. 그게 치명적이었다. 어린 동생은 그만 머리를 다쳐 병원에 실려 가야만 했고 결국 뇌를 다쳐 시름시름 앓다가 대구 동산병원에서 숨을 거두고 말았다.

어린 동생에게 잔인한 짓을 한 일본인 선생을 증오하고 한을 품었지만, 겨우 초등학교 5학년생인 나로서는 어쩔 수 없는 노릇이었다. 나에겐 나라를 빼앗긴 민족의 비애로 치부하기에는 너무나 충격이었고, 당시 땅을 치고 오열하던 어머니의 모습은 지금도 내 기억에 생생하게 남아 있다. 그래서 내 형제는 2남 1녀가 되었다.

후일 내가 민족주의에 경도 되어 정치에 입문하게 된 것도, 모두 힘없는 나라의 슬픔을 어린 나이에 체험했기 때문이리라. 당시 일제가 이 나라의 꽃다운 청춘을 정신대로, 또는 징용으로 끌고 가 무참히 짓밟은 것이나 어린 새싹을 때려 죽게 한 것, 이 모두가 우리나라 사람을 사람처럼 여기지 않은 그들의 잔인성 때문이리라.

일본인에게 동생을 잃은 내가 후에 민족학교인 대륜중학교를 선택한 건 자연스러운 일이었다. 당시 공립은 경북중학교가 있었고, 사립은 기독교 계통인 계성중학교와 천주교 계통의 대륜중학교가 있었다.

당시 내게 종교는 없었다. 그러나 어이없이 아들을 잃은 아버지는 나를 좀 더 민족의 냄새가 물씬 풍기는 학교로 보내고 싶어 했기에 대륜을 선택했던 것이다.

대륜중학교는 3.1운동 직후 대구지역의 독립운동가인 홍주일, 김영서, 정운기 등이 설립한 학교였다. 당시 이분들은 민족운동가이자 저항시인인 이상화 선생의 서재인 담교장에 모여 학교 설립을 의논한 것으로도 잘 알려져 있다. 그 후 상화 선생의 시비가 대구 달성공원에 세워져 내가 시간이 있을 때마다, 특히 정치적으로 심경이 복잡할 때면 자주 상화 선생의 시비를 찾곤 했다. 그래서 상화 선생과 대구, 그리고 상화 선생과 대륜학교의 관계는 떼려야 뗄 수 없는 관계라 할 수 있다.

나는 비록 집안은 가난했으나 공부는 열심히 했다. 그러나 해방 후 아버지의 사업이 기울기 시작했다. 우리 가족은 달성공원 바로 뒤에 있는 초가집으로 이사해야 했고, 나는 가난뱅이 학생이 되고 말았다.

이때부터 내 책보에선 도시락이 사라졌다. 어린 나로서는 참기 힘든 일이었지만 어쩔 수가 없었다. 도시락 대신 어머니가 싸준 고구마를 들고 점심시간이면 친구들이 볼까 부끄러워 교실 밖으로 나갔다. 햇볕이 들지 않는 담장 뒤에 숨어 찐 고구마를 먹던 내 모습, 지금 생각해도 슬픈 시절이 아닐 수 없다.

대륜중학교 시절 잊을 수 없는 기억으로는, 체조를 지도했던 김재규 선생과의 만남을 꼽을 수 있다. 훗날 권총으로 박정희 대통령을 시해한 김재규 중앙정보부장 말이다. 1946년 가을이니 내가 3학년 때로 기억된다. 마침 경북체전이 있었는데, 당시 김천중학교 체육 교사로 있던 김재규 선생은 운동 잘하는 대륜중학교에 관심이 쏠렸던 모양이었다. 체전이 끝난 바로 다음 날, 김준기 교장 선생님을 찾아가 이력서를 냈는데 바로 그 자리에서 허락받아 우리 학교로 옮기게 됐다.

인생에서 중요한 만남은 얼마나 있을까. 김재규 선생은 육사 2기 출신으로 박정희 대통령과 동기였다. 그리고 임관 직후인 소위 시절, 군과 경찰 간의 충돌 사건이 발생했을 때 일직 사관으로서 책임을 지고 군에서 물러났다. 그 후 김천중학교에서 교편을 잡다가 대륜중학교로 옮겨 체조를 담당했던 것이다. 젊고 정열적이었던 김재규 선생은 농구 선수이며 응원단장이었던 나를 특별히 사랑했다.

5.16 후 박정희 대통령과 김재규 장군, 그리고 당시 6, 7대 국회의원이었던 나, 이렇게 세 사람이 청와대에서 자주 저녁을 함께하게 된 인연도 뒤돌아보면 내 중학 시절로 거슬러 올라가게 되는 것이다. 그때만 해도 박정희 대통령은 고향 후배이며 군 동기였던 김재규 장군을 누구보다 신임했고 군에서나 정부에서도 두루 요직에 앉혔다.

- 『나의 정치인생 반세기』, 이만섭, 2004, 문학사상사

〈이만섭 자서전 발췌 ②〉

의장 사표 써두고
예산안 날치기 통과 막아

　원칙과 중립으로 국회의장직을 수행하려던 나에게 커다란 벽이 다가온 것은 1994년도 예산안 법정 통과 시점인 1993년 12월 2일이었다. 그 전날 소집된 여당 의원총회에서 이미 '예산안 법정기일 내 강행 처리' 방침을 결정해, 상황은 급전직하로 진행돼 버렸다.
　'이래서는 안 되는데.' 하는 마음으로 사태의 추이를 바라보는 나의 마음은 착잡하기만 했고, 마침내 모든 것은 본회의 처리만을 남겨놓게 되었다.
　여당의 예산안 강행 처리, 곧 날치기 처리 방침에 흥분한 야당 의원들은 이를 막기 위해 의원 및 보좌관 총동원령을 내리고 전면전 상태에 돌입했다. 이미 상임위원회들에서의 날치기가 끝난 후 여당의 김영구 총무가 날 찾아왔다.
　"의장님! 당의 확고한 방침입니다. 강행해야 합니다. 그러나 의장님은 원래 날치기를 않겠다고 국민과 약속하셨으니, 정 사회를 맡지 않으시려면 사회권을 부의장에게 넘겨주십시오."

나는 이미 사태가 돌이킬 수 없는 지경까지 왔음을 알았지만 그렇다고 사회권을 쉽게 넘길 수는 없는 노릇이었다. 사태가 이렇게 급변하는 사이, 야당 의원들이 의장실로 밀어닥쳤다. '의장 보호'를 명분으로 의장실까지 들어온 것이다.

의장실에서 보호 아닌 보호를 받게 된 나는 착잡한 마음을 금할 수 없었다.

'우리 국회가 아직도 이런 모습이어야 하나…. 국회 출입 기자 시절부터 40여 년간 이 국회를 지켜왔지만, 아직도 달라진 게 없단 말인가. 조금만 양보하고 자기주장이나 고집을 버리면 충분히 타협이 가능할 텐데, 그걸 못하다니….'

마음이 무거웠다. 특히 그동안 우리 국회가 국민에게 달라진 모습을 보이기 위해 많은 노력을 했다고 자부하는 나로서는 한편으로 분노까지 치밀었다. 시간이 흐르자, 나는 결정을 해야만 했다.

'그렇다면 중요한 예산안 처리의 파행을 막기 위해 사회권은 넘기자. 대신 야당에도 이 사실을 정정당당하게 알리고 내가 모든 책임을 지자.'

이렇게 결심한 나는 곧바로 여·야당 원내 총무를 불러 사회권을 부의장에게 이양한다고 정식으로 통보했다. 그 후 착잡한 심경으로 의장실에 앉아 있는 나에게 여당 김 총무로부터 다시 전화가 왔다.

"저, 의장님께서 사회권을 넘긴다는 이양서를 하나 써주십시오."

이건 또 무슨 말인가. 한동안 나는 기가 차서 말이 나오지 않았다. 한심하다는 생각에 나는 화를 벌컥 냈다.

"아니, 내가 사회권을 넘긴다고 했으면 그것으로 됐지, 이양서는 또 무슨 이양서요!"

수화기를 내려놓은 뒤, 나는 바로 강성재 의장 비서실장과 김지용 보좌관을 불러 의장 사퇴서를 작성하도록 지시했다. 비록 내가 직접 하지는 않았다고 하더라도 결과적으로 날치기가 되면 국민에게 다짐한 약속을 지키지 못한 것이 된다. 그렇다면 내가 책임을 져야 한다는 생각이었다. 돌연한 지시에 강 실장은 깜짝 놀랐다.

"의장님께서 지금 사임을 하시면 국회는 돌이킬 수 없는 파국에 직면하게 됩니다. 그러니 정 뜻이 그러하시면 날치기로 처리되는 것을 보신 후 사퇴하는 것이 국회의 공백 상태를 막기 위해서도 바람직할 것입니다."

사실 듣고 보니 듣고 보니 일리가 있었다. 나는 언제라도 사퇴할 수 있도록 김 보좌관에게 사퇴서를 맡겨놓고, 날치기가 통과되면 바로 이종률 사무총장에게 제출하도록 지시했다.

사임서

"본인은 1993년 12월 0일 정상적인 국회 운영을 하지 못한 데 대하여 국민 앞에 그 책임을 통감하고 이에 의장직을 사임코자 합니다."

날짜가 언제가 될지 몰라 날짜만 빈칸으로 남긴 채 '국회의장 이만섭'을 쓰고 그 이름 위에 인감도장을 찍고 나니 감회가 남달랐다. 그러고 나서 김 보좌관과 함께 기자회견 때 발표할 사퇴 성명서를 작성하기 시작했다.

"여야가 마지막 한 걸음을 더 양보하지 못하고 끝내 94년도 예산안과 법률안이 비정상적인 방법으로 처리된 데 대해 참으로 안타깝고 가슴 아프게 생각합니다. 본인은 그동안 새롭고 성숙한 '민주 국회상' 정립을 위해 나름대로 혼신의 노력을 기울여 왔으며 국민에게 국회 운영의 변칙 처리는 결코 하지 않겠다고 약속해 왔습니다. 그러나 결과적으로 오늘과 같은 불행한 사태가 야기된 데 대해 국민 앞에 사과드리는 바입니다. 그리고 이 모든 책임은 전적으로 국회를 대표하는 본인에게 있으므로 그 책임을 통감하고 의장직을 사퇴하는 바입니다."

그러나 그날의 날치기 시도는 나의 이러한 비협조와 야당의 격렬한 저항으로 결국 미수에 그치고 말았다. '날치기 미수' 또한 헌정사상 처음 있는 일이었다. 또 이로써 사퇴하려던 나의 결심도 역시 미수(?)에 그치고만 셈이다.

다음 날 국민과 언론은 크게 분노했다. 간밤 국회에서 벌어진 모습을 일제히 보도하면서 여야를 같이 꾸짖었다. 이렇게 되자 여당은 할 수 없이 더 이상 날치기 시도는 하지 못한 채 야당과 계속 협상을 벌여 나가기로 방침을 정했다. 그리고 마침내 시일이 지나 예산안도 여야 간 합의로 정상적으로 국회를 통과했다. 정말 다행스러운 일이었다.

— 위 같은 책에서

맺으며

다시 민주주의의 시간이다. 다시 인본주의의 계절이다. 글은 시대의 격문이 되어 죽어가는 세상과 사람을 살린다고 했다. 나는 분명 글쓰기로 치유되었다. 지독한 병마도 이겨내는 글쓰기, 나는 지금 기꺼이 그 전도사가 되어 있다.

지금 글을 맺고 있는 이 새벽, 내 영혼은 맑고 세상은 더없이 바르게 운행 중이다. 시간을 역행하며 순방향의 시대정신과 선한 국민을 무시해 왔던 무리들이 패퇴하고 있다. 나는 그들을 내쫓는 함성을 이 책에 담는 일이 참으로 소중하고 감격스럽다.

생을 다 쏟아 정치무대를 지나왔지만, 이것 하나만은 분명하다. 역사는 진보하며 그 어떤 경우에도 국민은 현명하다. 정치란, 이 사실을 모르는 미둔한 위정자들의 허튼짓과 이를 막아서는 현명한 사람들의 극복 과정이다. 그리고 언제나 국민이 이겨왔다. 다소 시간과 피와 눈물이 바쳐지지만 말이다.

힘에 겨운 정치 상념과 개인적인 감상이 짙은 책이 될까 봐 두렵다. 다만, 글을 쓴다는 것은 숭고한 작업이고 또 언제나 감개 어린 세상의 모든 치유책이다. 이 사실을 알게 된 사람이 이 소식을 널리 알리지 않는다는 것은 세상에 큰 빚을 지는 일이다. 글의 힘을 웅변하고, 혹독하기만 한 우리의 상처도 마침내 지워내는 글쓰기, 이 길을 전파하는 일에 남은 시간을 다 바치고 싶다.

참고 자료

〈글쓰기〉

강원국, 『강원국의 글쓰기』, 메디치미디어, 2018
강준만, 『대학생 글쓰기 특강』, 인물과사상사, 2005
강창래, 『위반하는 글쓰기』, 북바이북, 2020
고종석, 『고종석의 문장』, 알마, 2014
곽아람, 『쓰는 직업』, 마음산책, 2022
김윤식, 『혼신의 글쓰기 혼신의 읽기』, 강, 2011
나탈리 골드버그, 『버리는 글쓰기』, 북뱅, 2014
나탈리 골드버그, 『뼛속까지 내려가서 써라』, 한문화, 2018
나탈리 골드버그, 『인생을 쓰는 법』, 페가수스, 2013
다치바나 다카시, 『자기 역사를 쓴다는 것』, 바다출판사, 2018
도로시아 브랜디, 『작가 수업』, 공존, 2010
롤랑 바르트, 『텍스트의 즐거움』, 동문선, 2011
루이즈 디살보, 『치유의 글쓰기』, 경진출판, 2018
바버라 베이그, 『하버드 글쓰기 강의』, 에쎄, 2011
박민근, 『심리치유 책읽기』, 경향BP, 2016
박민영, 『글을 쓰면 자신을 발견하게 됩니다』, 샘터, 2019
수전 티베르기앵, 『글쓰는 삶을 위한 일 년』, 책세상, 2016
스티븐 킹, 『유혹하는 글쓰기』, 김영사, 2002
양선규, 『글쓰기 인문학 10강』, 소소담담, 2021
어니스트 헤밍웨이, 『파리는 날마다 축제』, 이숲, 2012
윌리엄 진서, 『글쓰기 생각쓰기』, 돌베개, 2007
유시민, 『유시민의 글쓰기 특강』, 생각의 길, 2015
이재현, 『디지털 시대의 읽기 쓰기』, 커뮤니케이션북스, 2024
이태이, 『문해력을 문해하다』, 바른북스, 2024
이태준, 『문장강화』, 필맥, 2008
정여울, 『끝까지 쓰는 용기』, 김영사, 2021
정희모·이재성, 『글쓰기의 전략』, 들녘, 2005
조지 오웰, 『나는 왜 쓰는가』, 한겨레출판사, 2010
프레드 화이트, 『글쓰기의 모든 것』, 북씽크, 2013
한승원, 『한승원의 글쓰기 교실』, 문학사상, 1998

한정주,『글쓰기 동서대전』, 김영사, 2016
황농문,『몰입』, 알에이치코리아, 2020

〈소설 쓰기〉

가와바타 야스나리,『손바닥 소설』, 문학과지성사, 2010
고종석,『문학이라는 놀이』, 알마, 2015
김동식,『초단편 소설 쓰기』, 요다, 2021
레스 에저턴,『소설가를 위한 소설 쓰기』, 다른, 2019
무라카미 하루키,『직업으로서의 소설가』, 현대문학, 2016
이어령,『소설로 떠나는 영성 순례』, 포이에마, 2014
장석주,『장석주의 소설 창작 특강』, 들녘, 2001
제임스 스콧 벨 외,『소설 쓰기의 모든 것』, 다른, 2018
조건상,『한국 현대 소설가론』, 태학사, 2001
히라노 게이치로,『소설 읽는 방법』, 문학동네, 2011

〈우울증〉

로버트 존슨·제리 룰,『내 그림자에게 말 걸기』, 가나출판사, 2020
백세희,『죽고 싶지만 떡볶이는 먹고 싶어』, 흔, 2018
백은별,『시한부』, 바른북스, 2024
앤드루 솔로몬,『한낮의 우울』, 민음사, 2021
앨릭 스코브,『우울할 땐 뇌과학』, 심심, 2018
윌리엄 스타이런,『보이는 어둠』, 문학동네, 2002
조슈아 울프 솅크,『링컨의 우울증』, 랜덤하우스코리아, 2009
지그문트 프로이트·카를 융,『프로이트와 융의 편지』, 부글북스, 2018
카를 구스타프 융,『기억 꿈 사상』, 김영사, 2007
홀거 라이너스,『우울의 늪을 건너는 법』, 궁리, 2003
휘프 바위선,『소중한 사람에게 우울증이 찾아왔습니다』, 을유문화사, 2020

⟨기타⟩

김대중, 『김대중 육성 회고록』, 연세대학교 김대중도서관 기획, 한길사, 2024
김은경, 『에세이를 써보고 싶으세요?』, 호우, 2018
노무현, 『운명이다 - 노무현 자서전』, 유시민 정리, 돌베개, 2019
다니카와 슌타로, 『시를 쓴다는 것』, 교유서가, 2015
대니얼 불런, 『사랑은 어떻게 예술이 되는가』, 책읽는 수요일, 2012
브라이언 딜런, 『에세이즘』, 카라칼, 2023
오종우, 『예술 수업』, 어크로스, 2015
이덕무, 『문장의 온도』, 다산초당, 2018
이만섭, 『5.16과 10.26 - 박정희 김재규, 그리고 나』, 나남, 2009
이만섭, 『나의 정치인생 반세기』, 문학사상사, 2004
이만섭, 『정치는 가슴으로』, 나남, 2014
이정림, 『수필 쓰기』, 알에이치코리아, 2020
임채정, 『임채정 국회의장 화보·연설문집』, 대한민국 국회, 2008
정지우, 『고전에 기대는 시간』, 을유문화사, 2017
피터 왓슨, 『생각의 역사』, 들녘, 2009

가슴으로
쓴다

초판 1쇄 발행 2025. 1. 28.

지은이 김지용
펴낸이 김병호
펴낸곳 주식회사 바른북스

편집진행 김재영
디자인 양헌경

등록 2019년 4월 3일 제2019-000040호
주소 서울시 성동구 연무장5길 9-16, 301호 (성수동2가, 블루스톤타워)
대표전화 070-7857-9719 | **경영지원** 02-3409-9719 | **팩스** 070-7610-9820

•바른북스는 여러분의 다양한 아이디어와 원고 투고를 설레는 마음으로 기다리고 있습니다.
이메일 barunbooks21@naver.com | **원고투고** barunbooks21@naver.com
홈페이지 www.barunbooks.com | **공식 블로그** blog.naver.com/barunbooks7
공식 포스트 post.naver.com/barunbooks7 | **페이스북** facebook.com/barunbooks7

ⓒ 김지용, 2025
ISBN 979-11-7263-219-9 03800

•파본이나 잘못된 책은 구입하신 곳에서 교환해드립니다.
•이 책은 저작권법에 따라 보호를 받는 저작물이므로 무단전재 및 복제를 금지하며,
 이 책 내용의 전부 및 일부를 이용하려면 반드시 저작권자와 도서출판 바른북스의 서면동의를 받아야 합니다.